GOLDMANN

Buch

Warum lassen sich Frauen jahrelang demütigen, mißhandeln und quälen? Warum nehmen sie oft sogar hin, daß die Männer auch die Kinder mißhandeln und sogar sexuell mißbrauchen? Nach Schätzung des Bayerischen Sozialministeriums lassen sich bundesweit vier Millionen Ehefrauen regelmäßig prügeln.

Ruth Eder zeigt auf, was hinter solchen Familientragödien steckt. Am Beispiel der Leidensgeschichten von Frauen, die sich und ihre Kinder schließlich nur noch durch die Flucht in ein Frauenhaus retten konnten, analysiert sie die Entstehung von Gewalt zwischen Ehepartnern. Diese Gewalt entwickelt sich aus einem falschen Menschenbild, einem oft anerzogenen Rollenverhalten, in dem der Mann zum Täter prädestiniert ist und die Frau zum Opfer.

Autorin

Ruth Eder lebt und arbeitet in München. Seit Jahren schreibt sie in Zeitungen und Frauenzeitschriften engagiert über die Probleme von Frauen in unserer Gesellschaft. Sie ist verheiratet und hat ein Kind.

RUTH EDER

Die geschlagenen FRAUEN

Ein Report über Gewalt im Alltag

GOLDMANN VERLAG

Originalausgabe

Der Goldmann Verlag
ist ein Unternehmen der Verlagsgruppe Bertelsmann

Made in Germany · 2/88 · 1. Auflage

Umschlaggestaltung: Design Team München
Satz: Filmsatz Schröter GmbH, München
Druck: Elsnerdruck
Verlagsnummer: 11436
Redaktion: Christa Bandmann
Lektorat: Michael Görden
Herstellung: Gisela Ernst
ISBN: 3-442-11436-5

Für meine Großmutter

Inhalt

Vorwort eines Mannes
von Max Lüscher 11

Einführung 14

Interviews Frauen:

Gewalt-Auslöser: Arbeitslosigkeit 23
Eva P., 34, geschieden, drei Kinder, Studentin.

Gewalt-Auslöser: Unerwünschtes Kind 28
Herlinde W., 28, geschieden, zwei Kinder, z. Zt. Hausfrau.

Gewalt-Auslöser: Eifersucht 33
Mechthild K., 33, geschieden, zwei Kinder, z. Zt. Hausfrau.

Gewalt-Auslöser: Minderwertigkeitskomplex 37
Petra K., 30, verheiratet, ein Kind, Juristin.

Gewalt-Auslöser: Alkohol 54
Jutta S., 35, verheiratet, vier Kinder, Angestellte.

Gewalt-Auslöser: Eifersucht 71
Karin L., 29, verheiratet, zwei Kinder, z. Zt. Hausfrau.

Gewalt-Auslöser: Schwangerschaft 87
Angelika R., 24, ledig, ein Kind, Arzthelferin.

Gewalt-Auslöser: Alkohol 99
Martha S., 67, geschieden, ein Kind, Rentnerin.

Gewalt-Auslöser: Arbeitsunfähigkeit 107
Brigitte M., 30, geschieden, ein Kind, Verkäuferin.

Gewalt-Auslöser: Jähzorn 121
Dr. Rita D., 30, verheiratet, Zahnärztin.

Interviews Männer: 135
Gruppengespräch

Gewalt-Auslöser: Kritik
Hans Peter L., 40, geschieden, ein Kind, Hochschulassistent.

Gewalt-Auslöser: Untreue der Frau
Ingo D., 38, verheiratet, zwei Kinder, Lektor.

Gewalt-Auslöser: Behinderung
Bernd W., 36, verheiratet, ein Kind, Verwaltungsangestellter.

Gewalt-Auslöser: –
Jürgen B., 37, ledig, Versicherungsangestellter.

Gewalt-Auslöser: Arbeitslosigkeit 156
Dieter W., 45, verheiratet, zwei Kinder, Installateur.

Warum Gewalt-Beziehungen? 171

Ehe-Therapie statt Scheidung? 187

Im Frauenhaus 191

Nachwort 194

Wohin im Notfall?

Notrufgruppen und Beratung für mißhandelte Frauen 199

Häuser für geschlagene Frauen 206

Notrufgruppen und Beratung für gewalttätige Männer 214

Literatur 215

Böttcher, Böttcher bum bum bum
schlägt seiner Frau den Rücken krumm,
macht ihn wieder grade
mit Pomade

aus: JANOSCH:
Das große Buch der Kinderreime
Diogenes-Verlag 1984

Vorwort eines Mannes

von Max Lüscher

Wer diesen packenden Report über »Die geschlagenen Frauen« liest und auch die aus Verzweiflung weinender Mütter kennenlernt, wird erleichtert sagen: »Bei mir oder bei uns ist es Gott sei Dank nicht so schlimm.« Aber wie oft ärgern auch wir uns. Wie oft sind wir enttäuscht, deprimiert und fühlen uns benachteiligt oder gedemütigt? Genau wie diese Frauen und Männer. Und wie oft reagieren wir mit Vorwürfen oder gar mit Trotz oder mit aggressiven, demütigenden Worten. Wie oft verderben Spannungen oder Streit die erwünschte Harmonie.

»Sich ärgern ist normal«, sagt man. Nein, das ist es nicht, aber menschlich. Tiere ärgern sich nämlich nicht. Selbst Haustiere tun es nur selten. Daraus sollten wir lernen, daß Ärger und Demütigung aus denen Spannungen, Streit und Aggressionen entstehen menschliche Fehlreaktionen sind, die man sich abgewöhnen kann. – Aber wie?

Die Ursache des Fehlverhaltens sind wir selbst. Darum müssen wir unsere Selbstgefühle in Ordnung bringen. Wir müssen den Weg finden zu den vier normalen Selbstgefühlen und zum inneren Gleichgewicht.

Wir dürfen die *Selbstachtung* nicht zerstören. Wer nicht nach seiner ehrlichen Überzeugung lebt, wer unehrlich oder unredlich handelt, wer andere übervorteilt oder gar belügt und betrügt, vernichtet seine Selbstachtung. So entsteht das Minderwertigkeitsgefühl. Das Minderwertigkeitsgefühl und das schlechte Gewissen sind unerträglich, denn sie erzeugen eine quälende, innere Unsicherheit. Um die Unsicherheit zu überspielen täuscht man sich selbst und den anderen Sicherheit vor. Man benimmt sich selbstherrlich, überheblich und arrogant. Damit stößt man die anderen vor den Kopf und macht sich unbeliebt. Keine Art von Make-up, keine Kleider, kein schickes Auto und keine Titel können die verlorene Sympathie ersetzen.

Ein zweites notwendiges Selbstgefühl ist die innere *Freiheit*.

Sie fehlt besonders bei den hier beschriebenen Konfliktpaaren. Sie respektieren weder sich selbst noch den anderen als selbständige, erwachsene Persönlichkeit. Sie möchten den anderen von sich abhängig machen, um ihn zu besitzen. Aber sie machen sich selbst von ihm abhängig, weil sie ständig und zu recht befürchten, daß sich der andere nicht bevormunden und besitzen lassen will. Der respektlose Besitzanspruch äußert sich als Eifersucht: »Wo warst du, warum kommst du erst jetzt, mit wem warst du zusammen?« Wer sich als Erwachsener innerlich abhängig macht oder abhängig fühlt, revoltiert gegen den anderen. Er wird entweder überempfindlich und ist rasch gereizt oder aggressiv und verletzend. Das machen die vielen Beispiele deutlich, die uns Ruth Eder so anschaulich schildert.

Wer sich die innere Freiheit nicht erworben hat, fühlt sich nicht nur abhängig, sondern er gibt sich preis, er verliert sich, weil er den notwendigen Halt nicht in sich selber hat. Darum fühlt er sich so rasch verloren und hat Angst vor dem Verlust der Liebe (Eifersucht) oder des Besitzes (Ängstlichkeit, Geiz).

Die innere Unfreiheit hat noch eine andere Auswirkung: die Flucht. Es ist die Flucht vor dem Partner, das Weglaufen zur Freundin oder zu den Eltern oder in die Kneipe. Viele flüchten in die träge Passivität und verbringen die Abende vor dem Fernseher. So vermeiden sie die notwendigen, klärenden Auseinandersetzungen. Wer das Vertrauen in eine klärende Aussprache verloren hat, flüchtet in Ausflüchte und Lügen. Damit ist nicht nur die Selbstachtung sondern das Vertrauen, die Basis jeder Partnerschaft, zerstört.

Was auch immer vorgekommen sein mag, ob Lüge, Eifersucht, Trotz, Aggression oder sexuelle Beziehungen zu anderen, wichtig ist vor allem, daß der Weg zurück zu den vier normalen Selbstgefühlen so bald wie möglich gefunden werden kann.

Ich bin der Autorin Ruth Eder dankbar, daß ich das Vorwort zu diesem aufrüttelnden Bericht schreiben konnte, weil er mehr oder weniger jede Partnerbeziehung betrifft. Er geht auch jene an, bei denen der Partner nicht mit Gewalt, aber mit demütigenden Worten geschlagen wird.

Das Leid, das selbst in unserer Wohlstandsgesellschaft die

Mehrzahl der Menschen belastet, entsteht durch Ärger, Enttäuschung, depremierende innere Einsamkeit und durch eine konfliktbeladene Partnerschaft. Dieses Leid müßte nicht sein, wenn man lernt, seine innere Welt und die normalen Selbstgefühle zu entfalten und in ein harmonisches Gleichgewicht zu bringen.

In Stichworten möchte ich die vier normalen Selbstgefühle nennen, die bei jeder Konfliktsituation als Checkliste dienen können. Daneben steht, welche Folgen es hat, wenn man das normale Selbstgefühl zerstört.

Die 4 normalen Selbstgefühle	Die gestörten, konfliktverursachten Selbstgefühle
Selbstachtung	Minderwertigkeitsgefühle und Überheblichkeit
Innere Freiheit	Abhängigkeit und (Aus)-Flucht
Selbstvertrauen	sich nicht getrauen und Angeberei
Zufriedenheit	sich aus Unzufriedenheit innerlich zurückziehen und sich betäuben, Süchte, (Alkohol, Rauchen, Drogen).

(Wer diese Zusammenhänge für sich oder seine Partnerbeziehung erkennen und verstehen möchte, findet sie ausführlich in dem Buch erläutert: Lüscher: »Das Harmoniegesetz in uns. Ein neuer Weg zum innern Gleichgewicht und sinnerfüllten Leben«, ECON-Verlag).

Professor Dr. Max Lüscher
Psychologe
Luzern

Einführung

»Ich versuche noch heute«, sagt Eva P. nachdenklich, »herauszufinden, warum ich dieses Leben 13 Jahre lang ertragen habe. Weshalb ich mich von meinem Mann ohne nennenswerte Gegenwehr mißhandeln ließ, seelisch und körperlich. Heute kommt es mir manchmal vor, als sei das alles einer anderen passiert. Als wenn ich in der ganzen Zeit irgendwie danebengestanden wäre...«

Eva P. (34) hat den Absprung aus einer unerträglichen Ehe endlich geschafft. Sie lebt heute mit dem jüngsten ihrer drei Kinder in einem Frauenhaus in Süddeutschland. Dort hat sie Frieden gefunden und strahlt Zuversicht aus. Die hübsche, junge Frau mit den blonden Locken und der lustigen, runden Brille hat ihr Leben wieder im Griff. Wenn sie demnächst eine eigene Wohnung bezieht, will sie ihr Soziologie-Studium wieder aufnehmen. Eva P. wirkt auf mich wie jemand, der genau weiß, was er will. Das war nicht immer so. Bis vor zwei Jahren gehörte sie zu den, grob geschätzt, vier Millionen Ehefrauen – so die Zahlen des Bayerischen Sozialministeriums –, die sich im Bundesgebiet regelmäßig von ihren Männern malträtieren lassen; und doch – oft ein ganzes Leben lang – nicht von ihren Peinigern loskommen. Die Dunkelziffer ist groß, weil besonders die Oberschicht, die mit etwa fünfzig Prozent an dem Problem »Gewalt in der Ehe« teilhat, die Illusion des »trauten Heims« nach außen hin jahrelang aufrechtzuerhalten sucht. Mißhandlungen der Ehefrau sind also keineswegs das traurige »Privileg« vereinzelter Krimineller. Nirgendwo sind Frauen aller Bevölkerungsgruppen so hilflos der Gewalt ausgesetzt, wie in der eigenen Familie. Nirgendwo werden Frauen so oft zusammengeschlagen oder umgebracht, wie in der vielgepriesenen »Keimzelle der Gesellschaft«. In jeder zehnten Familie sind Prügel an der Tagesordnung. Das gab die Bonner Rechtsanwältin Barbelies Wiegmann bei einer Anhörung vor dem Rechtsausschuß des Bundestages zu Protokoll. Die Düsseldorfer Gerichtsmedizinerin Elisabeth

Trube-Becker, eine der kürzlich zum Thema »Gewalt in der Familie« ins Bundesjustizministerium geladenen Expertin, hat festgestellt, daß 61 Prozent der weiblichen Gewaltopfer vom eigenen Ehemann oder Lebensgefährten umgebracht wurden. Nirgendwo, nicht auf nächtlichen Straßen, nicht in einsamen Parks oder in Tiefgaragen müssen Frauen demnach so sehr um ihr Leben fürchten, wie in den eigenen vier Wänden. Laut Kriminalstatistik haben sich die bekanntgewordenen Gewalttaten in den letzten zwanzig Jahren mehr als verdoppelt.

Es ist ein Verdienst der Frauenbewegung, daß das Thema »Gewalt in der Ehe« ans Licht der Öffentlichkeit getreten ist. Schon in den 70er Jahren nahmen sich Feministinnen vor, diesem Zustand Abhilfe zu schaffen. 1971 gründete die Engländerin Erin Pizzey das erste Frauenhaus in London, 1976 zogen engagierte Frauen in Berlin nach. In dieser Zeit erschienen zahlreiche Bücher zu diesem Thema. Erin Pizzeys' Klassiker »Schrei leise«, Cheryl Benards' und Edit Schlaffers' »Die ganz gewöhnliche Gewalt in der Ehe« und Erica Fischers' »Gewalt gegen Frauen«, um nur einige zu nennen.

In den letzten Jahren allgemeiner Restauration hat fast unbemerkt der Mechanismus des Verdrängens dieses wichtigen Themas eingesetzt. Sieht man von einigen Ausnahmen ab, wie zum Beispiel »Verhäuslichte Gewalt« von Michael-Sebastian Honig. Und das ausgerechnet in einer Zeit, in der zunehmende Arbeitslosigkeit und damit verbundene Finanz-Probleme, zunehmende Emanzipations-Bestrebungen der Frauen und zunehmender Zukunfts-Pessimismus, die Gewalt-Problematik verschärfen. Zunehmende Faktoren als Auslöser für Gewaltakte sind: Alkohol, beengte Wohnverhältnisse und Schulden. Die dahinter liegenden Probleme jedoch sind wesentlich vielschichtiger.

Das erschreckende Ergebnis einer Forschungs-Studie, die von Soziologen der Universität Bielefeld 1986 zum Thema »Gewalt in der Familie« vorgelegt wurde, ist, daß mittels Umfragen festgestellt wurde, daß nur 68 Prozent der Frauen und 76 Prozent der Männer uneingeschränkt sagten, vom Partner nie geschlagen zu werden. Die Frage, ob sie vom Partner schon zum

Sex gezwungen wurden, bejahten 27 Prozent der Frauen, das heißt jede vierte. Wenn die Studie weiter ermittelt, daß 1986 jeder vierte Bundesbürger dem hanebüchenen Satz »eine Tracht Prügel hat noch keinem Kind geschadet« zustimmt, nimmt es nicht Wunder, daß das »Gewalt-Problem« in den Familien immer mehr eskaliert.

Immer mehr geprügelte und geschundene Ehefrauen müssen sich deshalb in die 168 Frauenhäuser flüchten, die inzwischen im Bundesgebiet eingerichtet sind. Allein im Jahr 1986 waren es 24000 Mütter mit insgesamt 50000 Kindern; und der Bedarf an Frauenhäusern ist laut Bundesfamilienministerium noch lange nicht gedeckt... Die Frauen finden dort Zuflucht vor einer Grausamkeit, die zumeist völlig unvorhergesehen ausbricht: Als Eva P. ihren Mann bat, sich doch etwas mehr seiner Arbeit als der Flasche zuzuwenden, schlug er sie krankenhausreif. Als Herlinde W. ihrem Mann sagte, daß sie schwanger sei, mußte sie mitten im Winter wochenlang auf dem Bettvorleger schlafen. Als Reinhild K. ihren Mann in der Nacht weckte, weil sie einen Herzanfall hatte, rief er erst dann den Arzt, als sie dem Tod nahe war. Diese Frauen sprechen stellvertretend für viele. Auch meine anderen Gesprächspartnerinnen haben die Kraft aufgebracht, einen Schlußstrich unter ihr jahrelanges Martyrium und das ihrer Kinder zu ziehen.

Wir sitzen in einem der Beratungszimmer eines Frauenhauses. Freundliche, leichte Rattan-Möbel, frühlingsfarben, hellgrün und weiß. Der langgestreckte, dreistöckige Neubau bietet als größtes Frauenhaus der Bundesrepublik 45 Frauen und 80 Kindern Platz. Eine Beratungsstelle – auch für ambulante Fälle – ist angeschlossen. Die Fensterfront im Erdgeschoß ist vergittert – ein Schutz vor rabiaten Ehemännern. Die langen Flure sind licht, die Zimmer, elf bis 30 Quadratmeter groß, mit Naßzellen ausgestattet. Die Küchen sind in Lindgrün gehalten. Frauen sitzen entspannt im Gemeinschaftsraum. Sie stricken, ermahnen hie und da die Kinder, plaudern miteinander. Der Kinderbereich liegt im ersten Stock, Spielzeug überall, fein säuberlich aufgeräumt. Friede liegt für mich über der Szene.

Heute, seit sie etwas Abstand gewonnen haben, stehen diese

Frauen vor der Frage, die eigentlich jede Frau angeht: Warum lassen sich weibliche Wesen von Männern oft jahrelang demütigen, mißhandeln und quälen? Warum nehmen sie es oft sogar hin, daß die Männer auch die Kinder mißhandeln oder sexuell mißbrauchen? Welches Phänomen läßt sie jahrelang dulden, leiden und ... bleiben? Jahr um Jahr, oft ein ganzes, trostloses Leben lang? Dieses Buch versucht, dieser Frage nachzugehen.

Dienen lerne beizeiten das Weib

JOHANN WOLFGANG VON GOETHE:
Hermann und Dorothea

Interviews
Frauen:

Ich habe die Gespräche mit zehn Frauen nach dem zunächst augenscheinlichen Grund, der Gewalt erstmals und immer wieder hervorbrechen ließ, geordnet. Damit soll der Leserin und dem Leser die Orientierung erleichtert werden.

Es ist jedoch wichtig, hervorzuheben, daß die wirklichen Ursachen der Gewalt-Ausbrüche wesentlich tiefer liegen, als es der jeweilige aktuelle Anlaß vermuten läßt.

Ich habe den persönlichen Sprachduktus meiner Interview-Partnerinnen erhalten, um sie indirekt durch ihre Ausdrucksweise zu charakterisieren. Namen und Orte wurden jedoch geändert, um die Frauen zu schützen.

Gewalt-Auslöser: Arbeitslosigkeit
Eva P., 34, geschieden, drei Kinder, Studentin.

Am Anfang war alles harmonisch. Das änderte sich, als die Annemarie zur Welt kam und mein Mann arbeitslos wurde. Ab dann habe ich für die Familie gesorgt und meine eigene Karriere, mein geplantes Soziologie-Studium, hintangestellt. Ich begann in einem Büro zu arbeiten und wollte ihm damit seine Weiterbildung ermöglichen, aber er hat es nie zu Ende gebracht.

Mit dem Kind fingen die Probleme an. Er konnte die Konkurrenz nicht ertragen und auch nicht die Tatsache, daß er bei uns nicht der Patriarch der Familie war, wie sein Vater. Dazu hat es nicht gelangt, denn ich mußte ja für die Familie aufkommen. Ich hatte also den Haushalt zu erledigen, die Kinder zu versorgen und meine Ganztagsarbeit. Er half mir kaum dabei. Während ich bei der Arbeit war, fing er an, immer mehr zu trinken und Tabletten zu schlucken. Bis dahin hatte er mich nur seelisch fertiggemacht. Aber nach der Geburt des zweiten Kindes – unsere Kinder haben wir immer beide gewollt – begann er auch körperlich seine ganze Wut und Enttäuschung, seinen Haß auf alles und jeden, bei mir abzuladen.

1980 hat er mich das erste Mal mit Fäusten so zugerichtet – er ist 1,85 Meter groß und sehr kräftig –, daß ich mit den blutunterlaufenen Augen und meinem zerschundenen Gesicht nicht zur Arbeit gehen konnte. Ich schämte mich und traute mich nicht zum Arzt. Ich konnte vier Wochen nicht aus dem Haus und mußte schließlich meinem Chef gegenüber die Wahrheit sagen und unbezahlten Urlaub nehmen, bis alles abgeheilt war. Ich glaube inzwischen, daß er mich durch die gezielten Schläge ins Gesicht zwingen wollte, bei ihm zu Hause zu bleiben. Er hat es nicht ertragen, daß ich wie ein Mann die Familie ernährte. Am nächsten Tag war er über seine Brutalität selbst sehr erschrocken. Trotzdem habe ich damals zum ersten Mal die Scheidung eingereicht. Per einstweiliger Anordnung des Gerichts habe ich ihn aus der Wohnung geklagt. Dann aber habe ich nicht alles allein bewältigen können; die Kinder, den Job und die Scheidung; außerdem versprach er mir, sich in psychologische Behandlung zu begeben. Das reichte mir schon aus, ihn wieder in die Wohnung zu lassen. Ich habe es damals einfach nicht über mich gebracht zu sagen: Mach mal deine Behandlung, dann sehen wir weiter. Ich hatte ganz vergessen, daß die Kinder und ich uns nach der Trennung viel freier und wohler gefühlt hatten. Er hatte ja schon vor der Prügel-Szene Feuer in der Wohnung gelegt und mit Lampen herumgeschmissen.

Wieder mal versprach er mir, seinen Meister zu machen. Sicherlich hat er das damals auch ernst gemeint, aber eben nicht durchhalten können.

Dann sind wir umgezogen. Es kam das berühmte Versöhnungskind auf die Welt – das dritte inzwischen. Ich habe total verdrängt, daß wir sein Alkoholproblem ja in die neue Wohnung mitnehmen. Bald ging das Theater wieder von vorne los: Er konnte sich in seinem neuen Job wieder nicht einfügen, bekam Ärger mit seinem Chef und flog raus. Ich mußte wieder voll arbeiten, Bekannte hatten wir auch keine. Das war ja auch unmöglich, bei dem Mann. Er war krankhaft eifersüchtig, ich durfte nicht mal mit einem anderen Mann sprechen. Es kam schließlich so weit, daß er mich wieder zusammenschlug. Um zwei Uhr nachts flüchtete ich dann in ein Frauenhaus. Wir lebten damals noch nicht in München. Weil es überfüllt war, ging ich mit den Kindern wieder zurück zu meinem Mann. Er versprach mir natürlich wieder das Blaue vom Himmel. Ich wollte es wohl gern glauben, denn in meiner Schwäche hatte ich ja wiederum auch meine Stärke. Damit konnte ich ihn ja unter Druck setzen: Ich war die Schwächere und er der Übeltäter. Ich habe es bestimmt auch genossen, diesen moralischen Druck auf ihn auszuüben. Ich konnte damit ja auch etwas erreichen.

Wieder zogen wir um, diesmal nach Fürth. Er gab sich eine Zeitlang Mühe, trank weniger, hatte wieder Arbeit und ich, ich hatte wieder Hoffnung. Die Wohnung war ein richtiges Schmuckstück. Die Kinder hatten viel Platz. Doch dann kam natürlich wieder alles wie gehabt: Er wurde wegen seines Trinkens entlassen. Schließlich fing er an, wenn ich bei der Arbeit war, auch die beiden älteren Kinder als Blitzableiter zu benutzen. Er schlug sie so sehr – der Jüngste war zum Glück im Hort, wenn ich arbeitete –, daß die Nachbarn das Jugendamt alarmierten. Die Kinder kamen nun in ein Heim. Damit war für mich der totale Tiefpunkt erreicht. Mein Mann war arbeitslos, gegen ihn lief ein Verfahren wegen Kindesmißhandlung. Er trank, die Kinder waren uns weggenommen worden. Ich reichte zum zweiten Mal die Scheidung ein.

Ich war ein Wrack. Ich bemühte mich nicht einmal mehr den Niedergang der Familie zu vertuschen. Alle wußten Bescheid. Doch dann zog ich die Scheidung wieder zurück. Ich gab mich noch immer der irrsinnigen Hoffnung hin, daß er jetzt, wo alles kaputt ist, endlich etwas für sich, etwas für uns tun würde. Ich bin dann nochmal drei Monate bei ihm geblieben und habe gewartet, daß etwas von ihm kommt. Sein Leidensdruck war doch jetzt so stark, daß er sich einfach ändern mußte. Das Gegenteil geschah: nun wurde uns auch noch die Wohnung gekündigt. Das einzige, womit ich sicher rechnen konnte und was mir Halt gab, war mein Job. Der hat mir auch immer wieder Kraft gegeben. Wieder zogen wir um, – diesmal ohne die Kinder. Es war trostlos. Nach acht Wochen schlug er mich wieder, richtete mich entsetzlich zu und drohte mir, mich umzubringen. Ich sah in seinen Augen, daß er es ernst meinte. Wieder floh ich ins Frauenhaus. Daraufhin nahm er Kontakt mit den Anonymen Alkoholikern auf und ich machte schon wieder einen Rückzieher.

Ich wollte ihm noch immer irgendwie helfen. Der soziale Abstieg war unaufhaltsam. Schließlich hatten wir einen Berg Schulden, denn ich hatte ihn gegen eine hohe Kaution aus dem Gefängnis herausgeholt. Dann ging es dem Ende entgegen: Zehn Tage hausten wir in einem kleinen Appartment, zu mehr hat es nicht mehr gelangt. Nun war ich ihm wohl endgültig zu stark geworden. Er mußte mich ganz klein machen, indem er mich dann so zusammenschlug, daß ich nur noch mit allerletzter Kraft aus der Wohnung fliehen konnte, sonst hätte er mich umgebracht. In diesem Moment war es bei mir aus. Ich habe völlig zugemacht.

Mit Hilfe der Psychotherapie will ich jetzt die Frage nach dem Warum klären. Mein Elternhaus war scheinbar harmonisch, Gewalt gab es nicht. Fest stand für mich jedenfalls, daß es kein Zurück mehr gibt. Daß ich aussteigen mußte, um meine eigene Haut und die meiner Kinder zu retten; und auch meinen Mann. Er mußte so weit runter, bis er etwas unternahm und sich helfen ließ. Ich habe ihn immer wieder aufgefangen und ihm geholfen, so zu werden, wie er jetzt ist. Ich kam 13 Jahre aus dem Teufelskreis nicht heraus, weil ich teilweise Liebe für ihn empfand, aber auch Angst vor dem Alleinsein hatte und seelische Abhängigkeit von ihm verspürte. Für mich hatte mein Mann die gleiche Macht über mich wie meine Mutter. Geklammert habe ich. Ich war unreif und unselbständig. Mit 18 wollte ich von Zuhause weg, weg von meiner Mutter. Mit 19 war ich schon verheiratet. Mit einem Menschen, der mich seelisch im Griff hatte, ebenso wie die Mutter. Beide wendeten so eine Art Gummibandtechnik an. Es war ein ewiges Heranholen – Wegschubsen – Heranholen – Wegschubsen; und mit der Zeit wurden diese Wechselbäder in meiner Ehe auch immer krasser.

Ich habe es versäumt, erwachsen zu werden, um auf eigenen Füßen zu stehen. Erst als ich bemerkte, daß ich immer tiefer in einen Strudel geriet, mich mißhandeln ließ, und immer wieder versuchte, von meinem Mann loszukommen, fing ich an, mich zu fragen: Warum gehst du jedes Mal wieder zurück? Diese Frage stelle ich mir auch jetzt.

Im Grunde war es wohl diese furchtbare Hoffnung, die Hoffnung, daß sich etwas ändert.

Mein Wunschdenken hat mich so begriffstutzig gemacht. Das gibt's doch nicht, daß sich ein Mensch so entwickeln kann. Das sagte ich mir andauernd. Daß er nicht anders werden will. Ich habe mich auch über Alkoholismus nicht gründlich genug informiert, wie ich das heute tun würde. Ich habe immer von mir auf ihn geschlossen und gedacht, es muß doch einfach gehen.

Ich habe meinen Mann sehr geliebt und merkte jahrelang gar nicht, daß ich mittendrin steckte, in diesem Teufelskreis. Ich habe mich immer bemüht, motiviert, angeregt; ich hatte richtig Mitleid mit ihm.

Hier im Frauenhaus und durch die Therapie – auch meine Kinder machen eine – habe ich zu mir selbst gefunden, habe mein zerstörtes Selbstbewußtsein wieder aufgebaut. Aus meiner Ehe habe ich vor allem die Lehre gezogen, daß es unmöglich ist, den Mann durch eigenes Bemühen zu ändern. Dadurch, daß ich bei ihm blieb, habe ich ihm die Möglichkeit genommen, sich durch eigene Einsicht zu entwickeln.

Es gibt heute wirklich kein Zurück mehr für mich; auch wenn er sich jetzt tatsächlich ändern würde. Das waren 13 Jahre gelebte Zeit, – das bleibt haften. Es ist nicht gut, auf alledem nocheinmal aufzubauen. Es wäre sicherlich mal eine Art Freundschaft denkbar, schon wegen der Kinder, aber nie mehr eine Ehebeziehung.

Nachlese

Eva P. wirkt auf mich wie eine Frau, die genau weiß, was sie will. Zunächst. Sehr fraulich ist sie, hübsch und kess zurechtgemacht mit ihren blonden Locken und der lustigen runden Brille. Erst die Augen dahinter, groß und viel zu ernst, deuten auf ihr Schicksal, auf ihre tiefe Verletztheit hin. Dennoch – es erscheint mir kaum vorstellbar, daß sich diese kraftvolle Frau jahrelang schwer mißhandeln ließ. Seelisch und körperlich. Warm und bestimmt zugleich geht sie mit ihrem Jüngsten um, der beim Interview mit dabei ist. Beschäftigt ihn, ohne einen Moment die Konzentration auf unser Gespräch zu verlieren.

Deutlich erkennt sie inzwischen die Ambivalenz, die ewige Schaukel-Bewegung ihrer Gewalt-Beziehung, sieht ihren eigenen Anteil: »Eine Zeitlang trank er weniger, und ich hatte wieder meine Hoffnung ...«

Gewalt-Auslöser: Unerwünschtes Kind
Herlinde W., 28, geschieden, zwei Kinder, zur Zeit Hausfrau.

Wir kannten uns erst ein halbes Jahr, da drängte er mich schon, ihn zu heiraten. Wir waren sehr verliebt. Er war besonders lieb und so nett. Und man hört es ja auch sehr gern, daß einer einen heiraten will. Er sah gut aus, war sehr groß und kräftig. Ich fragte ihn, als wir kurz vor der Hochzeit zusammen waren, was denn wäre, wenn ich schwanger würde. Er sagte, wir würden ja sowieso heiraten.

Sofort nach der Hochzeit bin ich dann zum Arzt, um mir die Pille verschreiben zu lassen. Der sagte: Sie brauchen keine Pille mehr, sie sind schon schwanger. Ich hab' mich wahnsinnig gefreut. Ich wünschte mir von Anfang an Kinder. Wir waren zu Hause eine achtköpfige Großfamilie: meine Eltern, meine vier Brüder, meine Oma und ich. Mißhandlungen kannten wir nicht. Ich wurde sehr hausfraulich erzogen, und meine Brüder zum Mithelfen angehalten: Spülen, aufräumen, putzen usw.

Als ich schwanger war, reagierte mein Mann auf eine Weise, die ich überhaupt nicht erwartet hatte. Er versuchte, mich mit allen Mitteln zur Abtreibung zu zwingen. Ich hatte damals aus seinen Worten geschlossen, daß er auch gern ein Kind hätte. Er war außer sich. Weil ich mich gegen eine Abtreibung gesträubt hatte, zwang er mich, wochenlang auf dem Bettvorleger zu schlafen. Er ließ mich nicht ins Bett. Es war schon ziemlich kalt, aber ich habe mich nicht gewehrt, weil ich dachte, daß mir wohl nichts anderes übrig bleibt, als zu gehorchen. Das hat für unsere Ehe die Weichen gestellt. Ich habe sein Verhalten mit Streß und der besonderen Situation entschuldigt: kleine Wohnung, die Frau schwanger, schlechtes Einkommen. Er verdiente damals nur 1100 Mark netto. Mein Vater schaltete sich ein und besorgte uns eine größere Wohnung und meinem Mann eine Beschäftigung, mit der er mehr als das Doppelte verdiente. Es war aber trotzdem schwer mit ihm auszukommen. Er wurde immer grausamer, obwohl ich schwanger war. Er nannte mich »eine fette Sau«, was ich kochte, schmeckte ihm nicht und außerdem ich saß ihm zuviel rum. Ich war damals schon im Mutterschutz. Ich schob seine Gefühlskälte wieder auf die momentanen Schwierigkeiten mit der neuen Wohnung und dem neuen Job. Er ließ mich allein mit meiner Schwangerschaft und interessierte sich für nichts. Ich entbehrte Zärtlichkeit und Anteilnahme.

Bei der Geburt war er sehr enttäuscht, daß es ein Mädchen war. Er hat die Kleine auch von Anfang an nicht beachtet. Ich war aber trotz allem sehr froh und konzentrierte mich ganz und gar auf meine Mutterrolle. Wenn er tagsüber weg war, habe ich meinem Kind sehr viel Liebe gegeben. Vielleicht auch, weil es ja von meinem Mann keine bekam, genauso wie ich.

Abends, wenn er zu Hause war, habe ich sie nur eilig gefüttert und wieder rein ins Bett, um ja nicht seinen Zorn zu erregen. Ich habe mich in seiner Anwesenheit mit dem Kind nicht so intensiv beschäftigen können, wie ich das wollte.

Das erste Mal ist er nach einem Streit mit einem Küchenmesser auf mich losgegangen. Er hat es mir an die Kehle gedrückt und gesagt, daß er mich jetzt umbringt. Ich getraute mich nicht zu atmen. Es war das erste Mal, daß ich gegen ihn aggressiv geworden war. Ich hatte ihn gebeten, für seine Tochter zwei Paar Söckchen im Angebot zu kaufen. Er sagte, er hätte kein Geld. Statt dessen kam er am Abend mit einem neuen, teuren Hemd für sich heim. Ich kochte vor Wut, sagte aber nichts. Dann hat er verlangt, ich sollte ihm die schlecht angenähten Knöpfe nachnähen. Ich weigerte mich. Mach das doch selber, sagte ich. Das tat er auch. Er räkelte sich vor dem Spiegel in dem neuen Hemd und rief mich. Ich sollte ihn wohl auch noch bewundern. Ich hab' ihm dann von hinten das Hemd heruntergerissen, daß die Knöpfe absprangen – so eine Wut hatte ich. Da ist er mit dem Messer auf mich losgegangen und hat mich anschließend aus der Wohnung geschmissen. Ich hatte Angst, denn er behielt das Baby bei sich in der Wohnung, und er hatte gedroht, auch das Kind zu töten. Mit Hilfe der Polizei holte ich das Kind aus der Wohnung und fuhr zu meinen Eltern.

Von diesem Zeitpunkt an hatte ich schreckliche Angst vor

ihm. Ich hatte kein Vertrauen mehr zu meinem Mann, sondern besuchte meine Eltern, mein Vater sprach mit ihm, und schließlich ging ich wieder heim.

Wir haben uns dann versöhnt, mit allem, was sich dann so abspielt. Sexuell war er immer schon sehr anspruchsvoll gewesen. Er brauchte das mehrmals täglich. Ich bin ihm auch immer zur Verfügung gestanden. Außer, die Kleine war wach. Er wollte auch vor dem Kind mit mir schlafen, aber da habe ich mich gewehrt. Er war dann grantig, aber das war mir egal.

Er hat das Kind von Anfang an mißhandelt. Als sie sechs Wochen alt war, und ich sie badete, kam er ins Badezimmer und sah zu. Plötzlich schüttete er völlig grundlos eiskaltes Wasser über das Kind. Es lief blau an und kriegte keine Luft mehr. Seither habe ich das Kind möglichst nicht mehr mit ihm allein gelassen. Allmählich bekam Sophie Angst vor ihm. Wenn er nach der Arbeit heimkam, hängte sie sich an meinen Rockzipfel. Später hat sie sich vor ihm im Kinderzimmer versteckt. Er hat sie regelmäßig schwer geschlagen. Ich kriegte auch immer mal wieder eine saftige Ohrfeige. Mit 400 Mark Haushaltsgeld sollte ich auskommen. Er war extrem geizig, aber natürlich nicht für sich.

Als ich wieder schwanger wurde, durch einen Fehler beim Pillen-Wechsel, war ich seelig. Er wollte auch dieses Kind nicht. Für mich war es aber die letzte Hoffnung. Ich dachte, es könnte die Ehe kitten, vor allem wenn es ein Sohn werden würde. Ich hatte alles versucht, konnte ihm nie etwas recht machen. Alle Hoffnungen hatten getrogen, aber ein Stammhalter, hoffte ich, würde alles ändern. So war es auch, aber leider ganz anders, als ich gehofft hatte. Er hatte nur noch Augen für seinen Sohn. Uns »Weiber« ließ er links liegen, und zu seiner Tochter wurde er immer brutaler. Ich mußte oft dazwischengehen, um sie zu beschützen. Wenn ich in der Küche war, und er kam verfrüht nach Hause, dann hat er ihr oft beim Hereinkommen nur so eine gedonnert, daß sie zu Boden fiel. Mein Mann ist fast zwei Meter groß, und das Kind war damals drei.

Ich weiß nicht, warum ich trotz alledem noch unbedingt dies zweite Kind gewollt habe. Es ging seitdem unaufhaltsam bergab.

An einem Sonntag war ich mit den Kindern baden gegangen. Als wir heimkamen, war die Wohnungstür zugesperrt. Ich schämte mich, schon wieder die Polizei zu rufen. Ich fürchtete das Gerede der Nachbarn. Also packte ich meine Kinder mit den Badesachen und ging zu einer Freundin. Er hatte uns einfach ausgesperrt. Am Montag ging ich wieder zurück nach Hause, – voller Angst. Ich dachte, er würde mich jetzt wieder furchtbar verprügeln. Ich sah keinen anderen Weg als den, zurückzugehen. Wohin sollte ich denn gehen mit zwei kleinen Kindern? Er hielt es nicht für nötig, mir sein Verhalten zu erklären, sondern saß zwei Stunden stumm vor dem Fernseher.

Den Entschluß, ins Frauenhaus zu gehen, habe ich im Oktober gefaßt. Er kam mittags unerwartet heim und ich hatte panische Angst. Beide Kinder saßen auf meinem Schoß. Wir lachten gerade miteinander. Er kam herein, sah uns sitzen, zerrte die Kleine von meinem Schoß und prügelte auf sie ein. Ich setzte schnell den Jungen auf den Boden und rannte mit dem brüllenden Mädchen in ihr Zimmer, beruhigte sie und verbarrikadierte die Tür mit einem Kasten. Da wußte ich plötzlich, daß ich jetzt nimmer mag, daß das Maß nun endgültig voll ist.

Ich meldete mich im Frauenhaus an. Meine Mutter hatte schon die Telefonnummer herausgesucht. Als mein Mann weg war, kam mein Bruder mit den Koffern und holte mich ab. Ich hatte große Angst, denn zwischen vier und fünf Uhr kam mein Mann zurück.

Heute wäre es mir lieber, ich würde diesen Menschen nie mehr wiedersehen. Die Sophie hat, seit wir hier sind, kein einziges Mal nach ihrem Vater gefragt, sondern sträubt sich, ihn zu treffen. Ich werde wieder halbtags arbeiten, um so schnell wie möglich von ihm unabhängig zu werden. Ich will jetzt meine Ruhe und mit den Kindern in Frieden leben. Aus Angst, Resignation und mangelndem Selbstwertgefühl habe ich so lange in dieser Lage ausgeharrt. Ich hatte mich einschüchtern lassen. Und dann war da immer wieder diese Hoffnung. Das gibt es doch nicht, dachte ich, daß sich der Mensch nicht auf seine Familie, seine Kinder freut. Ich hab' doch alles so gemacht, wie mein Mann wollte. Ich dachte immer, eines Tages gibt es einen Knall und dann ist er so, wie er sein sollte.

In den letzten 13 Monaten hat er mich überhaupt nicht mehr angeschaut. Am Anfang war er eher sexbesessen. Ich glaube, er wollte mich damit auch heruntermachen. Dafür hat er dann seine Spannungen vor meinen Augen und vor Sophie abreagiert. Er hat öfter vor uns onaniert. Ich kann mich noch genau erinnern, wie sie fragte: »Mama, was macht denn der Papa da?« Sie war zwar gewöhnt, uns im Bad oder so nackt zu sehen, aber sie hat den Unterschied genau gemerkt. Manchmal hab' ich gedacht, der Mann ist nicht ganz normal.

Nachlese

Sehr zierlich und sehr angespannt sitzt sie da während unseres Gesprächs und sehr aufrecht. Die adrette weiße Bluse frisch gestärkt, ein Faltenrock, eher konservativ, die Hände im Schoß ganz fest gefaltet. Herlinde W. blickt selten auf, wenn sie von ihrer Gewalt-Ehe spricht. Dennoch geht eine große Entschlossenheit von ihr aus. Diese Frau, die doch »immer alles tat, wie mein Mann wollte«, die ihren Partner durch extreme Unterordnung zu besänftigen suchte und dadurch nur noch mehr Gewalt provozierte, wird ihren Weg allein finden, mit ihren beiden Kindern. Das spüre ich genau. »Ich bin ihm doch immer zur Verfügung gestanden«, sagt sie über die Sexualität in ihrer Ehe. Treffender kann man die angstvolle Passivität, mit der sie ihrem Mann von Anfang an begegnete, nicht schildern. Erst als ihr Mann auch gegen ihre Tochter gewalttätig wird, kann Herlinde W. genug Wut, Angst und Empörung aufbringen, um einen Schlußstrich zu ziehen. Ihr eigenes Martyrium hätte sie wohl kaum so konsequent beendet …

Gewalt-Auslöser: Eifersucht
Mechthild K., 33, geschieden, zwei Kinder, zur Zeit Hausfrau.

Ich wollte nie heiraten, weil mein Vater jahrelang die ganze Familie traktiert hat. Meine Mutter war ja auch mal ausgezogen, kam dann aber zurück, weil er so gebettelt hat.

Ich habe meinen Mann mit 25 kennengelernt, und stand schon einige Jahre beruflich auf eigenen Füßen. Ich hatte vorher schon ein paar Beziehungen. Diesmal war es aber etwas ganz Heißes. Ich bin gleich voll eingestiegen, gab meine Arbeit auf und zog zu ihm. Sehr schnell wurde ich schwanger. Als Manuel zwei Jahre alt war, haben wir erst auf Drängen meines Mannes geheiratet. Es gab eigentlich schon während der Schwangerschaft Probleme. Wir kannten uns erst kurz und wollten noch etwas miteinander erleben. Er sagte ungefähr: Na ja, dann ist eben ein Kind da. Ich habe bemerkt, daß er rasend eifersüchtig war. Das kannte ich von früheren Partnern nicht. Ich sah mich gezwungen, mein Adressbuch, in dem alle meine Bekannten drinstanden, zu verbrennen. Ich wollte ihm damit zeigen, wie ernst es mir mit ihm war.

Ich wußte, daß er schon einmal verheiratet gewesen war. Erst später erfuhr ich, daß er seine Frau, als sie schwanger war, derart in die Bauchdecke getreten hatte, daß das Kind mit offener Bauchdecke geboren wurde und starb.

Seine Grausamkeiten mir gegenüber begannen, daß er mich hochschwanger oft die halbe Nacht auf ihn warten ließ, ohne daß ich wußte, wo er war. Er wollte mich damit gefügig machen. Ich fragte ihn, warum quälst du mich so? Dann weinte er oft. Meine Schwestern haben damals schon gesagt, da stimmt was nicht. Pack doch dein Kind und geh. Aber ich hörte nicht auf sie.

Bei der Geburt von Manuel war ich dem Tod nahe. Es war eine komplizierte Kaiserschnitt-Geburt mit Infektion. Ich kam nach fünf Wochen mit dem Kind nach Hause und war völlig auf dem Hund. Er hat sich weder um mich noch um das Kind gekümmert. Im Gegenteil: Er verlangte, daß ich das Baby die ganze Nacht schreien lassen sollte. Ich weiß wirklich nicht, warum ich ihn nach diesen zwei Jahren doch noch geheiratet habe. Aber wo sollte ich denn hin? Mit meinen Eltern hatte ich mich überworfen, meinen Beruf als Kindergärtnerin aufgegeben und war total isoliert, – dafür hatte er gesorgt. Mein Selbstvertrauen war gleich null.

Ich hatte mich von mir selbst entfernt, mich verloren. Er hat mich so gequält und ich habe damals selbst nicht verstanden, was in mir vorging. Ich sollte ihm immer nur alles sofort wieder verzeihen.

Er hat mir dauernd mit Scheidung gedroht, denn davor hatte ich Angst, daß er geht und er wußte das. Er kannte meine empfindlichen Stellen. Trotz Spirale wurde ich schwanger. Die zweite Schwangerschaft kam viel zu schnell.

Als das zweite Kind ein Jahr alt war, hat er mich zum ersten Mal ins Gesicht geschlagen, daß ich taumelte. Ich hatte das Baby auf dem Arm. Dann hat er mir die Hand in die Tür geklemmt. Meinen Eltern habe ich bis heute keine Details erzählt. Einmal rief ein Bekannter meiner Eltern an und lud mich zu einem Glas Wein ein. Daraufhin habe ich zum ersten Mal um mein Leben gefürchtet. Er sagte, er brächte mich um, und ich sah an seinem Gesicht, daß er die Drohung wahrmachen würde. Er hat mich in der Wohnung herumgezogen bis ich so weit war, daß ich sagte: Gut, wenn du nicht anders kannst, dann bring mich eben um. Er ging dann plötzlich weg und ich wußte, daß ich jetzt gehen müßte. Aber ich blieb. Es mußte noch schlimmer kommen.

Ich wehrte mich nicht, aber mein Körper setzte sich schließlich zur Wehr. Im Frühjahr 82 bekam ich solche Herzattacken in der Nacht, daß ich meinte, es wäre mein Tod. Ich habe ihn erst geweckt, als ich nicht mehr schlucken konnte, und mein Nacken ganz steif war. Ich bat ihn, einen Arzt zu rufen. Er brüllte mich nur an. Endlich tat er, was ich von ihm verlangte. Der Arzt sagte nur, als er meinen Blutdruck maß, »daß sie noch leben, ist ein Wunder«. Er hat wohl auch gemerkt, daß mein Herz vor lauter Angst streikte. Ich war dann acht Tage im Krankenhaus, aber sie haben kein organisches Leiden finden können. Mein Körper hat mich gezwungen, etwas für mich zu tun. Ich wußte haargenau, wenn du jetzt nicht bald gehst, dann gehst du drauf.

Trotzdem ging ich wieder heim. Ich bestand aus nackter Angst, war wie gelähmt, konnte kaum gehen, und meine Kinder nur mit Mühe versorgen. Ich rief schließlich meine Schwester an und weinte ihr am Telefon etwas vor. Inzwischen hatte er nämlich auch die Kinder geschlagen. Sie waren in seiner Gegenwart ebenso gelähmt wie ich, und verhielten sich wie Kaninchen vor der Schlange.

Meine Schwester sagte, ich hol' dich da raus, aber du mußt es auch wollen. Ich zögerte. Es ging mir alles zu schnell. Meine Schwester und ihr Freund ließen aber nicht locker. Es ging dann wirklich alles sehr schnell. Ich hinterließ nur einen kurzen Brief. Von diesem Augenblick an stand für mich fest, daß diese Trennung endgültig war. Meine Schwester hat mich dann im Frauenhaus einquartiert. Hier habe ich mich allmählich wieder gefangen. Als erstes habe ich die Scheidung eingereicht. Er hätte jetzt machen können, was er wollte, ich hatte zu viel gelitten. Im Grunde war ich die ganze Zeit, die sieben Jahre, völlig daneben. Im Gespräch mit meiner Beraterin im Frauenhaus wurde mir klar, daß mein Mann für mich so eine Art Vaterfigur gewesen sein muß. Er hatte auch die Statur meines Vaters, der mich als Kind ja auch mit Kälte und Mißhandlungen gequält hatte. Ich habe immer versucht, ihn aus der Reserve zu locken, wie später meinen Mann auch. Ich habe meine Persönlichkeit während dieser Beziehung aufgegeben. Es war wie ein letzter, totaler Einsatz bis zur Selbstzerstörung. Mein Mann ist für mich seelisch krank.

Ich will jetzt herausfinden, warum ich es überhaupt soweit habe kommen lassen. Ein Opfer wird man ja auch nicht einfach so. –

Nachlese

Alles an Mechthild K. wirkt weich, fast nachgiebig: Die weibliche Figur, der geschwungene Mund, der Ausdruck der runden, tiefdunklen Augen. Auch die Stimme ist leise, weich, mädchenhaft. Im Gespräch macht sie lange Pausen, horcht in sich hinein, ist sehr nachdenklich.

»Ich hatte mich von mir selbst entfernt, mich schließlich ganz verloren«, sagt sie und schaut mich groß an, und weiter: »Er hat mich so gequält.« Mechthild hat etwas Träumerisches an sich, bis heute kann sie nicht begreifen, warum sie so lange in ihrer Gewalt-Beziehung verharrt hat, bis schließlich ihr Körper revoltierte. Sie zwang, endlich sich und die Kinder zu schützen ...

Gewalt-Auslöser: Minderwertigkeitskomplex Petra K., 30, verheiratet, ein Kind, Juristin.

Ich heiße Petra K., bin 30 Jahre alt, habe eine dreijährige Tochter und war vier Jahre verheiratet. Meine Ausbildung: Ich habe das erste juristische Staatsexamen gemacht. Im Frauenhaus bin ich jetzt etwas länger als ein Jahr. Das Examen habe ich gerade erst hinter mir und brauche jetzt erst einmal eine Denkpause. Ich habe aber schon Beratung in Anspruch genommen. Jetzt bin ich am Überlegen, ob ich eine Analyse machen soll. Ich mache zur Zeit mit der Vivi zusammem eine Mutter-Kind-Therapie und pausiere deshalb ein Jahr. Anschließend geht es weiter, für Vivi Kindergarten, für mich zweites Staatsexamen. Geschieden bin ich noch nicht, weil mich mein Mann zwei Wochen nach meinem Einzug ins Frauenhaus auf Wiederherstellung der Ehe verklagt hat. Den Prozeß, der ungefähr drei Wochen später stattfand, habe ich verloren. Ich konnte damals überhaupt nichts sagen, ich war so verängstigt, und die ganze Sache war für mich überhaupt noch nicht geklärt. Ich wußte nicht, ob ich zurück will oder nicht, und war überzeugt, daß alles meine Schuld war. Inzwischen habe ich Berufung eingelegt und das Verfahren wird sich wohl noch ein Jahr hinziehen.

Die Besuchsregelung hier im Haus – zwei Wochenenden im Monat – habe ich für mich so gedeutet, daß Vivi zweimal im Monat ihren Vater sehen will. Und wenn sie ihn gar nicht sehen wollte, verweigerte ich mich dieser Besuchsregelung. Manchmal möchte sie ihn öfter sehen, aber das geht nicht, weil mein Mann in Rosenheim lebt. Aber wenn er hier wohnen würde, fände ich es prinzipiell gut, wenn sie öfter den Wunsch hätte, ihn zu sehen. Man könnte ihn dann einfach anrufen, du, die Vivi besucht dich für ein paar Tage. Nur zu oft, zum Beispiel dreimal pro Woche, dürfte es nicht sein. Mein Mann und ich sprechen uns überhaupt nicht mehr aus über das Kind. Ich weiß nicht, ob sie problemlos bei ihm einschläft und Ähnliches, aber er behandelt sie gut. Wenn Vivi nach solchen Wochenenden zurückkommt, ist sie meistens sehr ernst. Ich nehme an, weil ihr dann immer wieder klar wird, daß ihre Eltern eben getrennt leben.

Meine Eltern waren beruflich beide Erzieher, was wohl auch ein Grund dafür war, daß ich, vordergründig betrachtet, eine recht glückliche Kindheit verbrachte. Mein Vater wollte nicht, daß meine Mutter arbeiten ging, weil er der Ansicht war, daß eine Frau bei ihren Kindern zu bleiben habe. Dadurch aber, daß er trank, war immer sehr wenig Geld im Haus und meine Mutter mußte dazuverdienen. In ihrem Beruf zu arbeiten, verbot ihr mein Vater, deshalb nahm sie Gelegenheitsjobs an. Sie gab Annoncen auf, nähte billig Kinderkleider und verheimlichte das vor ihm.

Daß mein Vater meine Mutter schlägt, habe ich immer irgendwie gespürt, aber so richtig bewußt wurde mir das erst, als ich ungefähr acht Jahre alt war. Auch meine Schwester hat es bemerkt, aber wir haben darüber nie gesprochen. Meine Mutter hat versucht, vor uns zu verbergen, daß Vater sie schlug. Sie erzählte dann so leichthin, der Papa und ich, wir haben aber gestern laut geredet, oder, ich bin gegen den Schrank gefallen, oder, der Papa hat gestern so doll die Türe zugemacht, daß das Schloß kaputtgegangen ist.

Das war für mich damals so unheimlich, daß sie nicht dazu stehen konnte. Ich glaube, es wäre besser gewesen, wenn sie herausgekommen wäre, grün und blau geschlagen und verheult, und hätte gesagt, Kinder, euer Vater, das Schwein, hat mich schon wieder verprügelt. Als ich einmal zu ihr gesagt habe, weißt du was, wenn der Papa wieder auf dich losgeht, nimm eine Bratpfanne und hau' sie ihm auf den Kopf, hat sie nur gelacht und gemeint, das war doch nicht so schlimm.

Ob mein Vater nur im Suff gewalttätig wurde, weiß ich nicht. Noch heute knabbere ich an diesem Problem herum. Fragen danach weicht er aus, ohwohl ich ihm angeboten habe, über all das zu reden. Er ist jetzt vierundfünfzig, seit zwei Jahren trokken, und arbeitet als Lehrer an einer Berufsschule. Er hat nie wieder geheiratet.

Meine Mutter hat sich abgeseilt, als ich fünfzehn war. Sie hatte einen anderen Mann kennengelernt und war von einem Tag zum anderen verschwunden. Auch vorher schon, ungefähr seit meinem dreizehnten Lebensjahr, hatte sie immer wieder Affären, was sie vor uns nicht verheimlichte. Nur dem Papa sollten wir nichts davon sagen. Sie fragte mich, wie ich das fände, und ich sagte, in Ordnung, denn sie sei viel ausgeglichener, seit sie den Freund hätte und würde sich in die Sache mit Vater nicht so hineinhängen.

Vor zwei Jahren ist meine Mutter gestorben und ich glaube, daß sie beim zweiten Mal wieder in die gleiche Schublade gegriffen hatte. Der andere Mann war nicht viel anders als mein Vater, aber das konnte sie nie zugeben. Das einzige, was ich während ihrer zweiten Ehe immer wieder von ihr gehört habe, war ein stereotypes: Ich bin ja soo glücklich, ich bin ja soo glücklich. Sie hat aber in dieser Ehe etwas sehr Interessantes versucht: Sie und ihr Mann sind nie zusammengezogen. Sie hatten voneinander getrennte Wohnungen, die etwa zwei Kilometer auseinanderlagen, und sie hatten sogar einen Besuchsplan, der ungefähr so aussah: Montag, Dienstag und Mittwoch war er bei ihr, Donnerstag und Freitag sie bei ihm, und das Wochenende hatten sie frei oder so ähnlich.

Ich könnte mir eine solche Regelung auf freiheitlicher Basis auch für mich vorstellen, weil ich gemerkt habe, daß ich eine unheimliche Angst vor Nähe habe und dem anderen einfach keine Grenzen setzen kann. Ich bin ziemlich hilflos und brauche die Distanz und das Gefühl, daß ich mich räumlich zurückziehen kann.

Den Tod meiner Mutter habe ich als Katastrophe empfunden. Sie starb kurz nach Vivis Geburt.

Ich habe meiner Mutter ziemlich übelgenommen, daß sie zu mir immer gesagt hat, du warst schon immer ein Problemkind. Als sie mich nach Vivis Geburt einmal besuchte und ich ihr so andeutete, daß ich es mir mit dem Neugeborenen nicht so anstrengend vorgestellt hätte und mir der Umgang mit dem Säugling recht schwer fiele, sagte sie: Ach, das macht nichts, weißt du, das erste Kind ist zum Üben, das muß man danach eigentlich wegschmeißen. Als ich sie dann groß anguckte und sagte, du, ich bin auch dein erstes Kind, hat sie sich entschuldigt.

Das war eigentlich das einzige Mal, daß sie etwas Negatives über mich gesagt und sich dann entschuldigt hat.

Ich glaube, daß das Hauptproblem meiner Kindheit nicht war, wie meine Eltern miteinander umgingen, sondern daß sie es vor uns verheimlichten. Schwierig war für mich, daß ich überhaupt nicht wußte, was los war. Ich habe es zwar gesehen und mitgekriegt, war aber irritiert durch dieses Leugnen. Wenn mal darüber gesprochen wurde, dann nur, weil die Initiative von mir ausging. Zum Beispiel habe ich einfach zu meinem Vater gesagt, warum haust du die denn immer so? Als Antwort hat er angefangen zu heulen und gesagt, die Mutti wäre auch immer so frech zu ihm und würde ihn so provozieren. Mehr hat er eigentlich nicht dazu gesagt. Bis heute behauptet er, sie wäre seine Traumfrau gewesen. Als meine Mutter dann krank wurde und im Sterben lag, hat er sie zweimal besucht. Von diesen Besuchen hat mein Vater offenbar profitiert. Er sagte, daß sie schöne Gespräche geführt hätten, während meine Mutter sowas wie: Jetzt kommt der Kerl schon wieder, der war doch erst gestern da, gesagt hat. Ich weiß eigentlich bis heute nicht, was sie wirklich gedacht hat. Auch nicht, was sie mit dem: Ach Gott, ich bin so glücklich, gemeint hat. Ich habe versucht, sie darauf anzusprechen, aber sie hat sofort dichtgemacht.

Als sie mit achtundvierzig an Leukämie erkrankte, wußte sie ganz genau, wie krank sie war. Wir haben alle gewußt, daß sie sterben muß, aber sie hat es bis zum Schluß geleugnet. Wir alle haben es geleugnet, keiner hat die Wahrheit ausgesprochen. Sie hat ein paarmal, vielleicht habe ich das aber auch falsch verstanden, zu mir gesagt, daß sie sich am liebsten umbringen würde, und ich habe dann halt so konventionell reagiert und gesagt, ja, mein Gott, was ist denn los, ja warum denn? Es hat sie geärgert, daß sie nichts mehr machen konnte. Sie ist sich selbst bis zum bitteren Ende treu geblieben.

Nachdem meine Mutter meinen Vater verlassen hatte, haben meine Schwester Sabine und ich noch zwei Jahre bei ihm gewohnt. In dieser Zeit hat er dann angefangen, auf mich einzuschlagen, doch meine Schwester verschonte er. Sabine hatte als kleines Kind Kinderlähmung gehabt und seitdem, auch weil sie zwei Jahre jünger war als ich, war ich es gewohnt, eine Art Beschützerrolle bei ihr zu spielen. Ich war so eine Art Puffer zwischen ihr und meinem Vater, vielleicht habe ich auch nur meine Mutter nachgeahmt. Wenn Vater betrunken war, hat er mich oft aus dem Schlaf gerissen und gesagt, er müsse mit mir reden. Er hat dann Diskussionen mit mir angefangen, wurde immer ausfallender, und schließlich hat er mich geschlagen. Er hat wohl in mir meine Mutter gesehen, denn in betrunkenem Zustand hat er mich bei ihrem Namen genannt. Aber zu inzestuösen Handlungen ist es nie gekommen.

Nach außen hin schien die Familiensituation die ganze Zeit über normal. In der Nähe von Freising hatten wir ein altes Schulhaus gemietet, mein Vater ging arbeiten, der Job war in Ordnung, alles schien honorig. Probleme wurden unter den Teppich gekehrt, kein Mensch wußte, daß er trank und mich dann schlug. Ich konnte auch nicht darüber sprechen, ich hatte ja auch keine anderen Erfahrungen. Ich habe es als quälend empfunden und hatte immer die Vorstellung, hoffentlich kommt das Gesetz durch, daß man mit achtzehn volljährig ist, dann kann ich weg. Gewehrt habe ich mich nie, ich habe auch nie zur Bratpfanne gegriffen, genausowenig wie vorher meine Mutter. Ich hätte auch keine Chance gehabt, denn mein Vater war ein Zweizentnerkoloß. Er hat mich aber nie schwer verletzt, meistens waren es nur Prellungen und blaue Flecken.

Einmal, meine Mutter war gerade zu Besuch, kam es zum Streit, und er hat mich gepackt und gegen die Wand geknallt. Meine Mutter meinte, jetzt reichts. Sie war damals noch nicht wieder verheiratet und war nur gekommen, um etwas wegen des Besuchsrechts auszuhandeln. Wir haben ihn dann gemeinsam aus dem Zimmer gedrängt und abgesperrt. Er hat gedroht, die Tür einzuschlagen. Da die Wohnung im Parterre lag, konnten Mutter und ich durchs Fenster entkommen. Meine Schwester ist auch mitgeflüchtet, und wir sind dann mit dem, was wir auf dem Leib trugen, zu meiner Mutter gezogen. Mein Vater hat nichts dagegen unternommen, er konnte wohl nicht mehr.

Zu meiner Mutter hatte ich nie ein harmonisches Verhältnis. Die Eltern hatten mir und meiner Schwester beigebracht, daß ich das Papa-Kind sei und sie das Mama-Kind. Sie sind dabei wohl von körperlichen Ähnlichkeiten ausgegangen. Ich sehe meinem Vater wirklich wahnsinnig ähnlich, vielleicht war das der Grund dafür, daß Mutter nichts mit mir anfangen konnte. Wahrscheinlich hat sie in mir ihren Mann abgelehnt. Ich habe mich auch ähnlich wie er verhalten. Ich war siebzehn, als sie mir vorschlug: Hast du was dagegen, wenn ich dir hier in der Nähe ein Zimmer suche? Die Wohnung war ziemlich eng für uns drei. Ich war einverstanden, und sie sagte, du kannst immer kommen, jederzeit. Ich habe das damals nicht als Hinauswurf empfunden, aber heute sehe ich das anders. Meine Schwester hat mir inzwischen erzählt, daß meine Mutter sich damals mit ihr beratschlagt hat, so nach dem Motto, was machen wir jetzt mit ihr, am besten, sie zieht aus. Aber so haben sie mir das damals nicht gesagt. Im nachhinein empfinde ich das schon als sehr verletzend.

Meine Schwester habe ich lange Zeit sehr bewundert, während sie mir gegenüber wohl Schuldgefühle hatte, weil ich mich während der zwei Jahre bei Vater oft schützend vor sie gestellt hatte. Lange Zeit hat sie sich sehr um mich gekümmert, und hat mir geholfen, wenn es mir schlecht ging. Das Geschwisterverhältnis war in dieser Zeit umgekehrt, sie spielte die Rolle der älteren Schwester.

Meine ersten Männerbekanntschaften hatte ich so mit fünfzehn, als meine Mutter noch zu Hause war. Mein Vater raste vor Eifersucht. Keiner, den ich anbrachte, war ihm gut genug. Meine Mutter dagegen hat versucht, mir diese Freundschaften zu ermöglichen. Aber der Mann mußte ihr gefallen, wenn nicht, konnte ich ihrer Mithilfe nicht so sicher sein. Das waren immer recht kurzfristige und oberflächliche Bekanntschaften. Ich fühlte mich zu Männern hingezogen, die eine Fahne hatten, ihr Alter war mir egal. Ich würde sagen, das waren alles Suchttypen, wie mein Vater. Das Verhalten von Alkoholikern war mir vertraut, ich konnte mit ihnen umgehen, deshalb bin ich wohl immer an solche Typen geraten.

Als Kind wollte ich immer Kindergärtnerin werden, aber nach der Mittleren Reife habe ich eine Elektriker-Lehre angefangen. Ich wollte zunächst praktisch arbeiten und später studieren,

Maschinenbau oder etwas ähnliches. Das Studium wollte ich mir mit Schwarzarbeit, also Jobben und so weiter, verdienen. Ich habe schon immer gerne gebastelt und gewerkelt.

Ich habe die Lehre aber dann abgebrochen und später auf dem zweiten Bildungsweg studiert. Aber nicht nur, weil mein Vater das so wollte, sondern weil ich in dem Elektrobetrieb so belästigt wurde. Ich war der einzige weibliche Lehrling dort, überhaupt in ganz Regensburg, und bin wirklich extrem sexuell belästigt worden. Diese permanenten Bemerkungen haben mich schließlich so fertiggemacht, daß ich es aufgegeben habe. Anschließend habe ich dann so herumgejobbt. Ich wollte mich einfach mal umschauen, was man alles so machen kann.

Der Freund, den ich damals hatte, war so ein ähnlicher Typ wie mein Vater. Eines Tages kreuzte er bei mir auf und erklärte mir, ich würde immer blöder, man könne sich überhaupt nicht mehr mit mir unterhalten. Eine Woche später brachte er mir die Unterlagen der Zentralen Studienplatzvergabestelle. Er fragte mich, ob ich studieren wolle, und ich sagte, ich wüßte es nicht. Dann wollte er wissen, in welchem Fach ich in der Schule gut gewesen sei, und schließlich trug er Jura in den Bewerbungsbogen ein. Dann mußte ich unterschreiben, und er hat den Antrag abgeschickt. So bin ich zu meinem ersten Studium gekommen.

Deshalb habe ich das alles wohl auch nicht so ernst genommen. Ich habe mich zwar voll in den Studentenbetrieb gestürzt, aber mit den Vorlesungen hatte ich es nicht so. Damals war ich zwanzig. Bald habe ich nur noch pro forma studiert. Mein Vater gab mir sehr wenig Geld für den Unterhalt. Als meine Schwester dann das Abitur gemacht hat, habe ich zu ihr gesagt, sie könne das bißchen Geld von Vater noch dazuhaben, denn ich würde eh nicht so an dem Studium hängen. Wahrscheinlich habe ich mich wieder verantwortlich gefühlt für sie, genau wie früher, als ich mich vor sie gestellt und mich von Vater habe schlagen lassen.

Bevor ich meinen Mann kennenlernte, hatte ich eine ganz feste Beziehung. Mein Vater funkte wieder dazwischen, der Typ sei ein Schlappschwanz, wie ich mich überhaupt mit so einem abgeben könne. Er fand es dann auch unheimlich witzig, uns mit dem Vorschlag, wir sollten eine Kneipe aufmachen, reinzulegen.

Er selbst hat 3000 Mark Startgeld hineingesteckt. Das Ganze wurde eine fürchterliche Pleite. Mein Vater war der beste Gast. Ich konnte mich nicht von ihm lösen. Er hat sich permanent eingemischt. Manchmal kam er herein, fing an, die Stühle hochzustellen und rief, so Leute, geht nach Hause, ich habe mit meiner Tochter zu reden. Es war katastrophal. Dann ist die Beziehung zu meinem Freund auch auseinandergegangen. Wir sind ungefähr drei Jahre zusammengewesen.

Ich war ziemlich verzweifelt, und da habe ich mich entschlossen, so, jetzt machst du was ganz anderes, jetzt gehst du nach Ägypten. Eine Freundin, die schon einmal eine Zeitlang dort als Entwicklungshelferin gearbeitet hatte, hatte mir so davon vorgeschwärmt, daß ich gedacht habe, da mußt du auch hin, da kannst du dich erholen, bist in einer anderen Umgebung und kannst so sein, wie du sein möchtest.

In Ägypten, wo ich vier Monate arbeitete, habe ich meinen späteren Mann kennengelernt. Er ist persischer Christ und ist acht Jahre jünger als ich. Er stammt aus einer Familie der – ich würde sagen – mittleren Mittelschicht, und erzählte, seine Familie habe ihn abgeschoben, weil er so nervtötend sei. Ich glaube, ich habe mich deshalb für ihn interessiert, weil er so jung war und mir deshalb wenig bedrohlich vorkam. Er hat noch einen älteren Bruder, der ruhiger veranlagt ist. Seine Mutter hatte ihn wie ein Mädchen erzogen. Ihr Wunsch war eine Tochter und sie brachte ihn nur mit Frauen und kleinen Mädchen zusammen. Es paßte wunderbar: Er war Mamas jüngste Tochter, ich war Papas ältester Sohn.

Der Beginn unserer Beziehung war eine Prügelszene, die wir auf der Straße in Kairo mit ansahen. Mehrere kräftige Männer gingen auf einen schwächeren los, um ihn zu verhauen. Als ich das sah, bekam ich einen unheimlichen Horror und mein späterer Mann hat mich sehr lieb getröstet. Davon war ich tief beeindruckt. Seine Eltern haben häufig gestritten, wie er mir erzählte. Seine Mutter war zu der Ehe gezwungen worden, obwohl sie einen anderen Mann liebte, aber er hat keine Gewalt von seiten seiner Eltern erfahren.

Mir ist damals schon aufgefallen, daß er ein Typ ist, der

wahnsinnig viel Druck macht. Wenn er etwas will, fängt er an zu brüllen. Er versucht, sein Gegenüber derart einzuschüchtern, daß der das macht, was er von ihm verlangt. Das fand ich damals ganz witzig. Ich fühlte mich so gut, daß ich mir dachte, das hältst du aus, und wenn's dir zuviel wird, gehst du halt ein paar Schritte auf die Seite. – Das konnte ich damals ja noch.

In den letzten vier Wochen in Kairo entwickelte sich zwischen uns eine richtige Liebesgeschichte. Als ich wieder zu Hause war, dachte ich eigentlich nur, daß das ein netter Urlaubsflirt gewesen war. Doch dann kam jeden Tag ein Brief aus Ägypten. Wir vereinbarten, daß er seine Schule zu Ende macht, um dann als Student nach Deutschland zu kommen. Wir wollten in Deutschland und nicht in Ägypten leben, um nicht heiraten zu müssen.

Aber dann hatte er plötzlich keine Lust mehr, in Ägypten zu bleiben, denn dort sei alles so entsetzlich, – jedenfalls stand er eines Tages mit seinem Köfferchen in der Hand vor mir und wollte geheiratet werden. Obwohl ich nicht begeistert davon war, sagte ich, naja, und wir heirateten. Er war damals achtzehn und ich sechsundzwanzig.

Von einem Tag auf den anderen hatte ich das Gefühl, jetzt geht die Klappe runter, jetzt sitzt du in der Falle. Schon am Tag nach der Hochzeit hatten wir einen Riesenkrach. Und doch waren so starke Gefühle vorhanden, daß ich sagen kann, er war meine große Liebe. Die Heirat schien mir unumgänglich. Als wir heirateten, haben wir uns über die äußere Form viele Gedanken gemacht, aber nicht über unsere Motive. Darüber haben wir uns gar nicht verständigt. Es wurde alles unter den Teppich gekehrt, wie damals in meinem Elternhaus.

Unsere Ehe war gleich ziemlich chaotisch. Er kann einfach keine Ratschläge annehmen. Er wollte in Deutschland das Abitur machen. Das deutsche Schulsystem unterscheidet sich aber vom ägyptischen derart, daß er eine Klasse hätte wiederholen müssen. Darüber war er wahnsinnig aufgebracht. Ich habe ihm gut zugeredet: Du willst doch ein gutes Abitur machen, du willst doch studieren.

Es war unheimlich. Für mich war es so wichtig, mit einem Mann zu leben, der ganz anders ist als mein Vater, eben überhaupt nicht bedrohlich. Und nun war ich vom Regen in die Traufe gekommen. Er hatte zwar in Ägypten gesagt, daß er schwierig sei, aber ich war damals so gut drauf, daß mich das sogar reizte. Ich dachte: Jetzt wirst du mit so einem Menschen fertig.

Was die Gewalt in meiner Ehe betrifft, so handelte es sich eigentlich mehr um seelische als körperliche Gewalt. Seit der Hochzeit war mir klar, peng!, du sitzt in der Falle, jetzt ist nichts mehr zu ändern. Was ich dann getan habe, waren nur noch Versuche, mich irgendwie abzugrenzen, aber er hat mich halt immer mehr in die Ecke gedrängt. Körperliche Gewalt bekam ich erst zu spüren, als ich sagte, ich mache nicht mehr mit, ich will gehen.

Vor unserer Heirat hatte ich ihm viel über meine Kindheit und Jugend erzählt, und ihn gewarnt, er solle sich die Heirat noch mal überlegen, denn leicht würde die Ehe mit mir sicherlich nicht werden. Aber er meinte, ich könne ihm vertrauen. Dieses Wissen nutzte er aus. Später hat er mich immer genau da zu verletzen versucht, wo er wußte, da ist sie empfindlich, da kann man sie treffen, da tut's weh. Das habe ich als Vertrauensmißbrauch und seelische Gewalt empfunden. Zum Schluß sah es so aus, daß er versucht hat, mich immer wieder unter Druck zu setzen und mich zu erpressen.

Zu diesem Zeitpunkt haben wir beide studiert. Wir bekamen beide weder Bafög noch eine andere Unterstützung, so daß wir beide nebenher jobben mußten. Dadurch sahen wir uns nur selten, was ich auch als sehr belastend empfand. Sozialhilfe gab es für ihn auch nicht. Schließlich habe ich meinen Vater verklagt, woraufhin das Bafög-Amt uns ausgezahlt hat. Jetzt versuchen sie, das Geld von meinem Vater wiederzukriegen.

Eigentlich habe ich von Anfang an gewußt, daß diese Ehe ein Fehler ist. Ich wollte nie heiraten. Ich wollte überhaupt nicht heiraten, nach den Erfahrungen mit der Ehe meiner Eltern. Ich wollte immer eine Fluchtmöglichkeit haben, eine eigene Wohnung, weil ich mich auf diese Weise hätte abgrenzen können.

Nach außen hin hat mein Mann immer verkündet, daß er ein toller Ehemann sei, was er alles machen, tun, erlauben würde.

Aber im Prinzip hat er immer genau das Gegenteil gemacht. Er hat mich in jeder Beziehung gehindert, vor allem in meinem Studium. Nicht daß er gesagt hätte, hör' auf zu studieren oder so, sondern, sieh' endlich zu, daß du es zu etwas bringst, du liegst mir auf der Tasche. Aber wenn ich dann loslegen wollte, hatte er tausend Aufträge für mich, die ich für ihn erledigen sollte. Für mich ist das seelisch grausam. Er hat immer gleichzeitig zwei völlig gegenteilige Forderungen an mich gestellt, während der ganzen Ehe. Ich konnte das natürlich nie schaffen und war dann immer der Versager.

Dieser Zustand unserer Ehe hatte sich auch körperlich geäußert. Er leidet stark unter Migräne, und ich habe abwechselnd gefressen und dann wieder wahnsinnig gehungert. Ich konnte auch nicht schlafen, weil er die Manie hatte, seine Befehle loszulassen und sich dann furchtbar aufzuregen, wenn ich nein gesagt habe. Es gab dann immer Krach und er drehte sich auf dem Absatz um und ging, während ich die ganze Nacht auf und ab lief.

Unsere sexuelle Beziehung kam mit der Eheschließung auch ziemlich zum Erliegen. Von da an hat es mir keinen Spaß mehr mit ihm gemacht, und ich glaube, ihm mit mir auch nicht. Es war uns beiden kein Bedürfnis mehr. Wir haben dann vielleicht alle Vierteljahre einmal miteinander geschlafen. Er sagte immer, er sei so überarbeitet. Das kann auch gestimmt haben. Er ist so ein Arbeitstier. Ich glaube ihm das. Nach dem Abitur hat er in einem Großhandel gejobbt, in dem sehr viele Leute aus Zuhälterkreisen verkehrten. Das hat mir gar nicht gepaßt. Ich hab' zu ihm gesagt, ›wenn du das unbedingt machen willst, dann mach' dich doch selbständig, dann sind wir auch mehr zusammen, ich kann dir auch helfen, ich verstehe ja einiges davon‹. Obwohl ich wußte, daß diese Ehe ein Fehler ist, wollte ich nicht aufgeben. Ich wollte unbedingt etwas daraus machen.

Er hat sich dann tatsächlich selbständig gemacht, und das ging auch einigermaßen gut. Kurz bevor ich ihn verließ, wurde ihm der Posten eines Filialleiters angeboten. Das ist bei denen eine ganz gute Position. Mein Mann sieht ja gut aus, ist gewandt, kann irrsinnig Eindruck machen. Das ist es auch, was mir vor

Gericht immer solche Schwierigkeiten bereitet. Er kommt dann im besten Anzug daher, wirkt sehr vernünftig und seift auf diese Weise die Richter ein. Die denken dann, diese böse Emanze nimmt einfach ihrem reizenden Mann das Kind weg und verläßt diesen treusorgenden Familienvater. Das steht ja auch im Gerichtsprotokoll, daß dem Richter noch nie ein so treusorgender Familienvater vorgekommen sei.

Als wir schon dabei waren, uns zu trennen, war überraschenderweise Vivi unterwegs. Das war für mich die endgültige Besiegelung unserer Trennung. Ich wußte ja, wie er darauf reagieren würde. Er schrie gleich nach Abtreibung, aber ich sagte ihm, daß das überhaupt nicht in Frage käme. Er meinte, er sei zu jung, er würde das nicht schaffen, ich müsse abtreiben. Drei Monate lang habe ich diesem Druck standgehalten und ihm gesagt, wenn ihm das nicht passe, solle er seine Sachen packen und verschwinden. Ich hatte ja gelernt, für andere – diesmal für das Kind – dem Druck standzuhalten. Die Situation kam mir sehr bekannt vor. Vivi wurde geboren, aber er ging nicht. Ich sollte ihm nun permanent dankbar sein dafür, daß er geblieben war.

Nach der Geburt hat er sich dann voll auf das Kind gestürzt. Es kam mir vor, als wollte er sich an mir rächen, indem er einen Keil zwischen Vivi und mich trieb. Wenn ich mich zum Beispiel geweigert habe, bei ihm zu schlafen, hat er das Kind genommen und hat gesagt, ›du bist viel klüger als die Mami, du darfst jetzt bei mir im Bett schlafen‹. Sie hat das natürlich genossen. Er hat mich manchmal wahnsinnig verunsichert, denn dann hat er sie wieder angebrüllt. Das war alles ganz merkwürdig.

Zu diesem Zeitpunkt war die finanzielle Situation in Ordnung. Es ging uns gut. Ich studierte und er arbeitete selbständig. Wir hatten für das Kind eine Tagesmutter. Als ich in die Prüfungsphase kam, ging dann alles drunter und drüber. Überall hat er verkündet, er würde mich wahnsinnig unterstützen. Aber in Wirklichkeit ist er für sieben Wochen auf einen Lehrgang gefahren, und ich saß mitten in der Prüfungszeit allein mit dem Kind da. Seine Mutter kam, um uns zu helfen. Aber kurz bevor es ernst wurde, sagte sie, ›du, wir haben einen Urlaub gebucht, ich fahre jetzt wieder zurück, such' dir jemand anderes‹. Und so war ich mitten in der Prüfung allein und hatte niemand. Dann bezahlte er die Rechnungen nicht mehr. Strom, Gas und Wasser wurden abgestellt. Und lauter solche Sachen. Ich glaube, das hat er alles mit Absicht gemacht. Das Kind reagierte natürlich auf diese Vorgänge. Sie war Papas Liebling, ich stand draußen.

Als die schriftlichen Prüfungen vorbei waren, habe ich noch einmal mit ihm geredet und zu ihm gesagt, daß das eine absolute Sauerei gewesen ist und wenn das bei den mündlichen Prüfungen wieder so passiert, würde ich gehen. Und natürlich ging vierzehn Tage vor dem Mündlichen das Trara wieder los. Das war reiner Psychoterror. Ich konnte nicht mehr lernen. Es war unmöglich. Ich hatte Angst, durch die Prüfungen zu fallen, wenn ich unvorbereitet hineinginge. Ein halbes Jahr vor den schriftlichen Prüfungen hatte ich mir etwas außerhalb der Stadt ein Zimmer in einer Wohngemeinschaft genommen. Dort konnte ich in Ruhe lernen, weil ich gegen ihn abgegrenzt war. Unmittelbar nach den Prüfungen sagte er, wir könnten uns das Zimmer finanziell jetzt nicht mehr leisten. Ich solle mein Sparbuch herausrücken, was ich auch brav gemacht habe und der Terror zu Hause ging von vorn los. Es gab wilde Beschimpfungen. Er sagte, ›ich behalt' dich nur, weil du so gut im Bett bist, sonst hätte ich dich schon längst rausgeschmissen‹, und: ›Du gehörst in ein Irrenhaus, du bist ja total verrückt. Ich rufe jetzt an, daß sie dich abholen.‹ Und dann ging er zum Telefon, wählte irgendeine Nummer. Als ich das sah, bin ich völlig ausgerastet und hab' das Telefonkabel aus der Wand gerissen. Daraufhin ist er die Treppe hinuntergerast, hat geschrien, ›so jetzt kriegst du's aber‹, und hat eine lange Holzlatte geholt. Und dann sind wir aufeinander losgegangen. Ich hab' mich aber gewehrt. Ich hatte eine Reitpeitsche, die er mir mal mitgebracht, und vor der er Angst hatte. Es gab auch schon vorher Rangeleien. Manchmal hat er mich an den Armen durch die Wohnung geschleift. Es war dann so, daß ich die Peitsche fallen gelassen und zu ihm gesagt habe: ›Du, das ist doch alles totaler Schrott.‹ Darauf ist er dann auch eingegangen. Gewürgt oder richtig geschlagen hat er mich nicht.

Der Auslöser, daß ich dann doch endgültig ging, war ein

Besuch bei meinem Vater, der zu dem Zeitpunkt wegen einer Wirbelgeschichte im Krankenhaus war. Mein Vater hatte inzwischen eine Freundin, die ich dort kennenlernte. Als ich mich mit ihr unterhielt und ihr ein bißchen von meinem Mann erzählte, schaute sie mich an und sagte, ›da hat eine ihren Vater geheiratet‹. Das war der Auslöser. Mein Vater lieh mir für die Rückfahrt sein Auto, was ich meinem Mann verschwieg.

Ein paar Tage später kam es zu einem furchtbaren Krach. Er warf mir vor, ich würde die Telefonkosten in die Höhe treiben und befestigte ein Schloß am Telefon. Da hat es bei mir ausgesetzt. Ich dachte, der will mich systematisch einengen: Das Zimmer mußte ich aufgeben, mit meinen Freunden sollte ich keinen Kontakt mehr haben, und jetzt darf ich nicht mal mehr telefonieren. Jetzt reicht es, jetzt ist Schluß. Als er dann am Morgen zur Arbeit ging, hab' ich die Klamotten ins Auto geschmissen und bin fort.

Er hat mich immer indirekt terrorisiert. Den Kontakt zu meinen Freunden hat er nicht direkt unterbunden, sondern hat sie angerufen und ihnen etwas Schlechtes über mich erzählt. Nach außen hin war ich immer an allem schuld. Es sah immer so aus. ›Wie kann dieser nette Mann nur eine so böse, gräßliche Frau haben? Der arme Kerl!‹ Er tat immer so, als wäre jeder Erfolg, auch einen, den wir gemeinsam errungen haben, sein Erfolg. So hat er natürlich auch allein das Kind gekriegt. Um seine Erfolge zu vergrößern, mußte ich jeden Mißerfolg auf mich nehmen. Er hat es immer geschafft, später auch vor Gericht, daß ich die negative Rolle spielte. Auch in den Augen des Kindes war ich diejenige, die versagte. Inzwischen ist das anders geworden, aber nach den Besuchswochenenden klingt es immer wieder an. Sie liebt ihn noch sehr, aber ich denke, sie wird auch irgendwann die Nase voll haben. Er ist der Typ, der wahnsinnig viel verspricht und nichts hält.

Daß mein Mann es geschafft hat, mich immer in eine negative Rolle zu drängen, liegt meiner Ansicht nach einerseits daran, daß er ein unglaublicher Blender ist, und andererseits, daß er mich zwang, mich selbst schlecht zu machen. Einmal, als ich zu meiner Großmutter sagte, ›du, wenn dich mein Mann einlädt, dann heißt das gar nichts, nimm' das nicht ernst‹, hat er, als ihm das zu Ohren kam, mich gezwungen, zu ihr zu gehen, und zu sagen, ›du entschuldige, ich habe meinen Mann bei dir schlechtgemacht‹. An dem Morgen, an dem ich mit dem Auto weg bin, fuhr ich zum Frauenhaus in Regensburg. Damals war meine Mutter schon tot, und mein Vater lag gelähmt im Krankenhaus. Mein einziger Ausweg war das Frauenhaus, und außerdem habe ich mich schon immer für Feminismus interessiert.

Mein Mann stand alle zwei Tage vor dem Frauenhaus und forderte das Kind. Er will das Sorgerecht haben, denn ich bin in seinen Augen natürlich völlig unfähig, ein Kind aufzuziehen. Aber zum Glück besitze ich das Sorgerecht, auch wenn er behauptet, daß ich auf den Strich gehe, heroinsüchtig bin und mein Kind verkommen ließe.

Ich bin dann nach München gezogen, weil er mir in Regensburg keine Ruhe ließ. Schon in der ersten Nacht hatte er versucht, die Haustür einzuschlagen. Einige Zeit später hat er es dann auch geschafft, ins Haus zu kommen. Eine Mitarbeiterin hat ihn dann abgelenkt, und ich bin mit dem Kind ins Auto gestiegen und nach München gefahren. Ich will auf keinen Fall, daß Vivi ähnliche Situationen zugemutet werden, wie in meiner Kindheit mir. Deshalb hatte ich auch keine Schuldgefühle, als ich sie von ihrem Vater trennte.

Den ersten Prozeß, bei dem es um die Wiederherstellung unserer Ehe ging, hat mein Mann gewonnen. Er wollte die Ehe aufrechterhalten. Der Richter hat zwar zugegeben, daß das Urteil, demnach ich die eheliche Gemeinschaft wieder aufnehmen sollte, nicht vollstreckbar ist, aber ihm sei noch nie ein so pflichtbewußter und verantwortungsvoller Ehemann und Vater begegnet.

Was die Gewalt in meiner Ehe angeht, so war das auch oft so, daß ich angefangen habe, gewalttätig zu werden, weil er mich so fertiggemacht hat. Oder einmal ist er auf das Kind losgegangen. Vivi lag im Bettchen, war aufgewacht und hat geschrieen und geweint, weil sie uns streiten hörte. Da ist er in ihr Zimmer und hat sie irrsinnig angebrüllt, woraufhin ich hinter ihm her bin, ihn am Kragen packte und versucht habe, ihn aus dem Zimmer zu ziehen. Da hat er mir dann den Arm umgedreht. Er hat mich nie so angefaßt, daß es blaue Flecken gegeben hätte, oder mich ins Gesicht geschlagen, aber er hat mich immer herumgeschubst und gestoßen. Als wir damals, ich mit der Peitsche und er mit der Holzlatte, aufeinander losgegangen sind, war das das einzige Mal, daß ich die Peitsche herausgeholt habe. Er hatte sie mir geschenkt unter der Bedingung, sie niemals zu benutzen. Das war alles so verrückt. Manchmal habe ich schon selbst geglaubt, ich müsse ins Irrenhaus. Einmal habe ich zu ihm gesagt, ›du, ich kann nicht mehr, ruf' dort an, laß' mich abholen‹. Aber da ist er dann weinend zusammengebrochen und hat gesagt, ›glaubst du das wirklich, das stimmt doch nicht, mein Gott, nimm' das doch nicht so ernst‹.

Erst nach einem halben Jahr im Frauenhaus wurde der dumpfe Druck meiner Ehe etwas schwächer. Aber das Gefühl, jetzt ist Frieden, der kann mir nichts mehr tun, das habe ich erst jetzt. Jetzt habe ich das Kind seit einem Jahr. Die Verzögerungstaktik meines Anwalts hat gefruchtet, und inzwischen sind die guten Argumente auf meiner Seite. Außerdem, wenn das Kind ihm jetzt wirklich zugesprochen würde, würde ich auf sie verzichten. Ich bin mir inzwischen selbst so viel wert, sodaß ich mir schon überlegt habe, in diesem Fall eventuell ins Ausland zu gehen. Eigentlich rechne ich aber nicht mehr damit, daß er das Sorgerecht jetzt noch bekäme.

Die Holzlatte, mit der er damals auf mich losgegangen war, die war von mir. Ich bin doch immer irgendwie am Werkeln, hab' viel Möbel selber gemacht und hab' noch so ein kleines Holzvorratslager. Ich habe ja immer alles gemacht, und man konnte ja auch immer alles ganz gut brauchen. Aber hinterher hat der dann an allem herumgemeckert, hat gesagt, ich sei ihm viel zu männlich. Einmal habe ich ihn verarscht, da hat er gesagt, komm', wir haben unten ein Auto fertigzumachen, komm' runter, hilf mir! Da hab' ich gesagt, ich hätte keine Lust, ich würde mir dabei immer die Fingernägel abbrechen, und das hat er akzeptiert. Wenn ich gesagt hätte, ich hab' Bauchweh, Arm ist ab, Kopf ist ab, das hätte er nicht akzeptiert. Der wollte halt eine

Haremsdame und war total enttäuscht, daß ich das nicht bin. Ich bin halt nicht dieser Typ Frau.

Ich habe das Gefühl, er hat eine Mutter gesucht, eine Mutter, der er befehlen kann, wie er das mit seiner ja immer gemacht hat. Er hat sie sehr unter Druck gesetzt.

Er wollte wohl lieber eine Frau zum Anbeten. Er ist ab und zu nach Ägypten gefahren. Wenn er zurückkam, ist er ins Wohnzimmer gegangen, und ich durfte nicht hinein. Später rief er mich dann, und im ganzen Wohnzimmer stapelten sich die Geschenke, nur für mich. Alles, Mokkatässchen, Schühchen, Hausschühchen, lauter so Kram. Tische, Boden, Schrank, alles lag voll. Er war eigentlich nur daran interessiert, daß mir das gefiel. Er wollte mich wohl nur sagen hören, was für ein toller Typ er sei. Ich sollte ihn bestätigen. Ich werde nie wieder zu ihm zurückgehen. Wenn es so wäre, wie es kurz nach der Hochzeit war, dann vielleicht schon, aber er hat sich in dem einen Jahr so schlecht aufgeführt. Jetzt ist nichts mehr da.

Nachlese

Auf den ersten Blick hat Petra K. etwas von einem Blumenkind der 70er Jahre an sich: Baumwollhänger, Wuschelhaare, die offene, direkte Art. Sie ist zart und hübsch. Mir fallen gleich die sehr klaren, wachen Augen auf, denen man – so scheint es zunächst – nicht so leicht was vormachen kann.

Und doch: Allzulange betrog sie sich mit der Hoffnung, ihr Mann würde sich doch noch ändern. Im Gespräch wird ihre Ambivalenz, werden Widersprüche deutlich: »Schon vom ersten Tag an gab es Krach«, sagt sie einmal über ihre Ehe. Später scheint sie indessen der ersten »schönen Zeit« nachzutrauern …

Gewalt-Auslöser: Alkohol
Jutta S., 35, verheiratet, vier Kinder, Angestellte.

Ich bin im Februar mit meinen drei jüngeren Kindern, mit Schulranzen, Mänteln, was wir so anhatten, hierhergekommen. Mein ältester Sohn ist 15, der wollte nicht mitkommen. Er hat sich mit Händen und Füßen gesträubt, obwohl er uns dauernd hier besucht hat. Während wir hier waren, war er bei einer Freundin. Inzwischen bin ich ja wieder zu Hause, ich habe meine Wohnung wiedergekriegt.

Ich war Angestellte, aber das mache ich nicht mehr. Ich arbeite seit gestern über Mittag in einer Werkskantine in der Küche. Ins Büro geh' ich nicht mehr, das schaffe ich nicht.

Meine Zwillinge sind acht Jahre alt und die Melanie wird jetzt fünf. Ich lebe von meinem Mann getrennt, aber wir haben inzwischen wieder Kontakt. Es ist nicht so, daß wir wieder zusammenleben, aber wir machen zumindest wieder einen Versuch.

Mein Mann ist Alkoholiker, und es haben sich unheimlich viel Aggressionen aufgestaut. Obwohl er sehr intelligent ist, ist er vor lauter Alkohol überall gescheitert. Er hat natürlich jeden Job dadurch verloren.

Verheiratet sind wir erst seit drei Jahren, aber zusammen sind wir schon seit zwölf Jahren. Die Kinder sind alle von ihm. Ich hab' halt immer gedacht, irgendwann hört er auf zu trinken, bis sich das langsam gesteigert hat: Er machte sich selbständig, belegte einen Kursus, ging ständig betrunken auf die Baustelle und dann irgendwann auf die Kinder los, im alkoholisierten Zustand.

Meine Kindheit war eigentlich ziemlich bescheiden. Meine Mutter starb an Krebs, als ich fünf Jahre alt war. Geschwister habe ich keine. Mein Vater hat sich dann in seinen Kummer so hineingesteigert, daß er auch zu trinken angefangen hat.

Wie ich seit kurzem weiß, war die Ehe meiner Eltern nicht gut.

Meine Mutter litt unter einem Gehirntumor und hat ziemlich verrückt gespielt, kaufte groß ein und hat dann nicht zahlen können, und Ähnliches. Und mein Vater hat mir die Schuld an der Krankheit meiner Mutter zugeschoben, weil sie unmittelbar nach meiner Geburt erkrankt ist.

Ein Jahr später hat er dann per Inserat meine Stiefmutter kennengelernt, mit der ich heute immer noch ein sagenhaftes Verhältnis habe. Er hat dann zu trinken aufgehört und ein ganz spießbürgerliches Leben geführt. Er war früher Automechaniker von Beruf, und hat sich dann bis zum Abteilungsleiter emporgearbeitet. Er lebt heute in Brasilien und ist ein wohlhabender Mann. Als ich 18 war, hat er sich von seiner zweiten Frau scheiden lassen, die mich großgezogen und sich am meisten um mich gekümmert hat und heute noch kümmert.

Die Mutti war immer modern eingestellt, sie war immer meine Freundin. Sie konnte leider keine Kinder kriegen, sonst wäre vielleicht auch die Ehe gutgegangen. Sie wollte immer welche, aber er wollte nicht. Und wie sie dann eine Totaloperation hatte, wollte er dann. Mein Vater war so ein richtiger Sadist. Wenn er eine Möglichkeit gesucht hat, mir eine zu scheuern, dann hat er sie auch gefunden. Oder wenn er irgendwie gemerkt hat, die Mutti nimmt mich in den Arm, war er eifersüchtig. Er hat mich aber nie in den Arm genommen.

Das hat jetzt hier im Haus die Frau X herausgekriegt, daß ich also von meinem Vater gar nichts hatte. So daß ich gar nicht gewöhnt war, von einem Mann Zuwendung zu empfangen. Mein Vater hatte auch was von einem Diktator. Er war sadistisch. Auch was die Schule anging, war er so. Ich war eigentlich sehr gut in der Schule, habe dann zwei Jahre Mittelschule gemacht und bin da gescheitert. Ich hätte es halt wiederholen müssen. Ja, *seine* Tochter bleibt nicht sitzen. Zuerst habe ich meine Prügel gekriegt, und dann hat er sechs Wochen lang kein Wort mehr mit mir gesprochen. Wegen jedem Vierer habe ich Prügel bezogen. Schlimme Prügel. Als ich 17 war, hat er mich so geschlagen, daß ich blaue Augen hatte. Dann bin ich mit Veilchen zur Schule gegangen. Ich ging damals gerade in die Lehre. Als ich klein war, schlug er mich nicht so heftig. Seine Frauen hat er nie geschlagen, nur mich. Ich war immer an allem schuld. Er war viel unterwegs und die Mutti hatte einen Freund. Den Namen des Mannes hat er richtig aus mir herausgedroschen. Am Heiligen Abend hat er mich so geschlagen, so daß ich den Namen sagen mußte. Ich wußte den Namen, ich hab' sie immer gedeckt, denn ich hab' die Mutti verstanden. Ich habe diesen Freund auch gekannt. Die Eltern haben sich dann ein Jahr später scheiden lassen. Das war im Dezember. Im Januar hatte ich dann einen sehr schweren Verkehrsunfall, es war also wirklich sehr schlimm, Schädelbruch und mit allen Schikanen. Mein Vater wohnte ganz in der Nähe, tatsächlich nicht weit. Erst nach drei Tagen kam er dann mal vorbei. Es hat ihn nie interessiert, wenn es mir schlechtging. Ich habe in Nürnberg gelebt, mein Mann war auf Montage, die Mutti war gleich da und mein Vater kam nach drei Tagen, ja wie geht's dir? Es geht dir ja schon wieder ganz gut. Dann ist er auf einen Faschingsball gegangen. Er war unheimlich kalt, das ist er auch heute noch. Bloß heute weint er und ist traurig, weil ich von ihm nichts mehr wissen will. Ich schreibe ihm zwar zu Weihnachten und zum Geburtstag Briefe, wie's seinen Enkelkindern geht. Blonde Enkel sind etwas Besonderes, auf die ist er sehr stolz, die kann man vorzeigen auf Fotos. Aber das Herz ist nicht daran beteiligt.

Als meine Eltern sich scheiden ließen, bin ich in der Wohnung meines Vaters geblieben. Ich war allein, und habe mich dann in meine erste Ehe gestürzt. Nachdem ich meine Berufsausbildung beendet hatte, bekam ich meinen Sohn. Ich hörte auf zu arbeiten. Mein erster Mann hat auch getrunken, und nach zwei Jahren haben wir uns scheiden lassen. Mein Vater hat auch getrunken, aber immer nur kurzfristig, wenn es ihm schlechtging.

Mein erster Mann war ein liebenswerter Trottel. Er hat nichts gemacht, sich um nichts gekümmert, was ein Grund für mich war, mich damals von ihm scheiden zu lassen. Von Beruf war er Busfahrer, er saß jeden Abend in der Wirtschaft. Drei Jahre waren wir verheiratet. Und bis zu seinem Tod, er ist leider vor drei Jahren tödlich verunglückt, waren wir die besten Freunde.

Er war ein guter Mann und hat mich nie geschlagen. Aber er war langweilig und ständig blau, ich habe von ihm alles bekommen, was ich wollte, aber das war uninteressant.

Ein Jahr nach meiner Scheidung habe ich meinen jetzigen Mann kennengelernt. Er ist Grieche und sehr temperamentvoll. Er hat mich verwöhnt, das macht er immer noch, auch in den schlechtesten Zeiten. Wir haben bei der Hochzeit meinen Mädchennamen angenommen, und zwar aus folgendem Grund: Mein Mann war wegen Fahrens ohne Führerschein zwei Jahre im Gefängnis, es war ein Wiederholungsdelikt, deswegen saß er so lange. Ich habe ihm halt dann immer geholfen, auch wie er im Gefängnis war. Es war eine unheimliche Haßliebe zwischen uns. Wir konnten nicht miteinander, aber auch nicht allein leben. Wir wollten nie heiraten, ich weiß nicht, vielleicht habe ich Angst gehabt. Wir lebten zusammen; deshalb war das Heiraten für mich eigentlich nicht wichtig. Erotisch war unsere Beziehung nicht sehr intensiv. Wenn er weg war, dann wollte ich ihn, wenn er da war, ist er mir auf die Nerven gegangen.

Nach etwa dreieinhalb Jahren Ehe haben wir uns dann getrennt. Insgesamt waren wir zwölf Jahre zusammen. Wir haben drei gemeinsame Kinder. Einmal Zwillingsmädchen und dann kam noch ein Mädchen.

Mein Mann ist gelernter Elektriker, und weil er permanent gesoffen hat, ist er aus jedem Job geflogen. Ich wußte, daß er Alkoholiker war, aber er hat es immer abgestritten. Voriges Jahr ist er dann schon ein bißchen einsichtig gewesen, aber er hat es immer noch nicht zugegeben. Angeblich ging er wegen des Alkohols in eine Klinik. Als ich aber dann mit dem behandelnden Arzt gesprochen habe, sagte der mir, nee, vom Alkohol spricht er nicht. Wenn man ihn darauf anspricht, dann ist er kein Alkoholiker. Man wußte das damals schon. So konnten sie ihn natürlich nicht behandeln. Und dann ging's also rapide bergab, er war dann nur noch blau.

Da er immer aus allen Jobs flog, mußten wir vom Sozialamt leben. Er nahm dann so Gelegenheitsjobs an. Er lag ständig auf der Couch und schlief, was mich narrisch gemacht hat. Außerdem war er immer zu Hause. Es hatte sich soviel aufgestaut, was sich dann alles in einer einzigen Nacht entladen hat: Ich wollte 100 Mark von ihm, die brauchte ich für den Gerichtsvollzieher, und daraufhin ist er so narrisch geworden. Er hat einen Kasten zusammengeschlagen und das Ehebett auseinander genommen, aber mich hat er eigentlich nie geschlagen. Ich habe zwei oder drei Watschen gekriegt, aber er war nicht der typische Schlägertyp. Er hat mich seelisch unheimlich fertiggemacht. Zum Beispiel, wenn er blau war, mußte ich mit ihm schlafen und er hat mich mit Namen beschimpft. Also ich war niemand, in der ganzen Zeit. Es hieß immer nur, was willst du schon, die Wohnung machst du nicht, die Kinder erziehst du nicht, wer bist du schon, wie rennst du rum. Er hat mich also nur erniedrigt, immer gedrückt. Ich habe dann selber schon geglaubt, daß ich ein Niemand sei, überhaupt niemand sei.

Als er das ganze Zeug zusammengeschlagen hatte, bin ich am nächsten Morgen zu meiner Freundin gegangen. Mein Mann hatte mir schon früher solche Dinger geliefert. Ich habe das zwar nicht verstanden oder akzeptiert, aber verziehen. Bei dem letzten Streit haben sich die Kinder hinter der Türe versteckt und geschrieen, bis ich dann gesagt habe, also jetzt geht's nicht mehr, die Kinder sind so fertig.

Das erste Mal, daß er etwas zertrümmert hat, war vor zehn Jahren. Das ist immer im Suff passiert. Hinterher tat's ihm dann leid. Ich habe mich zehn Jahre lang blenden lassen, und immer wieder nachgegeben. Es tut mir leid, hieß es dann und ich mache das nicht mehr, und dann die Blumen und der Schmuck. Wenn er blau war, hat er mir Teller mit Spaghetti nachgeschmissen, oder die Teller auf die Straße hinuntergeworfen.

Die Kinder hat er nie geschlagen, erst die letzten Monate. Einen der Zwillinge, die Daniela, mochte er nicht. Die ist sehr schwierig, die mußte immer alles ausbaden. Das Kind hat mir das aber nie erzählt, weil sie eben Angst hatte vor ihm. Erst als wir hier waren, hat sie erzählt, daß er sie geschlagen hat. Und das waren handfeste Watschen. Dann zog er vor den Kindern über mich her, eure Mutter, wer ist das schon. Diese Beschimpfungen mir gegenüber kamen daher, daß ich mich natürlich im Bett verweigert habe. So wurden die Streitereien immer intensiver.

Wenn er nüchtern war, hat er mich in Ruhe gelassen, aber wenn er blau war, dann wollte er immer was haben. Aber ich habe mich oft hinterher übergeben. Das war schlimm für mich. Er hat mich dann auch gezwungen, aber er hat mir nicht weh getan. Ich hab' mir das dann auch gefallen lassen, damit er mir nicht wehtut.

Irgendwann wollte ich nicht mehr. Ich war so am Ende, daß ich mich dann gehen ließ. Ich habe mich nicht mehr gepflegt, habe reingefuttert, und wurde dick und häßlich.

Ich habe ihn vor drei Jahren geheiratet. Er war damals eineinhalb Jahre im Gefängnis. Dort hatte er keinen Zugang zu Alkohol und ich dachte, er sei trocken, wenn er rauskommt. Ein anderer Grund für die Heirat war, daß er dann eher aus dem Gefängnis kommen würde, denn ich wollte nicht länger eine ledige Mutter sein. Ich war damals noch so dumm. Ich habe also wirklich geglaubt, daß er da drin aufgehört habe. Er kam aus dem Gefängnis und es ging ein Jahr gut. Er machte sich selbständig, dann ging es mit dem Geschäft schief und mit ihm rapide bergab.

Voriges Jahr im August sind wir dann nach Griechenland gefahren. Nach zwölf Jahren ist er das erste Mal wieder zu Hause gewesen, und da hat er wieder sehr viel getrunken.

Mein Mann war zu Hause das schwarze Schaf. Es waren acht Kinder und er hat sehr viel ausbaden müssen. Wenn irgend etwas geschah, kam er ins Internat. Sein Vater hat ihn geprügelt. Vor zehn Jahren wollte sein Vater seine zweite Frau umbringen, und kam sechs Jahre dafür nach Straubing. Heute ist er vierundachtzig und immer noch ganz gut beinander. Mein Mann hat seinerzeit also nur Schläge gekriegt.

Seine Mutter, die ich sehr gern mochte, ist schon tot. Mein Mann hat seine Mutter gehaßt und geliebt. Als er in Deutschland war, hat er sie sehr gequält. Einmal hat er sie angerufen, daß er einen Unfall gehabt hätte, bloß um zu hören, ich mag dich, ich liebe dich. Und wie sie dann gestorben ist, ist er total zusammengebrochen. Meine Schwiegermutter war eine Frau, die hat sich von ihrem Mann regelrecht, wie man in der Tiersprache sagt, begatten lassen. Ein Kind nach dem anderen. Sie hatte ja zehn. Er hatte immer eine Freundin, er war der Pascha. Sie mochte die

Kinder alle nicht und meinen Mann überhaupt nicht. Sie hat nicht gewagt, sich gegen den Mann aufzulehnen, der seine Familie so verprügelte. Und so hat sie stellvertretend die Kinder gehaßt.

Als mein Mann siebzehn Jahre alt war, wollte mein Schwiegervater meinen Mann im Bett verführen. Mein Mann sieht seinem Vater sehr ähnlich. Wahrscheinlich hat meine Schwiegermutter diesen Sohn anstelle des Mannes gehaßt. Darauf haben mich erst die psychologischen Berater gebracht, denn ich allein wäre nicht darauf gekommen.

Am Morgen nach der Nacht, als mein Mann diese Möbel zusammengeschlagen hat und mit dem Fuß einen Schrank, der hätte gepfändet werden sollen, zusammengetreten hat, bin ich gegangen. Meine Gläser und alles andere sind dabei herumgeflogen. Wir hatten an dem Abend Freunde zu Besuch gehabt. Und bevor die kamen, habe ich die 100 Mark für den Gerichtsvollzieher verlangt, und das war ein Fehler von mir. Der Besuch, das war ein Türke, ein Bekannter meiner Freundin, den ich bat zu gehen, als mein Mann anfing, den Schrank zu zerschlagen. Der Türke tat mir so leid, denn er wollte mir helfen, wußte aber nicht, wie. Er ging auf den Flur hinaus, und ich strich ihm über die Wange und sagte, du, es tut mir leid. Da kam mein Mann und sagte wortwörtlich zu mir: Ist das dein neuer Schwanz?

Und da war es natürlich aus. Ich bin nie fremd gegangen oder sonst etwas. Mein Mann war total besoffen. Ich habe mich dann mit den Kindern im Schlafzimmer eingeschlossen, er hat im Wohnzimmer geschlafen, und am nächsten Morgen bin ich dann weggegangen. Die Kinder hatten inzwischen Angst vor ihm. Sie wissen ganz genau, daß der Papa nur böse ist im Zusammenhang mit Alkohol. War er nüchtern, war er ein unheimlich liebevoller Vater.

Am nächsten Morgen bin ich also hierher ins Frauenhaus und sofort aufgenommen worden. Und am Abend bin ich hier mit den Kindern rein. Das war so entsetzlich. Wir sind in die Notaufnahme gekommen, mit den Gittern vor den Fenstern.

Dann habe ich meinen Mann aus der Wohnung geklagt. Zuerst hatten wir hier Schwierigkeiten, denn ich habe mich überhaupt nicht wohlgefühlt. Es war für mich wie in Stadelheim, das kannte ich von meinem Mann her sehr gut. Die Gitter hier vor den Fenstern, das war entsetzlich. Die Gitter sind ja deshalb angebracht, daß niemand rein kann und nicht umgekehrt. Ich habe das damals nicht verstanden. Ich war so fertig. Ich habe aber dann drei Tage später ein Appartement im zweiten Stock bekommen und dann ging's mir schon langsam besser. Ich habe dann wieder aufatmen können, dieser Schutzwall war schon unheimlich toll. Wir haben da oben ein unheimlich schönes Verhältnis gehabt, wir Frauen untereinander. Ich bin auch heute noch ständig hier. Mit drei Frauen habe ich Freundschaft fürs Leben geschlossen. Ich kriege Gänsehaut, wenn ich davon rede, denn ich habe so eine Freundschaft und Zuneigung noch nie erlebt. Ich habe zwei Freundinnen fallengelassen, mit denen ich zehn Jahre befreundet war, weil ich gemerkt habe, was das für falsche Luder sind.

Als ich hier oben ausgezogen bin aus der Bude, haben wir alle geheult, das war echt schlimm. Ich war fünf Monate hier. Mein Mann ist dann aus der Wohnung rausgeklagt worden. Er war dann mal hier zu einem Ehegespräch mit Herrn X und Frau Y. Er sei kein Alkoholiker, behauptete er. Und ich habe dann zu ihm gesagt, wenn du eine Entziehungskur machst, eine richtige Entziehungskur, dann versuchen wir's noch mal. Dann hat er zu Herrn X gesagt, er mache eine richtige Entziehungskur, er rufe am Montag da an. Zum Schluß hat sich dann aber alles geändert. Ich bin mit meinen drei Kindern in den Bayerischen Wald, zusammen mit zwei Frauen von hier in die Ferien gefahren. Zu der Zeit hatte ich einen recht netten Freund, aber der hat mich schon bald gelangweilt. Ich wollte dann nicht mehr. Hier hat man viel Gelegenheit, fortzugehen. Man geht hier sehr viel aus und kann auch jemanden kennenlernen. Es ist toll hier, wenn man weggehen will. Einmal war ich ein ganzes Wochenende unterwegs, da waren die hier für meine Kinder da. Die Atmosphäre hier ist sehr schön, wenn man sich mal daran gewöhnt hat, und mit den richtigen Frauen zusammen ist. Herrenbesuch kann man allerdings hier nicht empfangen.

Ich habe dann im Bayerischen Wald schon gespürt, daß zu

Hause etwas passiert sein muß. Und als ich nach Hause kam, hieß es, dein Mann ist im Krankenhaus. Das war am 12. September. Ich habe drei Tage überlegt, ob ich ins Krankenhaus gehen soll oder nicht. Ich habe dann erfahren, daß mein Mann keine Wohnung gehabt hatte und in alten Autos übernachtet hatte. Er war also total am Ende.

Jedenfalls bin ich dann in die Klinik gegangen, da war dann eine Mauer zwischen uns, und ich habe gefragt, du, soll ich gehen oder kann ich bleiben? Da hat er gesagt, ›bitte bleib‹! Er sah so fürchterlich aus. Ganz gelb und dünn war er. Voriges Jahr, als er in dieser Klinik lag, hatte ein Arzt zu mir gesagt, wenn Sie wollen, daß Ihr Mann trocken wird, wird er irgendwann zusammenbrechen. Und genau das war nun passiert. Er war zusammengebrochen und hatte einen Bauchspeicheldrüsenkollaps. Es ging ihm sehr schlecht. Er war schon zwei Wochen in der Klinik, aber die ganze Zeit hat sich niemand um ihn gekümmert, er war ganz allein. Er hatte oft bei mir zu Hause in der Wohnung angerufen, aber da machten gerade zwei Freundinnen von mir Ferien, und die wollten mir das in meinem Urlaub nicht erzählen. Weil sie mich kennen. Wenn es jemandem schlechtgeht, egal, wer das ist, dann bin ich da. Und deshalb haben die mir das erst nach meiner Rückkehr erzählt. Und dann hat er mir erzählt, daß er in der Klinik beim Psychiater gewesen sei, und daß er jetzt eine Entziehungskur machen würde. Das fand ich toll. Ich habe schon immer gesagt, ich habe die Gefühle für meinen Mann nie so richtig verloren, aber ich wäre nie zu meinem Mann zurückgegangen. Solange er trinkt, geht überhaupt nichts. Aber ich habe ihn nicht besonders gelobt, ich habe zu ihm gesagt, tu, was du für richtig hältst!

Eine Woche später ist er dann in die Psychiatrie gegangen. Nun hatte er den Tiefpunkt echt erreicht. Er hat zu mir gesagt, du, Jutta, entweder ich höre mit dem Saufen auf, oder ich habe nur noch ein paar Jahre zu leben. Ich verliere euch sonst, ich verliere alles, ich mache das jetzt. Ich sagte, gut, ich helfe dir dabei, schauen wir mal. Dann hat er in der Psychiatrie vier Wochen lang eine Intensivkur gemacht. Er trinkt nicht mehr und schaut auch wieder toll aus. Er sah ja immer nur durch den

Alkohol so schlecht aus. Er arbeitete auch wieder, nur hatte er keine Wohnung. Da habe ich ihm angeboten, gut, du kannst bei mir wohnen. Er ist jetzt trocken, er ist jetzt so, wie ich ihn haben will, er hat jetzt einen guten Job bei einer Tankstelle und verdient genügend Geld. Die Kinder haben gesagt, wenn der Papa nicht mehr trinkt, dann wollen wir ihn haben.

Wir haben Familienrat abgehalten. Ich habe vor den Kindern und auch beim Psychologen zu ihm gesagt: der erste Rausch, und du fliegst im hohen Bogen raus. Ich habe ihn auch hier nicht anmelden lassen, er ist bei meiner Schwägerin angemeldet. Die Scheidungsklage habe ich noch nicht zurückgezogen. Aber ich gehe demnächst zur Rechtsanwältin, damit das Verfahren etwas verzögert wird, denn der Termin wäre schon im Februar. Ich will mir das ein Jahr anschauen. Das werde ich mit meiner Anwältin besprechen. Man kann ja auf Dauer getrennt leben. Ich will die hundertprozentige Sicherheit, daß ich ihn beim ersten Rausch hinausschmeißen kann, ohne daß mir was passiert. Und ich finde, die Chance habe ich verdient. Aber ich meine auch, wenn ein Alkoholiker nach zwölf Jahren sagt, ich mache eine Entziehungskur, dann soll auch er eine Chance haben.

Die Kinder sind ganz glücklich. Sie beobachten ihn aber auch ganz genau. Die wissen, wenn er noch einmal ein Bier trinkt, dann ist es aus. Und so mache ich das auch, das habe ich ihm geschworen; und ich bin konsequent in solchen Dingen.

Für eine Analyse oder Therapie hat er im Moment gar keine Zeit, weil er bis neun Uhr abends arbeitet. Er will jetzt erst mal Geld herschaffen. Letzte Woche haben wir uns mit Freunden getroffen. Der Mann trinkt auch, und behauptet auch, kein Alkoholiker zu sein. Da hat mein Mann einen sehr guten Satz gesagt. Er sagte, ich lege mich jeden Abend ins Bett und sage, ich habe heute nicht getrunken, ich bin gespannt, was morgen ist. Er hat jetzt eine gute Einstellung dazu. Und ich hab' zu ihm gesagt, schauen wir mal, was passiert, wenn die ersten Probleme kommen. Ich akzeptiere nichts. Und wenn er seinen Job verliert, dann fliegt er genauso. Das heißt nicht, daß er jetzt kuschen muß. Nur, was die Sauferei angeht. Ich bin immer noch mißtrauisch. Wenn das wieder losgeht, verliert er seine Familie endgültig, und ich lasse ihm alles entziehen. Er sieht kein Kind mehr, dann gehe ich meinetwegen weg von München, dann verliert er uns alle, alle fünf, dann hat er alles verloren.

Mein Sohn aus erster Ehe und mein Mann, die haben sich immer gegenseitig ignoriert. Die fangen jetzt erst an, miteinander zu reden. Der Junge beobachtet ihn natürlich auch sehr genau.

Mein Mann weiß heute, warum er gesoffen hat. Er war immer der Sündenbock. Aber er gibt heute auch zu, daß es einfach geschmeckt hat und daß ihm der Zustand des Blauseins einfach gefallen hat, da hat er sich stark gefühlt.

Wenn er blau war, sind schon gravierende Dinge passiert. Einmal, da war die Manuela noch ein Säugling, da hat er mir das Kind aus dem Arm geschlagen, oder er hat mir Teller nachgeschmissen, oder an Weihnachten, da war er so blau, daß er mir ein schweres Glas nachgeschmissen hat, da ist heute noch ein Loch in der Wand.

Ich beantrage jetzt eine größere Wohnung, und wenn ich die dann habe, werde ich mich entscheiden, ob ich bei ihm bleibe oder nicht. Denn in der alten Umgebung ist das nicht so gut. Mein Mann ist bei mir zu Gast. Er lebt nicht mit mir, er lebt bei mir. Es klingt zwar irgendwie komisch, aber es ist so, daß er auf Bewährung bei mir ist. Ich habe soviel mitgemacht, ich will endlich leben. Ich gehe jetzt mittags von zehn bis 14 Uhr zur Arbeit und spüle Teller, fahre morgens für jemanden Brot und Obst, damit Geld hereinkommt. Ich tue auch etwas, denn ich habe natürlich auch viele Fehler gemacht in meiner Ehe. Ich bin immer aggressiver geworden, vielleicht hätte ich ihn mehr verstehen müssen. Ich verstehe ihn heute besser, weil er mit mir redet, weil er mir klare Antworten geben kann. Er hat mich schon direkt geschlagen, ich habe schon meine Watschen gekriegt. Er war blau und wollte mit mir schlafen, aber ich habe mich geweigert. Vier- oder fünfmal habe ich das probiert, und dann habe ich halt vier- oder fünfmal eine gekriegt, bis ich es dann über mich ergehen ließ. Aber ernsthaft verletzt war ich niemals. Innerlich verletzt halt, seelisch hat er mich irgendwie unheimlich kaputtgemacht. Ich habe jetzt auch zu ihm gesagt, das ändert sich nicht von heute auf morgen. Er hat mich ducken müssen, um sich aufzubauen; das war seine Vorstellung von Männlichkeit. So wollte er beweisen, daß er auch jemand ist. Er war nie jemand.

Ich habe mir das so lange gefallen lassen, weil ich mir gedacht habe, die Kinder brauchen einen Vater. Ich habe ihn fünf- oder sechsmal rausgeschmissen, aber wir sind immer nach ein paar Wochen wieder zusammengewesen. Er hatte dann zwei, drei Wochen nicht getrunken und war so, wie ich ihn wollte. Er kam dann mit Blumen und Geschenken, ich habe mich immer blenden lassen. Aber nun nicht mehr, obwohl ich mich heute immer noch über Geschenke freue, wenn er sie mir nüchtern bringt. Aber nach dem nächsten Rausch braucht er mir keine Blumen mehr zu bringen.

Ein anderer Grund, daß ich das so lange ausgehalten habe, war, daß er mir leid getan hat. Ich habe gespürt, daß er in Not war. Und es ist jetzt bewiesen: Ich bin gegangen, er ist total zusammengebrochen und ich bin gestanden. Ich konnte das mit den Kindern und alles andere bewältigen, während er zusammengeklappt ist.

In der Zeit hier bin ich echt jemand geworden. Vor fünf Monaten hätte ich das alles nicht so erzählen können. Da hätte ich keine Courage gehabt, mit irgend jemandem über meine Probleme zu reden. Das habe ich hier gelernt, so offen zu reden. Das konnte ich früher nicht. Ich bin heute freier. Ich kann beispielsweise auf ein Amt gehen, mich zwei Stunden hinsetzen, bis ich das bekomme, was ich verlange und mir zusteht. Früher bin ich halt wieder gegangen. Wenn ich heute mein Konto überziehen will, und man sagt mir, das geht nicht, dann gehe ich bis zum Chef. Ich habe hier an Selbstbewußtsein gewonnen. Ich habe heute das Gefühl, – ich bin wer. Und mein Mann ist auch der einzige Mensch, den ich fallenlassen würde, wenn er mich enttäuschen würde. Er hat mir das alles versprochen, ich wollte das ja gar nicht. Er kam ja und sagte, ich mache das jetzt so. Wenn es schiefgeht, kriegt er von mir keine Hilfe mehr. Das wird dann wahrscheinlich der erste Mensch sein, den ich einfach vergesse. Das ist wirklich die letzte Chance für uns alle.

Ich könnte mir eine Beziehung mit einem anderen Mann vorstellen. Ich habe in den fünf Monaten hier einen Freund gehabt, der zehn Jahre jünger ist als ich. Das war eine schöne Beziehung. Wenn heute die Beziehung mit meinem Mann nicht funktioniert, werde ich sehr traurig sein, und wahrscheinlich auch psychologischen Beistand in Anspruch nehmen müssen.

Im Moment mache ich keine Therapie. Ich bin so im Stress, aber hierher kann ich jederzeit wieder zurückkommen.

Die Chance, daß es gutgeht mit meinem Mann, besteht zu dreißig Prozent. Nicht einmal die Hälfte. So wie er sagt, ich bin heute ohne Alkohol, was weiß ich, wie's morgen ist, so sage ich, mir geht es heute gut, schauen wir mal, wie's mir morgen geht. Ich bin darauf gefaßt, ich werde garantiert nicht zusammenbrechen. Ich bin inzwischen so stabil, daß ich das auch packe. Ich lasse mich innerlich überhaupt nicht mehr voll auf meinen Mann ein. Deshalb arbeite ich auch, ich versuche, selbständig zu werden, damit ich ihn überhaupt nicht mehr brauche, wenn es soweit ist, denn ich rechne im stillen damit, daß er wieder umfällt. Ich hoffe es nicht, aber es wird mich nicht überraschen, wenn es soweit ist. Ich hatte hier immer solche Schuldgefühle. Mein Gott, der arme Kerl, ich habe ihm alles genommen, die Wohnung, die Kinder. Jetzt versuche ich es mit ihm, und wenn es jetzt passiert, dann habe ich keine Schuldgefühle mehr. Ich habe ihm die Chance gegeben.

Die Kinder sehen das so wie ich. Die fragen mich heute noch, gell Mama, wenn der Papa noch mal besoffen heimkommt, dann schmeißt du ihn wirklich raus! Wir wollen das nicht mehr haben. Die Kinder haben totales Vertrauen zu mir. Inzwischen gebe ich ihm die Kinder auch wieder mit, wenn er schwimmen geht oder so. Im Moment glaube ich schon, daß es läuft. Wenn ich nur den leisesten Verdacht habe, daß er etwas trinkt und es dann beweisen kann, dann ist er für mich gestorben.

Das Gefühl, das ich für ihn heute habe, ist ein anderes Gefühl. Wir haben keine großen sexuellen Orgien oder sonst irgend etwas gefeiert. Es ist jetzt eher in eine Kameradschaft übergegangen. Er achtet mich heute mehr. Er hat gesehen, daß er viel Mist gebaut hat, und ich bin dagewesen, und bin es heute noch. Er sieht in mir jetzt auch mehr den Freund, ebenso wie ich in ihm. Obwohl er in mir jetzt eher eine Freundin sieht, liebt er mich aber abgöttisch. Er hat mich schon immer mehr geliebt als ich ihn, denn ich sehe in ihm eigentlich mehr so mein fünftes Kind.

Wenn man mich fragen würde, welche Menschen außer meinen Kindern mir heute die wichtigsten sind, würde ich sagen, da komme zuerst mal ich. Erst mal bin ich am wichtigsten. Ich habe mich jahrelang immer auf Freundinnen verlassen. Eigentlich glaube ich heute niemandem mehr. Und die drei Freundinnen, die ich hier habe, die beobachte ich noch sehr genau. Ich stelle ihnen oft Fallen, indem ich ihnen etwas anvertraue und sage, du, erzähl' das niemandem. Dann horche ich die anderen aus, ob die Betreffende das wirklich nicht erzählt hat. Ich baue mir das langsam auf, und wenn ich sehe, daß es klappt, dann sind es wirklich Freundinnen fürs Leben, – im Moment noch nicht. Ich liebe sie zwar abgöttisch, das ist wirklich Liebe zwischen uns, aber ich bin in meinem Leben so enttäuscht worden, daß ich auch in dieser Beziehung noch immer Mißtrauen habe.

Was meine berufliche Zukunft betrifft, so möchte ich mich auf Psychologie umschulen lassen. Aber das geht nicht übers Arbeitsamt, und jetzt möchte ich freiwillig ab nächstes Jahr hier mitmachen. Bezahlt wird nicht viel. Man sagte mir, ich solle noch warten, weil ich hier noch zu viele kenne, ich hätte noch zu viele Gefühle. Es müssen erst noch welche weg hier, die ich kenne. Vielleicht kann ich dann hier irgendwas in der Richtung machen. Für Kinder oder alte Leute oder so. Wenn ich dann von hier ein Zeugnis habe, dann kann ich vielleicht was machen, aber momentan will ich nur Geld verdienen. Im Moment kann ich mich nicht mit irgendwas beschäftigen.

Mein Sohn sagt zu der ganzen Angelegenheit nur, du, Mama, ich mische mich in dein Leben nicht ein, wenn du dich in meines nicht einmischst. Der geht ja auch schon zur Arbeit. Aber er findet die Chance auch richtig. Und er vertraut mir auch in der Hinsicht, daß wenn mein Mann umfällt, alles aus ist.

Ich glaube, der Grund, warum ich das mit meinem Mann so lange mitgemacht habe und bei ihm geblieben bin, ist der, daß er zwei Gesichter hat. Nüchtern ist er der beste Mann, er macht die

Wohnung, die Kinder, alles mögliche. Und wenn er nach einem Rausch zwei, drei Tage nüchtern war, dann war das alles so, und ich habe das andere irgendwie vergessen. Ich wollte das auch immer vergessen, weil ich genau gesehen habe, er bemüht sich und er kann anders sein. Und deswegen habe ich mir das solange angeschaut. Und dann kam eben das Gefängnis dazwischen. Da konnte ich natürlich auch nicht gehen und ihn im Stich lassen.

Was auch ganz wichtig ist: Als er damals im Gefängnis saß, habe ich mich mit 65 Schlaftabletten und einer Flasche Whisky im Wald versteckt und versucht, mich umzubringen. Und ich habe es ernst gemeint, ich wollte das wirklich. Ich hatte einen sehr netten Freund damals, und der hat mich sitzengelassen, und mein Mann im Gefängnis, da ist bei mir eben alles zusammengebrochen. Ich war dann eine Woche in der Klinik, die Kinder kamen ins Heim. Es war wirklich schlimm. Mein Arm war gelähmt, ich war wirklich total fertig. Ich war so unter dem Auto gelegen, daß der Nerv abgestorben war. Ich hatte das abends um fünf Uhr gemacht und am nächsten Tag um zwei hat man mich erst gefunden. Ich habe das in der Erlanger Gegend getan, dort bin ich auch geboren, und die haben mich dann nicht ausgeliefert an die Nervenklinik. Ich konnte also nach einer Woche nach Hause gehen. Mein Mann hat das nach 14 Tagen erfahren, damals waren wir noch nicht verheiratet. Und da hat er gebettelt, er will mich sehen ...

Mein Freund kam überhaupt nicht mehr. Der hat mir Sex und alles gegeben. Der war einfach der Mann meiner Träume. Daß unsere Beziehung geplatzt ist, beruhte auf einem Mißverständnis. Er hatte angerufen, um mir zu sagen, daß er mich ein paar Tage nicht sehen will, und ich habe verstanden, daß er mich gar nicht mehr sehen wolle. Und da habe ich durchgedreht, habe ein Testament gemacht und meine Kinder verteilt, – ich möchte nicht so ins Detail gehen, aber es war echt schlimm. Das war im August vor drei Jahren. Und dann hat er mich ganz im Stich gelassen. Er hat gesagt, eine Frau, die Kinder hat und sich umbringt, könne er nicht brauchen. Mein Mann hat das erfahren und hat mit Hilfe des Pfarrers Urlaub vom Knast bekommen. Ich habe dann zu ihm gesagt, du kannst gehen, du weißt, ich wollte mich wegen einem anderen Mann umbringen und die Kinder im Stich lassen. Da sagte er, es gibt nur eines, entweder wir trennen uns jetzt oder wir heiraten.

So kam dann die Heirat zustande. Ich empfand natürlich irgendwie Dankbarkeit ihm gegenüber, weil er mir diese grobe Sache praktisch verziehen hatte. Er saß im Knast, und ich wollte mich einfach aus dem Leben schleichen! Und das war zum Beispiel auch so ein Punkt: Er wußte, ich hatte monatelang einen anderen Mann, wegen dem ich mich auch noch umbringen will, und trotzdem will er mich haben.

Heute würde ich mir wegen eines anderen sicher nichts mehr antun. Aber als ich dann hier ins Frauenhaus ging, hat er gleich überall gesagt, ah, die bringt sich um und so. Aber das erste, was ich gesagt habe, als ich hier total verzweifelt in der Notaufnahme war, war: Das nicht mehr! Ich bräuchte das heute nicht mehr. Außerdem konnte ich auch mit meiner Betreuerin ständig über meinen Selbstmordversuch sprechen. Ich verzeihe mir das wegen meiner Kinder heute noch nicht. Ich würde das nie mehr machen und jeden Schicksalsschlag hinnehmen. Ich habe das damals schon mit einem relativ klaren Kopf gemacht, denn ich hatte das ja drei Tage lang geplant. Ich hatte niemanden, mit dem ich reden konnte. Hier konnte ich das alles aussprechen. Also für mich bedeutet das Frauenhaus eine Wende in meinem Leben, in jeder Beziehung. Ich bin hier so richtig frei geworden. Ich kann heute alle diese Dinge meinem Mann gegenüber aussprechen: Du, wenn du das machst, dann will ich nicht mehr, oder, ich will heute nicht mit dir schlafen, und dann akzeptiert er das. Wir können heute miteinander reden, weil ich auch reden kann, daß er das kapiert. Früher habe ich ihn angeschrieen, heute kann ich das in Ruhe machen.

Nachlese

Jutta S. ist eine große, kräftige Frau, mit Händen, die zupacken können, die immer zupacken mußten. Vier Kinder hat sie durchzubringen und einen Mann, der sie bis zu ihrer Flucht ins Frauenhaus auf jede Weise malträtierte. Aber diese energische Frau hat auch nach der Trennung nicht vermocht, ihre Hoffnung aufzugeben: Gefühlvoll und anhänglich im Inneren glaubt sie immer noch daran, daß der geliebte Mann sich ändern wird, ja ändern muß. Daß er eines Tages für die Familie aufhören wird zu trinken. Immer wieder hat sie seinen Beteuerungen geglaubt, ihm immer wieder eine Chance gegeben.

Dieser Versuch (»wir sind wieder in Kontakt«) – so sagt sie mit Heftigkeit – wird der allerletzte sein: Ein Schluck Alkohol und er hat Frau und Kinder endgültig verloren …

Gewalt-Auslöser: Eifersucht
Karin L., 29, verheiratet, zwei Kinder, zur Zeit Hausfrau.

Meine beiden Töchter sind sechs und vier Jahre alt, sie leben bei ihrem Vater. Ich war acht Jahre mit dem Mann zusammen, davon waren wir ein Jahr verheiratet. Ich bin jetzt seit knapp acht Monaten hier im Frauenhaus. Mein erlernter Beruf ist Kosmetikerin, aber zur Zeit mache ich Nebentätigkeiten. Ich stamme aus Hamburg.

In meiner Ehe war von Anfang an Gewalt mit im Spiel. Ich war vorher schon einmal verheiratet, und diese Ehe ging auch durch Gewalt auseinander. Durch Gewalt und andere Frauen. Aus dieser Ehe habe ich keine Kinder.

Meine Eltern haben sich scheiden lassen, da war ich vier oder fünf Jahre alt, mein Bruder drei Jahre jünger. Mein Vater war von Beruf Maler. Er hat ständig getrunken, ich würde sagen, er war Alkoholiker. Aber es war nicht nur die Schuld von meinem Vater, beide Seiten waren schuld. Wenn mein Vater nach Hause kam, hat meine Mutter die ganze Zeit geschimpft und gestichelt. Als sich meine Eltern scheiden ließen, ist mein Vater ausgezogen. Aber meine Mutter steht auf dem Standpunkt, wenn Kinder da sind, müssen beide Elternteile zusammenbleiben, – trotz Scheidung. Meine Mutter hat meinen Vater ein paarmal rausgeschmissen, dann ist mein Vater wiedergekommen, – trotz Scheidung. Und dann ist es irgendwann mal wieder soweit gewesen, daß meine Mutter meinen Vater wiedergeholt hat – wir hatten daheim ein großes Haus –, weil mein Vater ständig versprochen hat, daß er sich ändern und nicht mehr trinken werde. Das Übliche halt. Ich habe immer mehr an meinem Vater als an meiner Mutter gehangen, trotz des Alkohols. Mein Vater war eigentlich derjenige, der sich wirklich um uns Kinder gekümmert hat. Ob er jetzt getrunken hat oder nicht. Meine Mutter hat nur die Arbeit gekannt. Sie hat geputzt, Staub gewischt, die Betten überzogen. Sie hatte nie Zeit für die Kinder, sie hat nicht gespielt, nicht geschmust, nicht geredet, nicht gefragt, nicht gebastelt, gar nichts. Und mein Vater hat sich um uns gekümmert und ist zum Beispiel mit uns spazierengegangen. Ich hatte das Gefühl, er hat uns die Liebe gegeben, nicht die Mutter. Daß seine Frau so kalt war, war mit ein Grund dafür, daß er gesoffen hat. Und trotzdem sind die beiden bis heute nicht voneinander losgekommen. Vor zwei Jahren haben sie wieder geheiratet, und jetzt sind sie wie ein Liebespaar. Mein Vater ist jetzt sechzig, und meine Mutter achtundfünfzig. Und jetzt geht's sehr gut. Mein Vater säuft nicht mehr. Meine Mutter stichelt zwar noch, aber mein Vater hat mir neulich, als er mich besucht hat, gesagt, weißt du, ich laß' die Mutti reden und bin ruhig, dann gibt's auch keinen Ärger. Und mein Vater ist von seinem ganzen Wesen her sehr ruhig, – er hat eine ganz ruhige Art.

Von meiner Mutter haben wir selten Schläge bekommen, und von meinem Vater fast gar nicht. Aber mein Vater hat meine Mutter geschlagen. Wenn er besoffen war, und das war er fast täglich. Wir wohnten im Haus meiner Großeltern mütterlicherseits. Wir und unsere Eltern im ersten Stock, meine Großeltern im Parterre. Meine Mutter saß am Fenster, und wenn sie gesehen hat, daß mein Vater aus dem Wirtshaus heimkam, hat sie gesagt, Kinder geht ins Parterre, der Papa kommt nach Hause.

Meine Oma und mein Vater haben sich überhaupt nicht vertragen. Meine Oma hat halt zu meiner Mutter gehalten, und sie hat auch nie erkannt, daß eigentlich meine Mutter der schuldige Teil war.

Ja, und meine Eltern waren dann oben, und wir Kinder haben unten alles mitgekriegt. Meine Mutter schrie dann, der Papa bringt mich um! Und wir Kinder, so klein wie wir waren, sind dann zum Nachbarn gelaufen. Wir hatten Angst, und haben gesagt, Onkel Berger, so hieß der Nachbar, hol' die Polizei, der Papa schlägt die Mama. Und dann haben wir eben öfters mitgekriegt, daß Polizei im Haus war. Aber die Polizei hat nie was machen können, weil meine Mutter meinen Vater nie angezeigt hat. Sie haben zwar meinen Vater schon mitgenommen, zum Ausnüchtern, aber am nächsten Tag kam er wieder und hatte wieder einen Rausch. Meine Mutter war oft grün und blau geschlagen, denn mein Vater hat auch manchmal einen Stuhl genommen und damit zugeschlagen. Aber im Krankenhaus war sie deswegen nie. Oder er hat sie auch mal so fest angepackt, daß sie blaue Flecken bekam. Aber ich muß auch sagen, sie war recht empfindlich, sie bekam schnell blaue Flecken. Und manchmal hat er ihr eben einen Stuhl auf den Kopf gehauen und versucht, sie die Treppe runterzuschmeißen, sagt sie. In dieser Hinsicht war mein Vater schon sehr rabiat. Aber nur, wenn er betrunken war.

Daß mein Vater unter einem Dach mit seiner Schwiegermutter leben mußte, die ja zu ihrer Tochter hielt, war mit ein Grund für seine Aggressionen. Meine Oma hing natürlich mit meiner Mutter zusammen. Sie haben untereinander geschimpft, sich gegenseitig aufgeheizt. Dadurch haben sich natürlich Aggressionen aufgestaut, und wenn mein Vater heimkam, hat meine Mutter sie dann wieder an ihm ausgelassen. Meine Oma ist dann auch noch hinauf und ist dazwischen gegangen, hat meinen Vater beschimpft, du Schweinehund, und so. Dann kam immer noch hinzu, von meiner Mutter und meiner Oma, du kannst ja gehen, dir gehört ja nichts. Mein Vater besaß das Haus ja nicht. Und eben immer unter diesem Druck. Mein Großvater war damals schon tot, an den konnte ich mich fast gar nicht erinnern. Meine Oma lebt noch, und meine Eltern leben immer noch in diesem Haus, aber komischerweise versteht meine Oma sich jetzt sogar mit meinem Vater. Er trinkt nicht mehr. Aber er steht unter dem Pantoffel.

Vor 17 Jahren hatte mein Vater einen schweren Unfall. Er ist Maler, und eine Betondecke ist auf ihn runtergekommen. Er war fast tot, man hat ihn aber doch noch mal hochpäppeln können. Seitdem ist innerlich bei ihm viel zerstört und der Arzt hat ihm verboten zu trinken.

Ich stehe innerlich immer noch auf der Seite meines Vaters. Ich würde auch sagen, daß ich mit meinem jetzigen Mann meinen Vater geheiratet habe.

Als ich das erste Mal geheiratet habe, war ich 18 Jahre alt, mit ein Grund war, daß ich aus meinem Elternhaus rauswollte. Ich habe mich mit meiner Mutter nie verstanden. Zu meinem Bruder hatte ich ein sehr gutes Verhältnis, auch heute noch. Diese Ehe hat nicht sehr lange gedauert, genau eindreiviertel Jahre. Während dieser Zeit habe ich gearbeitet, aber nicht in meinem Beruf als Kosmetikerin, da hätte ich zuwenig verdient. Mein Mann hatte eine Wohnung, weswegen er stark verschuldet war. Er war von Beruf Mechaniker. Da die Wohnung abbezahlt werden mußte, habe ich eine Stelle angenommen als Akkordarbeiterin.

So ziemlich am Ende unserer Ehe war es so schlimm, daß ich ihn mit einer anderen Frau im Bett angetroffen habe, als ich von der Arbeit nach Hause kam. Es kam schon des öfteren zu Streitereien wegen anderer Frauen. Ich habe dann auch Schläge bekommen. Gesoffen hat er, aber nicht sehr viel. Ungefähr ein dreiviertel Jahr nach der Heirat gab es die ersten Schläge. An den genauen Anlaß kann ich mich nicht mehr erinnern.

Mein erster Mann war in seiner ganzen Art gewalttätig. Er war mehrmals vorbestraft. Ich würde nicht sagen, daß er mich geprügelt hat. Er hat mich nur geschlagen. Und ich habe mich gewehrt. Er hat mich ungefähr zwei-, dreimal pro Monat geschlagen, ich bekam hauptsächlich Ohrfeigen. Aber es war nicht so schlimm. An dem Tag, als er mit der anderen im Bett lag, das war meine damalige beste Freundin, habe ich dann die Ehe beendet. Ich habe dem Hund noch »tschüs« gesagt, meine Sachen gepackt und bin gegangen. Obwohl meine Eltern nur fünf Autominuten entfernt wohnten, wollte ich nicht zu ihnen. Meine Mutter hatte mir nämlich, kurz bevor ich heiratete, gesagt, ich mag den Mann nicht, und wenn du ihn verlassen solltest, brauchst du nicht wieder zu uns zurückzukommen. Meine Mutter hatte recht behalten und so habe ich mich natürlich auch geschämt, ich wollte das nicht einsehen.

Ich bin in unsere Stammkneipe gegangen, weil ich mir dachte, irgendeinen Bekannten triffst du da schon, bei dem du schlafen kannst. Ich habe dann auch einen Bekannten getroffen, einen Freund meines Mannes, und der sagte, ja, ich könne bei ihm schlafen. Mein Mann hat das erfahren und hat zusammen mit noch drei anderen versucht, mich aus der Wohnung dieses Freundes zu holen. Das lief auf Hausfriedensbruch hinaus. Ich bin dann wieder zurückgegangen zu meinem Mann. Er hat mich dann in der Wohnung eingesperrt. Ich bin dann zum Fenster raus und habe alles mögliche versucht, denn ich konnte bei diesem Mann nicht bleiben.

Dann kam eigentlich der größte Fehler, den ich gemacht habe. Ich bin dann wieder in diese Wirtschaft zurück und habe einen anderen kennengelernt. Ich wollte nicht nach Hause, und ich wußte einfach nicht, wo ich schlafen sollte.

Dann habe ich den Mann kennengelernt, den ich jetzt geheiratet habe. Das war auch ein Freund meines Mannes, der mich zu sich mitgenommen hatte. Mein erster Mann hat daraufhin des öfteren Theater gemacht und hat meinen künftigen zweiten Mann geschlagen. Und da haben wir gesagt, hier können wir nicht mehr bleiben, jetzt fahren wir irgendwohin. Und dann sind wir mit einem Koffer nach Stuttgart. Mein jetziger Mann ist auch Kraftfahrer. Gleich nach unserer Ankunft haben wir Arbeit bei Zirkusleuten angenommen. Wir lebten sechs Jahre im Wohnwagen, davon vier bei den Zirkusleuten, im Umkreis von Stuttgart. Wir haben sieben Jahre zusammengelebt, bevor wir heirateten.

Der Ärger mit meinem jetzigen Mann ging schon nach einem halben Jahr unseres Zusammenlebens los. Ich habe gemerkt, daß er wahnsinnig eifersüchtig ist. Am Anfang hatte er dazu gar keinen Grund. Später schon, aber so gesehen auch nicht, weil er nie wußte, wenn ich mit einem anderen Mann weg war. Ja, und nach einem halben Jahr ging es eben los, durch Eifersucht. Ich habe ihm gesagt, es war nichts. Und es war wirklich nichts, denn das ist wirklich nur ein Bekannter gewesen. Das hat er mir nicht geglaubt, und da er betrunken war, hat er mich geschlagen. Am Anfang habe ich nur Watschen gekriegt, aber mit der Zeit wurden daraus Prügel und wirkliche Schläge. Am Anfang waren Eifersucht und Alkohol im Spiel. Später hat er gar keinen Grund mehr gebraucht, er hat sich irgendeinen gesucht, um seine Wut an mir auslassen zu können. Einmal hat er mich so geschlagen, daß mein Nasenbein gestaucht war, aber ich bin vor lauter Angst nicht zum Arzt gegangen. Er hat gemeint, ich würde mit allem, was Hosen anhat, fremdgehen, und mit der Zeit durfte ich ohne ihn nicht einmal mehr aus dem Haus. Dabei kann er das nicht geglaubt haben, denn ich hatte ja gar keine Zeit für so etwas. Ich mußte meine Kinder versorgen und bin nebenbei arbeiten gegangen. Als die Kinder auf die Welt kamen, da waren wir noch nicht verheiratet. Die Kinder hat er übrigens nie geschlagen. Einmal, als er mich geschlagen hat, bin ich unglücklich gegen einen Schrank gefallen und habe mir einen Finger gebrochen. Wir waren vier Jahre als Tierpfleger bei den Zirkusleuten und danach haben wir das nur noch so nebenbei gemacht. Wir hatten schon unseren festen Standplatz und einen riesengroßen Wohnwagen. Unsere erste Tochter ist dort geboren worden. Auch die zweite Tochter kam während der Wohnwagenzeit auf die Welt; und zu viert in einem Wohnwagen, – das war schon recht kompliziert. Unser Wohnwagen stand an der Arbeitsstelle meines Mannes, auf einem riesengroßen Hof. Ich habe nebenbei geputzt. Trotzdem hatten wir große finanzielle Schwierigkeiten, weil mein Mann hohe Schulden hatte. Er hat gespielt, in Kneipen und Spielhöllen Poker und Skat. Er trank und spielte, aber er ist kein Alkoholiker, er ist Quartalssäufer. Wie hoch unsere Schulden waren, weiß ich nicht so genau. Ich weiß nur, daß wir einen Kredit von 4000 Mark aufnehmen mußten. Zwischendurch hat er dann sein ganzes Monatseinkommen verspielt. Ich wußte oft nicht, wie ich die Kinder durchbringen sollte. Manchmal hat er monatelang das Geld vertrunken und verspielt. Ich stand da und hatte manchmal nur 150 bis 200 Mark im Monat zum Leben. Und das alles immer noch in dem Wohnwagen.

Obwohl ich all dies mit ihm erlebt hatte, habe ich ihn geheiratet. Mehr oder weniger wegen der Kinder. Kinder können untereinander so grausam sein. In der Schule geht es dann los. Wie heißt deine Mama, wie heißt dein Papa? Warum heißt du so wie deine Mama, ich heiße nicht so. Das begann schon im Kindergarten. Die Große kam nach Hause und sagte, die anderen Kinder haben den gleichen Namen wie beide, wie Papa und Mama, warum ich nicht? Wie sollte ich dem Kind das erklären? Mein Mann hatte immer heiraten wollen, ich war es, die nicht wollte. Einerseits wegen der Erfahrungen in meinem Elternhaus, und andererseits hat mich meine erste Ehe verschreckt.

Die Kinder wollte ich schon. Die erste Tochter kam halt, und wie sie dann da war, war ich froh, daß ich sie hatte. Die zweite war auch nicht geplant, und die wollte ich auch nicht. Ich mochte das Kind gar nicht erst auf die Welt bringen. Als der Arzt mir sagte, daß ich schwanger sei, habe ich geweint und getobt, weil ich das Kind nicht wollte. Da meinte der Arzt, ich solle mich nicht aufregen, ich müsse es ja nicht kriegen. Und da wollte ich es wegmachen lassen. Zu Hause habe ich das meinem Mann gesagt. Er meinte, gut, mach', was du meinst. Als ich dann alle Formalitäten erledigt hatte, stand ihm der Kopf plötzlich anders und er sagte, wenn du das Kind wegmachen läßt, setze ich dich mit deinem ersten Schratzen auf die Straße. Ich wußte ja nicht wohin, ich konnte mich nicht auf die Straße setzen lassen. Also habe ich das Kind ausgetragen, vor lauter Angst.

Dann haben wir die Wohnung gekriegt, und dort wurde es eigentlich immer schlimmer. Als dann das mit dem Finger war, hatte ich solche Schmerzen, daß ich zum Arzt gegangen bin und gesagt habe, ich sei in der Badewanne ausgerutscht und hätte mir den Finger umgeknickt. Der Arzt hat mir das geglaubt.

Außer der Sache mit dem Finger waren keine gefährlichen Verletzungen dabei. Aber das mit den Schlägen war nicht schön. Ich wurde regelmäßig, und in letzter Zeit immer öfter geschlagen, fast täglich. Wenn ich nur vormittags zum Einkaufen ging, hat er gesagt, wo warst du, warst du wieder bei einem anderen? Er hatte immer Gründe. Ich hatte nichts mit einem anderen. Das hat er sich alles eingebildet. Ich hatte in der letzten Zeit zwei Männerbekanntschaften nebenbei, aber von denen hat er bis zuletzt nichts gewußt.

Ich hatte eine Freundin, gegen die hatte er grundsätzlich etwas. Er meinte, die würde mir Dummheiten in den Kopf setzen. Er verbot mir, mich mit ihr zu treffen.

Ich habe immer noch gearbeitet. Aber er hat mich hingefahren und auch wieder abgeholt, damit ich ja nicht alleine war. In den drei Stunden dazwischen hat er auf die Kinder aufgepaßt. Im Bett hat es mit meinem Mann nie gestimmt, überhaupt nicht. Mit dem ersten Mann hat es eigentlich schon geklappt. Bei dem zweiten kam hinzu, daß ich zuweilen auch gesagt habe, ich will nicht. Es wurde mit der Zeit immer schlimmer. Ich habe erst Schläge gekriegt, dann wollte er auf einmal mit mir ins Bett gehen, wenn ich mich dann geweigert habe, wurde ich wieder geprügelt, und schließlich habe ich mit ihm ins Bett gehen müssen. Und dann wundert er sich, warum ich nicht will. Es war mehr oder weniger Vergewaltigung. Und zum Schluß habe ich mir sowieso gedacht, bevor ich Schläge kriege, gehe ich lieber freiwillig mit ins Bett. Zweimal die Woche wollte er.

Nachdem wir ein dreiviertel Jahr verheiratet waren, wurde es immer schlimmer. Ich durfte nicht mehr aus dem Haus gehen.

Vorher hatte er immer gesagt, geh' doch, wo willst du denn hin mit zwei Kindern? Die Kinder trugen ja meinen Namen aus erster Ehe. Er wußte, wenn sie geht, kriegt sie die Kinder. Dann hätte er ja kein Recht darauf gehabt. Als wir verheiratet waren, ging's dann los: Es sind unsere Kinder! Die Kinder bleiben bei mir, du kannst ja gehen. Vorläufig hat er es ja auch geschafft, die Kinder sind jetzt bei ihm. Ab Januar dieses Jahres war es sehr, sehr schlimm. Es verging kein Tag, an dem ich keine Schläge gekriegt habe.

Er kam nach Hause, aber nicht etwa von der Arbeit. Wir hatten die ganze Zeit über finanzielle Sorgen, aber er hat immer weiter gespielt und getrunken. Ich habe dann in der letzten Zeit von vierzig Mark in der Woche leben müssen, mit den Kindern. Wir haben immer Nudeln gegessen, und er hat geschimpft, warum ich den Kindern nur Nudeln hinstelle, und er ist ins Lokal gegangen mit seinen Freundinnen. Zwischendurch bin ich öfter mal weg von meinem Mann; dreimal zu meinen Eltern. Meine Eltern haben mich zweimal rausgeholt, da war ich grün und blau geschlagen. Zu Hause ging dann die Fragerei meiner Mutter los. Sie hat auf meinen Mann geschimpft, warum, und der Sauhund, warum schlägt er dich? Das war auch unerträglich für mich, daß sie über meinen Mann geschimpft hat. Ich weiß nicht, warum, aber ich habe da irgendwie wieder meinen Vater gesehen. Dann hat mein Mann angerufen und geweint am Telefon, komm' zurück, ich schaffe es nicht ohne dich, es sind soviele Schulden da. Gut, dann bin ich wieder zurück und habe die Kinder bei meinen Eltern und Schwiegereltern gelassen. Ich habe dann wieder gearbeitet und alles in Ordnung gebracht.

In seiner Kindheit hat mein Mann letztlich dasselbe erlebt wie ich. Nur sind seine Eltern zu Hause geblieben. Bei ihm war der

Vater der schlagende Teil, und er hat als Kind sehr viel Schläge bekommen.

Immer wieder habe ich versucht, ihn zu verlassen, und immer wieder hat er mich mit seiner Mitleidstour zurückgeholt. Dann ging es zwei, drei Wochen besser, aber dann ging es wieder los. Die Leidtragenden waren eigentlich die Kinder. Die haben das ganze Theater mitgekriegt und hatten Angst, – auch vor ihm. Obwohl, nachts schliefen sie ja, und tagsüber war er nicht zu Hause.

Im Februar wurde es dann so schlimm, daß ich zu meiner Fürsorgerin gegangen bin. Ich habe ihr das vorher auch schon immer alles erzählt, und fragte sie nun, was ich tun könnte. Daraufhin sagte sie zu mir, Frau L., gehen Sie zu Ihren Eltern. Da habe ich gesagt, daß ich das nicht wolle, das sei das gleiche wie bei meinem Mann. Dann riet sie mir, in ein Frauenhaus zu gehen, obwohl es dort sehr deprimierend und erdrückend sei, und sie wisse nicht, ob das das Richtige für mich sei. Dann bin ich zu einer Rechtsanwältin gegangen und sie gab mir die Adresse von einem Frauenhaus, denn dort sei ich auf jeden Fall in Sicherheit. Zu diesem Zeitpunkt war ich seelisch am Boden. Ich konnte nicht schlafen, weinte nur und war total abgemagert, denn ich habe nichts gegessen, damit meine Kinder wenigstens etwas hatten. Erst mußte ich mit ihm ins Bett, danach bin ich aufgestanden, ins Wohnzimmer gegangen und habe dort geweint; und dazu die Arbeit, die Kinder und vor den Leuten immer so tun, als wäre nichts.

Das Gefühl für meinen Mann war schon länger nicht mehr vorhanden; eigentlich seit der ersten Ohrfeige.

Ich habe zu meiner Anwältin gesagt, daß mir jetzt alles egal ist, daß ich weg will von diesem Mann. Sie hat dann gesagt, ich müßte meinem Mann mitteilen, daß ich die Scheidung eingereicht habe, denn sie müsse ihn anschreiben. Daraufhin hab' ich gesagt, um Gotteswillen, bloß nicht, erst muß ich aus der Wohnung raus und dann können Sie ihm schreiben, was Sie wollen. Ich habe gewartet, bis er einen guten Tag hatte und ihm gesagt, daß ich das Getrenntleben eingereicht hätte. Er meinte, was hast du? Ich sagte, ja, ich gehe weg von dir, ich habe das

Getrenntleben eingereicht. Dann bekam ich eine Ohrfeige. Dann fragte er mich noch einmal. Und das ganze dreimal. Und daraufhin habe ich dann gesagt, nein, nein, das war alles nur Spaß. Es stimmt gar nicht. Aus Angst. Dann ist er aufgestanden und in die Kneipe gegangen. Als er abends wiederkam, hat er mich richtig durchgeprügelt. Dann wollte er mich rausschmeißen. Die Kinder schliefen und kriegten Gott sei Dank nichts mit.

Am 21. März ging ich nicht zur Arbeit, ich hatte diese Putzstelle. Im Zeitplan des Chefs hatte sich etwas geändert, und deshalb sagte der Juniorchef zu mir am Telefon, daß ich nicht kommen müsse. Meine Freundin rief an, ob ich eine Bekannte mit ihr besuchen wolle, die ein Baby bekommen habe. Wir fuhren ins Krankenhaus. Mein Mann hat mich grundsätzlich jeden Morgen angerufen, um mich zu kontrollieren. Sein Arbeitsplatz war nicht weit von unserer Wohnung entfernt. Er rief auch an diesem Morgen an und ich war nicht zu Hause. Nachdem ich kurz nach zwölf die Kinder vom Kindergarten abgeholt hatte, hat er wieder angerufen und mich angefaucht; du Schlampe, du Hure, und so weiter, halt die ganzen Ausdrücke, die er so benutzte. Pünktlich kurz nach halb eins kam er nach Hause. Er hatte Feierabend. Er betrat die Wohnung und hatte schon eine Flasche Bier in der Hand. Er kam zu mir in die Küche und fing an, mich anzuschreien, wo warst du, zu faul zum Arbeiten, treibst dich mit der anderen Hure rum, und ohne überhaupt etwas zu fragen, hatte ich schon wieder ein paar Watschen. Wir wollten gerade essen und die Kinder saßen schon auf der Couch. Er stieß mich ins Wohnzimmer und schlug mich. Dann trat er mich mit Füßen und schmiß mir das Telefon hinterher, ich sollte meine Eltern anrufen und machen, daß ich aus der Wohnung käme, oder meine Freundin anrufen und zu ihr gehen. Zwischendurch packte er mich und wollte mich rausschmeißen. Ich habe mich aber gegen die Tür gestemmt, weil ich mir dachte, ich kann doch nicht gehen, ohne die Kinder. Und außerdem wußte ich nicht, wohin. Er schlug mich im Flur, dann bin ich wieder zurück ins Wohnzimmer, aber dort hat er mich gegen den Schrank geschmissen. Die Kinder saßen da und haben uns stumm zugeschaut. Als ich auf der Erde lag, hat er mich getreten. Meistens schlug er mich mit der linken Hand, weil er an der einen Siegelring trug. Dann hat er mich vom Boden aufgehoben, auf den Sessel gesetzt, mich angeguckt und gesagt, so, jetzt bringe ich dich um. Ich lag so quer über dem Sessel, er ging auf mich zu, legte mir beide Hände um den Hals und drückte zu. Ich habe versucht zu schreien, brachte aber keinen Ton heraus. In meinem Kopf fing es zu summen an. Mir war schon schwarz vor Augen, dann habe ich nur noch mitgekriegt, daß die Große aufgestanden und ins Kinderzimmer gelaufen ist. Sie hat sich ins Bett gelegt und hat sich mit der Bettdecke zugedeckt, während die vierjährige Sylvia hinter ihren Vater ist und versucht hat, ihn von mir wegzuziehen. Er hatte seine weite Arbeitshose an. Sie stand hinter ihm und schrie immer, Papa, Mama, Papa, Mama! Sie hat geschrieen, – das kann sich kein Mensch vorstellen. Er hat dann losgelassen, sich seelenruhig aufs Sofa gesetzt und sein Bier getrunken. Ich saß da, ich weiß gar nicht, was ich gedacht habe, merkwürdigerweise habe ich nicht an mich gedacht, ich habe nur das Kind gesehen. Dann hat er zu mir gesagt, mach', daß du wegkommst. Dann bin ich aufgestanden, habe die Kleine, die fürchterlich geweint hat, genommen, bin ins Kinderzimmer, und habe versucht, die Kinder zu beruhigen. Vorläufig habe ich das Kinderzimmer nicht mehr verlassen. Er lag auf der Couch und schlief. Ich weiß nicht, ob er tatsächlich schlief, denn einmal, als ich auch dachte, daß er schläft, wollte ich mit den Kindern ein bißchen raus, und da stand er plötzlich im Flur hinter mir und holte mich zurück. Ich bekam dann Schläge, weil ich versucht hatte, wegzugehen.

An diesem Tag jedenfalls habe ich zu meinen Kindern gesagt, ich bringe schnell den Mülleimer runter, weil ich nicht wußte, ob er schläft oder nicht. Ich lief zur Nachbarin hinunter und habe gefragt, ob ich telefonieren dürfe, und da sagte sie zu mir, um Gottes willen, wie sehen Sie denn aus! Mein ganzer Hals war grün und blau. Da habe ich gesagt, mein Mann hat gerade versucht, mich umzubringen. Ich wußte, daß mein Mann für den nächsten Tag eine Verabredung hat, mit einer früheren Chefin. Ich habe diese Frau angerufen und ihr gesagt, wenn er bei ihr sei, möchte sie mich bitte ganz kurz anrufen, damit ich Bescheid wisse, und habe ihr kurz erzählt, was vorgefallen war. Dann bin ich wieder in die Wohnung und habe das Kinderzimmer nicht mehr verlassen; und er hat weder nach mir noch nach den Kindern geschaut.

Am nächsten Tag tat er so, als ob überhaupt nichts gewesen wäre. Er hat ganz vernünftig mit mir geredet und mir dann gesagt, daß er jetzt zu dieser Bekannten führe. Als er weg war, hat mich die Bekannte angerufen und gesagt, alles klar. Innerhalb von zehn Minuten hatte ich alle Kindersachen in Kopfkissenbezüge gepackt, für mich habe ich nur einen Koffer mitgenommen, – das Nötigste. Dann habe ich einen Bekannten angerufen, daß er herkommen soll und habe die Bezüge mit den Kindersachen über die Balkonbrüstung geschmissen, die der junge Mann dann unten ins Auto geladen hat. Dann habe ich meine Kinder unter den Arm genommen und habe die Wohnung verlassen. Heute weiß ich gar nicht mehr, wie ich das gemacht habe.

Eine Nacht war ich bei einer Bekannten. In dieser Nacht habe ich meinen Bruder angerufen, denn ich hatte ja keinen Pfennig Geld, mein Mann hatte mir ja alles weggenommen. Ich habe ihm gesagt, er solle sich sofort ins Auto setzen, herkommen und die Kinder holen. Meine Kinder sollten erst mal Abstand gewinnen, denn sie hatten ja alles mitgekriegt. Ich hätte sie auch gar nicht ernähren können. Dann wußte ich auch nicht, wie es in einem Frauenhaus zugeht, ob ich da überhaupt gleich unterkomme, ob ich da was zu essen habe, ich habe nichts darüber gewußt. Mein Bruder holte die Kinder. Bei der Bekannten konnte ich nicht bleiben, denn da hätte mein Mann bald vor der Tür gestanden. Inzwischen war mir alles egal, und wenn das Frauenhaus noch so schlimm ist, für eine Zeitlang werde ich da unterkommen. Ich dachte wirklich, so ein Frauenhaus sei schlimm.

Ich kam an einem Sonntag hier an, mit dem Koffer und meiner Tasche in der Hand. Die Freiwillige hat mich aufgenommen. Sie fragte mich warum und weswegen. Dann mußte ich mitkommen. In der Notaufnahme war nichts frei, so bin ich gleich aufs Stockwerk gekommen und habe ein Appartement bekommen. Heute weiß ich, daß ich da Glück hatte, denn normalerweise kommt man zuerst in die Notaufnahme. Da bleibt man drei, vier Wochen, solange bis halt ein Zimmer frei ist, und dann kommt man erst aufs Stockwerk. In den ersten drei Tagen habe ich mich nirgends sehen lassen. Ich war nicht in der Küche, ich habe die anderen Frauen nicht gesehen.

Meine Kinder waren bei meinen Eltern in Sicherheit. Nach längerer Zeit habe ich einen Anruf bekommen, daß mich mein Mann von der Polizei suchen ließe, er hätte eine Vermißtenanzeige aufgegeben. Irgendwie ist dann herausgekommen, daß ich hier bin. Mein Mann ist ja nicht dumm. Er hat angerufen, und nicht gefragt, ist bei Ihnen eine Frau L., sondern er hat gesagt, ich möchte die Frau P. sprechen, da hat man ihn verbunden. Nun wußte er, daß ich hier bin.

Nach einigen Tagen habe ich mich das erstemal in die Küche getraut. Ich habe ja überhaupt nichts gewußt, warum die Frauen hier sind, aus welchem Grund man überhaupt hergehen kann. Mittlerweile weiß ich natürlich, daß alle aus dem gleichen Grund hier sind. Ich habe erst gedacht, das wäre so eine Art Obdachlosenasyl. Ich dachte, jetzt kommst du in ein Pennerinnenheim. In dem Moment ist bei mir alles zusammengebrochen. Wie ich dann das Haus von innen gesehen habe, dachte ich mir, so schlimm ist es nicht. Es ist sauber, es hat viele Türen, die Kinder laufen auf den Gängen herum. Nun wollte ich meine Kinder auch herholen.

Sobald eine Frau im Frauenhaus ist, bekommt sie eine Beraterin. Ich muß sagen, dank meiner Beraterin bin ich heute wieder das, was ich mal war. Dank der vielen Beratungsstunden während der acht Monate, die ich jetzt hier bin.

Mein Mann hat meine Eltern angerufen, geweint und gebettelt, sagt mir doch, sind die Kinder da, und da hat mein Vater es ihm gesagt. Dabei hat er sich nie um die Kinder gekümmert. Wenn er von der Arbeit kam, hat er gesagt, macht, daß ihr ins Kinderzimmer kommt. Er hat sie zwar links liegenlassen, aber nicht geschlagen.

Als mein Vater meinem Mann gesagt hatte, daß die Kinder bei den Großeltern sind, ist mein Mann sofort nach Hamburg aufgebrochen. Obwohl meine Eltern wußten, daß er versucht hatte, mich umzubringen, haben sie ihn ins Haus gelassen. Er hat dann gesagt, er möchte die Kinder für eine Stunde zu seinen Eltern mitnehmen. Daraufhin hat mein Vater gesagt, gut, aber du bringst sie wieder. Mein Mann hat gesagt, nein, und ist zur Polizei gegangen. Die Polizei hat dann bei meinen Eltern angerufen, sie müßten die Kinder dem Vater geben. Als mein Mann dann die Kinder endlich hatte, hat er meinen Eltern gesagt, die seht ihr nie wieder, und ist mit den Kindern auf und davon.

Das war drei Wochen, nachdem ich ihn verlassen hatte. Ich hatte mit meiner Beraterin besprochen, daß ich die Kinder nach drei Wochen holen werde, aber als es soweit war, da hatte er sie schon mitgenommen. Ich hatte meine Eltern gebeten, meinem Mann nicht zu sagen, wo die Kinder sind, geschweige denn sie herauszugeben. Und mein Vater hat es ihm erzählt, weil mein Mann geweint hat. Vielleicht hat er sich in ihm wiedererkannt. Während mein Mann bei der Arbeit ist, werden die Kinder von meinen Schwiegereltern versorgt. Die hatte er auch gleich zu sich mitgenommen, und die sind sowieso gegen mich.

Inzwischen weiß ich, daß meine Fürsorgerin total gegen mich ist. Sie ist auch gegen das Frauenhaus, obwohl sie mir dazu geraten hatte. Ich hatte sie damals gefragt, ob ich meine Kinder nach Hamburg bringen dürfte, und sie sagte, ja, das ginge, sie hätte sich beim Richter erkundigt. Und jetzt sind die Kinder seit sieben Monaten bei ihrem Vater. Als über das vorläufige Aufenthaltsbestimmungsrecht verhandelt wurde, wurden die Kinder angehört. Die Kleine hat sofort gesagt, ich will zu meiner Mama, und die Große hat sich krampfhaft an der Hand meines Mannes festgehalten. Ich weiß nicht, ob sie vielleicht noch unter Schock stand. Daraufhin hat der Richter entschieden, daß die Kinder in der ehelichen Wohnung bleiben. Alle 14 Tage darf ich die Kinder sehen, – über's Wochenende.

Mittlerweile habe ich meinen Mann wegen versuchten Totschlags angezeigt. Meine Fürsorgerin steht voll und ganz auf seiner Seite. Ich habe ihr immer gesagt, daß mein Mann spielt, trinkt, andere Frauen hat und sich nie um die Kinder kümmert. Sie sagt, ich müsse das beweisen. Meine Beraterin und die

Anwältin sagen, ich muß das nicht beweisen. Mein Mann versucht mir anzuhängen, daß ich alkoholsüchtig und tablettenabhängig sei und auf den Strich ginge. Angeblich hat er die ersten drei Monate Privatdetektive hinter mir hergeschickt. Männergeschichten will er mir anhängen.

Ich habe seit fünf Monaten einen Freund, der ist das genaue Gegenteil von meinem Mann. Aber ich möchte nicht hier aus- und mit ihm zusammenziehen. Nur langsam!

Auch hier im Haus macht mein Mann dauernd Ärger. Er droht mir und ruft dauernd an. Neulich war die Polizei hier, weil mein Mann angerufen und angekündigt hatte, mich umzubringen. Aber meine Fürsorgerin behauptet, daß ich das alles gelogen habe, weil er zu ihr sagte, er würde mir nicht drohen. Auf Antrag meiner Anwältin wurde nun ein gerichtspsychologisches Gutachten erstellt, und das fällt gegen meinen Mann aus und für mich. Die Bezugsperson der Kinder ist die Mutter, nicht der Vater.

Meine Fürsorgerin hatte gesagt, die Große hätte sich bei der Verhandlung so an den Vater geklammert, weil sie auf dessen Seite stünde. Die Gerichtspsychologin sagt aber, das Kind hätte das aus Angst getan, damit der Vater nicht aggressiv gegen es würde, weil er jetzt die Mutter nicht mehr schlagen könne. Außerdem müßten die Kinder in psychiatrische Behandlung.

Wenn die Kinder jetzt mir zugesprochen werden sollten, werde ich die eheliche Wohnung wieder übernehmen und hier ausziehen. Das wird die nächste Hürde sein für mich, das wird er sich nicht gefallen lassen. Mit dem neuen Mann, der mich vielleicht beschützen könnte, möchte ich nicht gleich wieder zusammenziehen, obwohl es sehr gut mit ihm läuft.

Die Kinder kommen alle zwei Wochen zu mir auf ein Wochenende, und wenn sie wieder gehen müssen, gibt es ein Heidentheater. Zum Beispiel letztes Wochenende, als er sie abgeholt hat, ist die Große ganz ruhig ins Auto eingestiegen, während die Kleine den ganzen Hof zusammengeschrieen hat: Ich will bei meiner Mama bleiben!

Ich habe für all das Zeugen, aber meine Fürsorgerin sagt, daß hier alle unter einer Decke stecken. Aber alle Zeugen, die mein Mann angibt, die hört sie an. Durch das gerichtspsychologische Gutachten habe ich aber gute Chancen, die Kinder zu kriegen.

Nachlese

Karin L. spricht während des Interviews langsam, monoton. Sie wirkt unsagbar traurig. Kaum, daß ich sie auch nur andeutungsweise lächeln sehe. Seit Monaten behält ihr Mann, der sie schwer mißhandelte, die beiden Kinder bei sich. Sie darf sie hier im Frauenhaus nur besuchsweise sehen. Die Kinder sind das Wichtigste in ihrem Leben, sie wird um sie kämpfen, aber ein Gerichtsverfahren braucht Zeit. Karin L. ist zierlich, die Kleidung eher sittsam-konservativ. Gewalt erfuhr sie vor allem, wenn ihr Mann eifersüchtig war. Dazu habe er keinen Grund gehabt, sagt sie. Und ein paar Sätze später: »Am Schluß hatte ich zwei Männerbekanntschaften«. Ambivalenz auch bei Karin L. wie bei vielen Frauen. Gewiß keine Entschuldigung, aber vielleicht eine Erklärung für Gewalt …

Gewalt-Auslöser: Schwangerschaft
Angelika R., 24, ledig, ein Kind, Arzthelferin.

Von Beruf bin ich gelernte Arzthelferin. Ich habe aber aufgehört und war vier Jahre beim Staat angestellt, beim Sozialamt. Ich habe wegen meines Freundes aufgehört zu arbeiten und habe jetzt einen Sohn, der vierzehn Monate alt ist. Seit 22. Februar lebe ich im Frauenhaus.

Mein Vater hatte eine Dachdeckerfirma und meine Mutter war Hausfrau. Anfangs hatte ich schon eine gute Kindheit, aber immer das Gefühl, daß mir mein zwei Jahre älterer Bruder vorgezogen wird. Ihm ist der Führerschein bezahlt worden und anderes, all das habe ich nicht bekommen. Als ich vierzehn war, haben sich meine Eltern scheiden lassen. Das war damals ein Schock für mich. Danach hatte ich etwa fünf Jahre lang keinen Kontakt mehr mit meinem Vater.

Gewalt in der Ehe meiner Eltern kenne ich nicht, aber es war keine harmonische Ehe. Meine Kindheit war anfangs super. Ich hatte zu beiden Eltern ein gutes Verhältnis, mehr noch zu meinem Vater. Auch zu meinem Bruder habe ich heute noch eine gute Beziehung. An Konflikte in meinem Elternhaus kann ich mich nicht erinnern.

Mein Vater hatte eine Neunzehnjährige kennengelernt. Das lief eine Weile, wurde dann aber auch uns Kindern irgendwann zu blöd. Vater war immer weg. Er hat gesagt, er sei geschäftlich unterwegs, aber das hat ihm niemand mehr geglaubt.

Finanziell hatten wir eigentlich nie Schwierigkeiten. Wenn ich was zum Anziehen gebraucht habe, bekam ich es auch. Wir haben zweimal im Jahr Urlaub gemacht, sind sechs Wochen nach Italien gefahren, und im Winter leisteten wir uns drei Wochen Skiurlaub.

Vier Jahre ging das Hin und Her mit der anderen Frau. Einmal war er schon weg, dann kam er wieder zurück. Aber er wollte sich nicht von dem Mädchen lösen. Er wollte sie behalten, und uns aber auch. Schließlich waren auch mein Bruder und ich dafür, daß er auszieht. Wir haben seine Koffer gepackt und sie ihm vor die Türe gestellt.

Ich habe eigentlich innerlich immer zu meiner Mutter gehalten. Während der vier Jahre Zirkus hat uns ja auch die Mutter durchgebracht. Sie hat dann wieder zu arbeiten angefangen, während mein Vater sein Geld mit der Jungen ausgab. Mutter hat dann bei Siemens als Sachbearbeiterin gearbeitet; da war ich ungefähr zwölf Jahre alt.

Obwohl ich mich mit der Trennung meiner Eltern abgefunden hatte, bekam ich an dem Tag, an dem die Scheidung ausgesprochen wurde, doch einen Schock; und das fiel auch noch mit meiner Abschlußprüfung in der Schule zusammen. Ich war nur noch dagesessen, habe nichts mehr geschrieben, weil mich das überhaupt nicht mehr interessiert hat. Mein Vater und diese Frau sind jetzt verheiratet und haben einen sechsjährigen Sohn. Meine Mutter hat auch wieder geheiratet, ihr Mann hat zwei erwachsene Kinder in die Ehe mitgebracht. Ich habe zu meinen Stiefeltern kaum eine Verbindung.

Nach der Scheidung haben wir meinen Vater irgendwie abgeschrieben, der hat uns nicht mehr interessiert. Ich hatte lange Zeit keinen Kontakt zu ihm. Aber dann haben wir uns ganz zufällig in der Stadt getroffen. Ich weiß nicht, ob es je eine Besuchsrechtregelung gab, aber ich habe auch keinen Wert darauf gelegt, weil ich gedacht habe, er will uns ja eh nicht, sonst würde er ja anrufen. Ich habe resigniert und mein Bruder auch.

Meinen mittlerweile ehemaligen Freund habe ich vor drei Jahren, also mit einundzwanzig Jahren, kennengelernt. Ich war damals beim Sozialamt beschäftigt. Trotz des Schocks mit meinem Vater habe ich mich aber nicht von Männern zurückgezogen. Auch das Gegenteil war nicht der Fall. Ich hatte genauso Freundschaften wie andere, eigentlich mehr Kinderfreundschaften, würde ich sagen. Aber ich hatte auch vor meinem Freund schon ernsthafte Beziehungen.

Als ich ihn dann kennenlernte, hatte ich das Gefühl, daß er meine große Liebe sei. Der oder keiner, dachte ich mir. Es war ein Zufall, daß wir uns kennengelernt haben. Er hatte damals noch eine Firma, in der Lüftungsanlagen gebaut wurden. Es waren insgesamt drei Männer. Der eine, mit dem ich zusammen aufgewachsen bin, unsere Eltern kannten sich, mein Freund und dann noch ein dritter. Seit die Firma in die Brüche gegangen war, hat er fast nichts mehr gearbeitet. Einmal hat er ein ganzes Jahr nicht mehr gearbeitet. Ständig ging es hin und her, mal da, mal dort, mal hatte er keine Lust.

Wir sind relativ schnell zusammengezogen und ich habe mit meinem Job hauptsächlich den Haushalt finanziert. Am Anfang war alles eitel Sonnenschein, neue Besen kehren gut.

Daß etwas nicht stimmte, hat sich abgezeichnet, als ich im sechsten, siebten Monat schwanger war; und das, obwohl es von ihm ausging. Er hat mir ja am Anfang nicht geglaubt, daß ich die Pille abgesetzt hätte, weil ich ewig nicht schwanger wurde. Wir wollten auf jeden Fall beide ein Kind, aber nicht heiraten. Er war schon einmal verheiratet und hat aus dieser Ehe eine Tochter, die inzwischen sieben Jahre alt ist. Er hängt sehr an ihr, sah sie aber nur selten, weil sie in Düsseldorf lebt. Jetzt trifft er sie öfter, weil er inzwischen auch wieder in Düsseldorf lebt. In der Zeit, als er in München war, hat er sie vielleicht zweimal im Jahr gesehen.

Als ich dann schwanger war, hat er sich sehr gefreut. Es war alles in Ordnung, bis zu dem Zeitpunkt, als die Schwangerschaft deutlich sichtbar und ich als Sexualobjekt für ihn uninteressant wurde. Aber es ging dann auch nach der Entbindung weiter. Los ging es damit, daß er wegging. Er ist vormittags schon weggegangen, er hat zum Einkaufen müssen, er war die ganze Zeit beschäftigt. Ich habe von vornherein gewußt, daß ich das Kind im Notfall allein finanzieren kann, daß es irgendwie immer weitergehen würde. Irgendwann kam er dann heim, gebadet, geduscht, toll angezogen, und hat gesagt, ich gehe jetzt weg. Die erste Zeit habe ich mir das noch gefallen lassen, bis zu einem gewissen Punkt, wo ich dann gesagt habe, jetzt ist es aus. Ich habe gesagt, wenn du weggehst, gehe ich genauso weg. Das war eigentlich der Auslöser. Er hat dann gesagt, was, du willst weggehen? Das werden wir schon sehen, und hat die Wohnungsschlüssel an sich genommen.

Von dem Zeitpunkt an konnte ich nicht mehr weggehen. Er ist aus dem Haus gegangen, und hat mich eingesperrt. Wir wohnten im zweiten Stock, so daß ich nicht zum Fenster hinaus konnte. Eine Zeitlang habe ich mir das gefallen lassen. Es war reine, man kann schon sagen, krankhafte Eifersucht. Er hat gesagt, ich hätte andere Freunde. Er war schon immer wahnsinnig eifersüchtig, obwohl er überhaupt keinen Grund dafür hatte, bis heute nicht. Am Anfang war unsere Beziehung sexuell sehr aktiv. Wenn er dann zurückkam, war es oft nachts um zwei Uhr. Er hat mich dann aufgeweckt, er hätte jetzt Hunger. Manchmal habe ich ihm dann was gemacht. Wenn ich mich geweigert habe, hat er das Schlagen angefangen. Ich kannte das überhaupt nicht. Ich habe nur ein einziges Mal von meinem Vater Schläge bekommen, die werde ich auch nie wieder vergessen. Das war das einzige Mal, daß mein Vater die Hand gegen mich erhoben hat. Wir waren damals in Italien, und ich war noch relativ klein, sieben, acht Jahre alt, und ich war den ganzen Tag über verschwunden gewesen. Alle haben gedacht, ich sei ertrunken. Und abends bin ich quietschfidel dahergekommen. Ich hatte ein anderes Mädchen kennengelernt, deren Eltern hatten ein Haus mit Katzen, ich habe dann gar nicht mehr daran gedacht, daß ich nach Hause muß. Als ich dann heimkam, gab's einen großen Zirkus, und ich habe von meinem Vater Schläge gekriegt, die ich nie wieder vergesse. Diese Schläge waren mit Sicherheit gerechtfertigt.

Als mich mein Freund das erste Mal geschlagen hat, war ich im siebten Monat. Es ging um's Essen. Er kam heim gegen zwei, drei Uhr, hat mich aus dem Bett geholt, ich solle ihm jetzt was zu essen machen, aber er war nicht betrunken. Mein Freund trinkt absolut keinen Alkohol, in seiner ganzen Familie säuft nur einer, sein Bruder. Er hat aber zu Hause sehr viel Schläge gekriegt, von seinem Vater. Er hat sechs Geschwister und hatte keine sehr glückliche Jugend.

In der Nacht damals habe ich dann gesagt, na gut, ich mache dir noch ein paar Brote. Aber er meinte, er wolle jetzt etwas Gescheites, er wolle Fleisch zu essen haben. Ich sagte, nein, und habe ihm das ganze Zeug hingestellt, und da hat er mir einen Blumentopf ins Kreuz geworfen. Ich hatte dann so eine Wut, daß ich das Geschirr auf den Boden geschmissen habe. Dann schloß ich mich ins Bad ein. Er brach dann die Badezimmertür auf und holte mich raus. Angst hatte ich eigentlich nicht, ich habe immer nur gesagt, er solle aufhören. Er war dann aber wie besessen, und er schlägt grundsätzlich nur ins Gesicht, nicht mit der flachen Hand, sondern mit der Faust. Auf diese Weise hat er mir einen Gesichtsnerv abgetötet. Ich habe bis heute auf der rechten Seite in den Zähnen und der Nase kein Gefühl. Zudem hatte ich vier gebrochene Rippen. Die meiste Zeit war ich im Gesicht grün und blau geschlagen. Augen blau, Nase blau. An dem Tag, als ich hierher kam, sah ich noch sehr schlimm aus. Der ganze Hals, alles, was vorn an mir zu sehen ist, war total blau. Er hat mich auch gewürgt.

Zum Glück für mein Kind hat er mich nicht in den Bauch gehauen. Wenn ich dann dalag, mit aufgeplatzten Lippen, ganz blutig im Gesicht, hat er mich aufgehoben, ins Bett gebracht, hat kalte Waschlappen und Eiswürfel und alles mögliche geholt, hat mich saubergemacht, hat sich entschuldigt, vor mich hingekniet und geweint. Und eine halbe Stunde später ging dasselbe wieder los. Er ist wirklich total weggetreten, ausgerastet, er kriegt das auch gar nicht mit. Er hat sich manchmal vor mich hingestellt, hat mich angeschaut und gesagt: Was habe ich gemacht? Und das war nicht gespielt. Er hatte es gar nicht begriffen und war auch nicht ansprechbar. Sein Vater hat das all die Jahre mit seiner Familie so gemacht, und macht das heute noch so. Bis heute haben sie sich das alles gefallen lassen.

Die Mutter von meinem Freund hatte jetzt schon den vierten Schlaganfall und ist halbseitig gelähmt, und ihr Mann prügelt sie immer weiter.

Ich bin dageblieben, habe nicht meinen Koffer gepackt, weil ich Angst hatte. Er hatte mir gedroht, mich umzubringen, wenn ich versuchen würde zu gehen. Und das habe ich ihm geglaubt.

Diese Gewaltszenen haben sich seit jenem ersten Mal sehr häufig wiederholt. Mal drei Tage hintereinander, dann zwei Tage nicht, dann wieder vier Tage hintereinander und einen Tag nichts.

Kurz bevor er mich das erste Mal schlug, sind wir noch zusammen ausgegangen, wir sind ja sehr häufig ausgegangen.

Und auf einmal hat's geheißen, du bleibst daheim, mit dir kann man ja nicht mehr weggehen. Er hat zwar nie gesagt, daß er mich schwanger häßlich fände, aber ich glaube, daß es so war. Als ich dann sagte, gut, ich gehe ohne dich weg, was du kannst, kann ich schon lange, meinte er, das werden wir noch sehen, und hat mich eingesperrt.

Als dann das Kind kam, war er bei der Geburt dabei. Wenn er nicht in diesem »Schlagrausch« war, war er sehr nett, lieb, hat sich auf das Kind gefreut. Und plötzlich war er dann wieder weg, wie zwei verschiedene Menschen.

Als wir dann mit dem Kind aus der Klinik nach Hause kamen, war er nicht sehr glücklich, und ich schon gar nicht. Er war auf das Baby eifersüchtig. Er sah es gar nicht gerne, daß ich das Kind gestillt habe. Es hat ihn gestört, daß ich mehr Zeit mit dem Kind verbracht habe, als mit ihm. Das hat er nie akzeptieren können.

Er ist übrigens dreißig Jahre alt. Seine erste Frau hat er auch geschlagen. Sie sind deswegen geschieden. Als er dann auch das Kind angerührt hat, langte es mir und ich zog aus. An dem Tag war sowieso alles chaotisch. Ich habe ausgesehen, wie durch den Fleischwolf gedreht.

Er war also vom ersten Tag an eifersüchtig und ist noch häufiger ausgegangen als sonst. Ich war nicht im Mutterschutz und war gekündigt worden, weil ich nicht mehr zur Arbeit erschienen war. Ich konnte nicht zur Arbeit, ich konnte nicht zum Arzt, ich konnte nicht einmal dort anrufen, weil er das Telefon abgemeldet hatte. Man darf ja während der Schwangerschaft nicht gekündigt werden, aber ich konnte ja auch nicht hingehen und protestieren. Ich konnte ja nicht aus dem Haus. Zum Schluß war dann auch kein Geld mehr da, und dazu das kleine Kind. Und er hat ja nicht für uns gesorgt. Ich habe dann von der Sozialhilfe gelebt.

Während der Schwangerschaft hab' ich mich die meiste Zeit von Wasser und Mehlpfannkuchen ohne Eier ernährt. Etwas anderes bekam ich selten. Ich bin aus Angst vor seiner Drohung geblieben. Aber selbst wenn ich gewollt hätte, wäre ich ja nicht aus der Wohnung herausgekommen. Es war längst keine Liebe mehr da. Ich war nur noch mit ihm zusammen, weil ich Angst hatte. Nur noch Angst. In der Woche nach der Geburt, als ich im Krankenhaus lag, ging es dann eigentlich. Er kam jeden Tag und fragte, ob ich was bräuchte. Und ich dachte, vielleicht hat er sich jetzt doch geändert. Aber als ich wieder zu Hause war, ging der gleiche Zirkus von vorn los.

Als ich Sozialhilfe beantragte, fuhr er mich zum Sozialamt. Er ging mit hinein, und hat gewartet. Ich holte mir das Formular und ging runter an die Kasse. Da stand er schon, wartete und hielt die Hand auf. Da hatte ich von meiner Sozialhilfe nicht einmal mehr vier Mark, daß ich mir Zigaretten oder so hätte kaufen können.

Er ging einkaufen, das Nötigste. Ich durfte nicht raus. Mein Sohn war, bis er viereinhalb Monate alt war, kein einziges Mal aus dem Haus. Eineinhalb Monate nach der Geburt sind wir umgezogen, nach Ismaning, wir hatten dort eine Sozialwohnung bekommen. Es war eine freifinanzierte Wohnung, die aber nur 500 Mark gekostet hat. Ich hoffte, daß es nach dem Umzug anders würde, weil die Wohnung größer war, aber es ging da genauso weiter. Der Umzug hat sich in gewissem Sinne sogar als Nachteil für mich herausgestellt. Das Haus war ein ehemaliger Bauernhof, der nun zu einem Zweifamilienhaus umgebaut worden war. Im Erdgeschoß und im 1. Stock war je eine große Wohnung. Das Dachgeschoß war mit Rigips-Platten in zwei Wohnungen unterteilt, also sehr hellhörig. Doch unser Nachbar war die ganze Woche über auf einem Seminar und nur am Wochenende zu Hause. Ich hätte also schreien können, so laut ich wollte, es hätte mich niemand gehört. Unter uns wohnte eine Frau mit zwei erwachsenen Kindern, aber die hat mich auch nicht gehört. Ich kannte sie, denn wir waren ab und zu mal bei ihr so am Wochenende, mit ihm, wenn ich mal ein bißchen rausdurfte. Ich war in der neuen Wohnung auch eingesperrt, was ich aber nach außen hin verschwieg, weil ich Angst hatte.

Er fing wieder an zu arbeiten, von Dienstag bis Freitag, außerhalb. Am Montag hatte er frei. Von Dienstag bis Freitag war ich eingesperrt. Ich konnte auch nicht durch das Fenster hinaus, weil es eine Mansardenwohnung war.

Auf sexuellem Gebiet lief nach der Geburt des Kindes überhaupt nichts mehr. Manchmal hat er mich dazu gezwungen. Ich dachte mir, gut, mach's, dann hast du deinen Frieden.

Einmal, als er am Freitag nach Hause kam, ich hatte was zu essen gemacht, da ist er auf einmal wieder ausgerastet. Er kam schon total durchgedreht nach Hause, warum, weiß ich nicht. Wir haben uns dann angeschrieen. Zurückgeschrieen habe ich schon, nur körperlich konnte ich mich nicht so wehren. Er ist 1,86 m groß und hat zwölf Jahre Hochleistungssport getrieben. Bodenturnen und Turmspringen. Ich bin 1,62 m groß und wog zu dem Zeitpunkt nur noch sechsundvierzig Kilo. Ich war unterernährt und gestreßt.

An dem Tag ging er von neun Uhr abends bis drei Uhr früh auf mich los. In der Zeit hat er ständig auf mich eingeschlagen und mich gewürgt. Ich bin dann wieder ins Bad, das war immer mein Zufluchtsort, aber er hatte die Tür schnell auf. Er hat ja auch nicht davor zurückgeschreckt, mich zu schlagen, wenn ich den Kleinen auf dem Arm hatte.

Ich lag dann auf dem Boden. Er würgte mich und zog mich an den Haaren wieder nach oben. Er riß mir büschelweise Haare aus. Danach hatte ich große Stellen ohne Haare am Kopf. Dann hat er mich immer wieder gewürgt, wobei er ganz stumm war und kein Wort sprach. Ich habe dann bloß immer gesagt, Heinz hör auf, Heinz, hör auf, aber es hat nichts genutzt.

Damals hatte ich noch ganz lange Fingernägel. Ich griff nach hinten und rammte ihm die Nägel ganz tief in die Lippe, bis er losgelassen hat. Er ist dann ins Schlafzimmer gelaufen, und ich habe den Kleinen mit ins Bad genommen, wo ich dann ein bißchen eingenickt bin. Und in der Frühe ging's dann weiter. Das war in der Nacht von Freitag auf Samstag. Und Samstagvormittag kam dann irgendeiner von der Post, so ein schmächtiger, da habe ich mir gedacht, mach' den Mund lieber nicht auf, weil wenn's sein muß, fliegt der mit seinem Rucksack oder was er da dabeigehabt hatte, die Treppe wieder runter. Aber mein Vorteil war, daß mein Freund, nachdem der von der Post weg war, die Tür von innen nicht mehr abgeschlossen hat. Der Streit hörte den ganzen Morgen nicht mehr auf. Ich hatte genau gesehen, daß die Türe offen war, und trug den ganzen Morgen den Kleinen auf dem Arm. Mein Sohn schrie, das war ja ganz klar, weil wir so laut waren. Mein Freund hat ja manchmal das Kind aus dem Bett geholt und gesagt, er würde es jetzt gleich an die Wand klatschen, wenn's nicht still wäre. Oder wenn ich das Kind hochnahm, weil's geweint hat, hat er mich angeschrieen, ich soll's hinlegen, und wenn's lag und weinte, dann schrie er mich an, ich soll's hochnehmen. Dieser dauernde Widerspruch hat mich dann auch genervt.

Ich habe dann nur noch daran denken können, daß die Tür offen war. Ich habe mich immer im Bad aufgehalten. Die Badezimmertür ist genau vis-à-vis der Wohnungstür. Da wir einen Holzboden hatten, konnte ich genau hören, in welchem Teil der Wohnung er sich aufhielt. Und als ich dann merkte, daß er im Schlafzimmer war und sich dort nichts mehr gerührt hat, wußte ich, entweder hat er sich hingelegt, oder er sitzt am Schreibtisch. Da die Türen und Treppen bei uns knarren, habe ich bestimmt zehn Minuten gebraucht, bis ich die Türe so weit auf hatte, daß ich rauskonnte, ohne daß es geknarrt hat.

Ich hatte einen Jogging-Anzug an und war barfuß in Schlappen. Und der Kleine hatte auch nur so einen Strampelanzug an. Ich bin dann runter in den ersten Stock. In dem Haus sind keine Türknöpfe, sondern ganz normale Klinken, und ich wußte, wenn die Gerda, so heißt die Frau, die unter uns wohnte, nicht abgesperrt hat, dann kann ich einfach in die Wohnung rein. Ich hab' nur die Tür auf, bin rein, bin zu ihr ins Wohnzimmer, am ganzen Körper zitternd. Sie hat mir erstmal das Kind abgenommen. Und das erste, was ich geschrieen habe, war: Gerda, sperr' die Türe zu, Gerda, sperr' die Türe zu! Sie und ihre Töchter haben sich dann gleich um mich und den Kleinen gekümmert.

Mein Freund kam erst nach einer halben Stunde und hat gesagt, wenn ich in zehn Minuten nicht oben wäre, würde er die ganze Wohnung demolieren. Ich habe dann zuerst mit meinem Vater telefoniert, mit meiner Mutter hatte ich zu dem Zeitpunkt keinen Kontakt. Den Vater hatte ich auch sehr lange nicht gesehen, aber ich wußte genau, daß ich da immer anrufen kann. Er hat mir dann auch geraten, die Polizei anzurufen, und dann habe ich nach einer Weile meine Mutter angerufen. Ich habe ihr dann, ständig weinend, so im Groben geschildert, was los ist, und da hat mein Stiefvater, der beim Amtsgericht ist, gemeint, ich müsse ins Frauenhaus. Die Gerda hat sich dann für mich erkundigt, wo das ist, hat überall herumtelefoniert, hat die Polizei geholt.

Inzwischen hatte mein Freund alle meine Sachen zerrissen und verbrannt, Klamotten, Fotoalben und alles, ebenso meine ganzen Papiere. Die Polizei hat dann erst einmal mit mir gesprochen, und dann sind sie hoch und haben sich das Chaos angeschaut. Ich sollte mit rauf in die Wohnung gehen, ich wollte erst nicht, aber sie meinten, sie seien ja dabei. Ich habe mich dann immer hinter dem einen Polizisten versteckt. Ich hatte panische Angst, obwohl die Polizei dabei war.

Ich habe dann die nötigsten Sachen eingepackt, für mich fast nichts, aber alle Kindersachen, sämtliche Windeln, Fläschchen, Crèmes, und für mich eine Hose.

Aber die Polizisten haben dann gesagt, sie seien nicht befugt, mich ins Frauenhaus zu fahren, ich solle die S-Bahn nehmen, denn sie seien kein Taxiunternehmen und könnten mich nicht nach München fahren. Die Polizisten kamen aus Ebersberg. Sie hatten schon zwei Stunden gebraucht, um herzukommen, und trieben mich nun beim Packen zur Eile an. Gerda fuhr mich dann hierher ins Frauenhaus.

Mein Freund hat dann die ganze Wohnung in Ordnung gebracht. Er wußte dann zwei Monate nicht, wo ich war.

Als ich herkam, war ich erst mal froh, daß ich von zu Hause weg war. Ein Haufen Frauen stand um mich herum. Sie haben mir erstmal meinen Sohn abgenommen, es war eigentlich alles ganz nett. Ich füllte den Aufnahmebogen aus und dann stand ich da und habe zu weinen angefangen. Aber dann kam die Frau Neumann, hat mich in den Arm genommen und gesagt, es wird schon wieder.

Ich hatte panische Angst, mein Freund könnte erfahren, wo ich bin und herkommen. Inzwischen kommt er auch und besucht das Kind, spielt mit ihm und geht wieder, denn ich gebe es ihm nicht mit. Aber inzwischen bin ich nicht mehr einverstanden damit, daß er es sieht, weil er plötzlich gedacht hat, er könne kommen, wann er wolle. Er ist in Düsseldorf, kommt alle heiligen Zeiten mal reingeschneit und meint, ich müßte dann da sein. Ich hab' ihm jetzt gesagt, daß er sich anmelden muß. Er muß schreiben, telefonieren will ich nicht mit ihm, weil das jedes Mal in Streit ausartet.

Er versucht immer noch, mich zurückzugewinnen, aber bei mir ist alles tot. Ich habe ihm auch erklärt, wie ich mir das in Zukunft vorstelle. Ich will eine Adressensperre, wenn ich mir eine Wohnung nehme. Und wenn ich zehnmal umziehen müßte, irgendwann würde es ihm zu blöd werden, oder ich würde irgendwo anders hinziehen. Er hat gemeint, er hätte das Recht, das Kind zu sehen, er würde doch auch zahlen. Aber seit ich weggegangen bin, hat er noch keine müde Mark gezahlt. Auch als wir zusammenlebten, hat er nichts gezahlt.

Seit ich im siebten Monat schwanger war bis zu dem Zeitpunkt, als der Bub viereinhalb Monate alt war, habe ich diese Gewalttätigkeiten über mich ergehen lassen, aber ich konnte nicht weg. Seit er mich schlug, sperrte er mich auch ein. Ich habe mehrmals versucht, ihm den Schlüssel wegzunehmen, aber da hatte ich überhaupt keine Chance. Als er mich das erste und zweite Mal schlug, dann aber geweint und bereut hat, habe ich noch gedacht, es wird wieder besser, aber dann nicht mehr. Meine Gefühle für ihn waren beim zweiten, dritten Mal, als er mich schlug, weg.

Irgendwann hatte ich die Hoffnung ganz aufgegeben und hatte nur noch Angst. Wenn man das immer wieder mitmacht und das Gefühl hat, körperlich kannst du sowieso nichts machen, schaltet man einfach ab. Ich habe schon mal versucht, ihm das Küchenmesser in den Bauch zu rammen, aber ich hatte keine Chance. Heute kann ich Gott sei Dank darüber lachen.

Nachlese

Angelika R. hat ein klares, ganz offenes Gesicht, eine hübsche, dunkelblonde Strähnchen-Frisur und wirkt, wie die meisten Frauen, die ich im Frauenhaus sprach, ausgesprochen feminin. Zwischen ihr und Jutta S. hat sich im Frauenhaus eine tiefe Freundschaft entwickelt. Die zierliche, mädchenhafte Frau ließ sich mißhandeln, einsperren, demütigen von einem Mann, mit dem sie nicht verheiratet war. Heute ist sie froh darüber, denn das erleichtert ihr – zumindest juristisch – die Trennung. Aber ob sie wirklich heute über die Gewalt-Szenen »lachen kann«?

Gewalt-Auslöser: Alkohol
Martha S., 67, geschieden, ein Kind, Rentnerin.

In meiner ersten Ehe habe ich keine Gewalt kennengelernt. Ich habe mich damals scheiden lassen, weil mein Mann Alkoholiker war als Folge einer schweren Kriegsverletzung. Deshalb würde ich ihn immer wieder in Schutz nehmen, aber es war zum Schluß einfach nicht mehr zu ertragen. Er hat mir kein Haushaltsgeld gegeben, er verschwand für eine Woche, es war unmöglich. Wenn meine alte Mutter nicht noch gelebt hätte, hätte ich das alles nicht durchgestanden. Dazu hatte ich das kleine Kind, es ging nicht anders.

Ich hatte eine ausgesprochen harmonische Kindheit in einem wunderschönen Elternhaus. Mein Vater war, wie man damals sagte, Hoflieferant in München, und meine Mutter war Hausfrau.

Ich habe zu Hause keine Gewalt kennengelernt, die Ehe meiner Eltern war sehr harmonisch. Wir sind vier Geschwister. Die drei älteren sind alle nur ein Jahr auseinander, und nach elf Jahren bin ich gekommen.

Mein erster Mann war ein Freund meines Bruders und hatte sich auf Anhieb in mich verliebt. Er gehörte damals zu den Truppen, die gleich nach den zwei Jahren Wehrpflicht in den Polenkrieg geschickt wurden. Nach acht Tagen wurde er schwer verwundet. Es muß für ihn entsetzlich gewesen sein, denn er war ein großer Sportler, Schwimmer, Skiläufer. Er war von Beruf Mechaniker, wollte aber studieren. Er lag dann noch einen ganzen Tag zwischen den Linien, bevor sie ihn gefunden haben. Sein ganzes Bein war von Dumdum-Geschossen durchlöchert. Es wurde nicht amputiert, weil er sich dagegen gewehrt hat. Das war der Anfang unserer Tragik. Das Bein war schon brandig, und ein Sanitäter im Lazarett hat zu ihm gesagt, wenn du das Bein nicht verlieren willst, dann trink so viele scharfe Sachen wie du kannst.

Der Arzt rief bei meiner Schwiegermutter, seiner Stiefmutter an, ob sie nicht kommen und eine Martha, von der er pausenlos reden würde, mitbringen könnte. Martha – das war ich. Wir sind dann tatsächlich nach Danzig gefahren und haben mit dem Arzt gesprochen, der sagte, es würde nicht mehr lange dauern, ich müßte sehr nett zu ihm sein. Damals war ich noch nicht verlobt mit ihm.

Er war wirklich in einem verheerenden Zustand. Er hatte sich durch einen Kameraden zwei goldene Ringe besorgen lassen, und schob mir stillschweigend einen über den Finger. Sagen Sie mal einem Menschen in so einem Zustand, ich will jetzt noch nicht. Ich hatte immer gesagt, ich will im Krieg nicht heiraten, ich will im Krieg kein Kind haben, ich will gar keine Bindung.

Und dann habe ich doch im Krieg geheiratet und ein Kind bekommen. Er hatte das Bein so eingeschnürt, daß man gar nichts gemerkt hat. Er konnte sogar tanzen, aber er hatte immer wahnsinnige Schmerzen. Er hat dann das Studium nicht mehr gemacht, bekam aber eine sehr gute Stellung als Außenbearbeiter und war fast die ganze Woche nicht zu Hause. So haben wir nicht gemerkt, daß er trank, bis es eines Tages zuviel wurde, und er schon von einem Glas Bier betrunken wurde. Er hat dann diese gute Position verloren. Ich habe als Krankenpflegerin gearbeitet. Für einen ganzen Tag bekam ich acht Mark und für einen halben Tag fünf.

Ich war vierzig, als diese Ehe scheiterte. Wir waren da fast zwanzig Jahre verheiratet. Als meine Mutter starb, fuhren wir ins Krankenhaus, dort hat er mich dann angefleht, ich solle ihn nicht verlassen, er würde alles wieder gutmachen, und ich habe mich tatsächlich für einige Zeit erweichen lassen. Eines Tages rief mich meine Schwester an und da habe ich zum ersten Mal angefangen zu heulen. Sie lud mich zu sich ein und ich lieh mir Geld, nahm meinen Sohn unter den Arm und fuhr zu meiner Schwester nach Stuttgart. Mein Sohn war zum Zeitpunkt der Scheidung 16 Jahre alt. Zuerst war ich bei meiner Schwester, dann habe ich eine Annonce in die Zeitung gesetzt, bekam auch einige Angebote und habe dann in verschiedenen Privathaushalten gearbeitet. Durch eine furchtbare Allergie war ich dann eine

Zeitlang arbeitsunfähig, aber als ich dann wieder gesund war, bin ich dann auch hier in Stuttgart wieder in die Krankenpflege gegangen. Es wurde mir eine Stelle bei einer Ärztin vermittelt, die jemanden für den Haushalt und für die Sprechstunde suchte. Zudem bildete sie auch Sprechstundenhilfen aus. Ich wurde dort wie eine zweite Tochter behandelt, habe die Sprechstunde und den ganzen Haushalt gemacht. Mein Sohn war inzwischen bei meinem jüngeren Bruder, wo er sich aber sehr ungebärdig aufführte. Als er dann zum Militär mußte, hat er aber wieder Boden unter den Füßen gehabt. Der Tod meiner Mutter hat meinen Sohn vollkommen durcheinandergebracht. Er hat so einen leichten Omi-Tick und besucht auch heute noch alte Damen und bringt ihnen Blumen.

Mit meinem geschiedenen Mann hatte ich keinen Kontakt mehr. Nach drei Jahren wurde mir bei der Ärztin gekündigt und ich bin wieder zurück zu meiner Schwester und meinem Schwager. Bevor ich mit meiner Freundin einen dreiwöchigen Italienurlaub antrat, antwortete ich noch auf eine Annonce in der Zeitung, in der Damen, die sich pflegerisch und haushälterisch betätigen, gesucht wurden.

Als ich die Stelle bei Bosch bekam, nahm ich mir eine kleine Wohnung. Ich mußte aushelfen in verschiedenen Haushalten von Bosch-Mitarbeitern aus der Chefetage. Wenn zum Beispiel die Frau im Krankenhaus war, versorgte ich die Kinder und mußte den Haushalt übernehmen. Es war eine schöne Arbeit, ich hab' das gerne gemacht. Später habe ich dann die Leitung eines Hauses übernommen, in dem Bosch ihre spanischen Gastarbeiter unterbrachte. Das war wirtschaftlich ein großer Fortschritt für mich.

Meinen zweiten Mann kannte ich bei der Hochzeit schon seit 35 Jahren. Es war ein alter Freund meines Mannes. Er ist immer irgendwie aufgetaucht, hat mich immer wieder gefunden. Diese Bekanntschaft zog sich wie ein roter Faden durch mein Leben. Meiner Ansicht nach war das Liebe. Zuerst war ich verheiratet und er nicht, später war er verheiratet und ich nicht mehr. Er ist trotzdem immer wieder aufgetaucht, im Mercedes, mit einem Arm voll Rosen. Er sah sehr gut aus und war sehr charmant. Ich war aber nicht mehr allein, denn ich hatte bei meiner Schwester einen sehr interessanten Mann kennengelernt, mit dem ich vierzehn Jahre zusammengelebt habe. Dieser Mann war wesentlich älter als ich, was aber nie eine Rolle gespielt hatte.

Ich war bestens gesichert. Ich hatte eine Eigentumswohnung, Aktien und ein Haus im Bayerischen Wald.

Als ich schon fast sechzig war, kam ein Anruf: Hier ist Fritz Weber, kennst du mich nicht mehr? Können wir uns nicht jetzt noch treffen?

Ich lehnte ab, weil es mir zu spät war, ich fing ja morgens um sieben Uhr zu arbeiten an. Ich wollte nicht mehr in die Stadt fahren. Das war mein Fehler, denn nun kam er zu mir; gutaussehend, mit guten Manieren, ließ sich erzählen, wie es mir in der Zwischenzeit ergangen war. Und dann wollte er aber nicht mehr gehen. Er sagte, wenn er Wein getrunken hätte, würde er nicht mehr Auto fahren. Ich habe dann alle Hotels in der Nähe angerufen, aber nirgendwo war mehr etwas frei. Und so ließ ich ihn bei mir auf der Couch übernachten. Das war der Anfang. Er lebte damals in Köln. Eines Tages kam ein Anruf: Du bist allein, ich bin allein, was hältst du davon, wenn wir heiraten, ich komme morgen nach Stuttgart, dann können wir über alles sprechen.

Er ist ein Jahr jünger als ich. Bevor er kam, schickte er mir noch ein Paket mit einer wunderschönen Perlenkette. Als ich ihn anrief und ihm sagte, er könne mir doch keine Perlenkette schenken, sagte er, warum nicht, ich könnte dich mit allem überschütten, ich bin ein schwerreicher Mann, ich habe Besitzungen auf den Bahamas. Nach seinem Auftreten und seiner Kleidung schien das auch zu stimmen. Ich habe ihm alles geglaubt. Er hat mich auf eine Weise reingelegt, – das ist unvorstellbar. Alles hat er mir abgeknöpft; auch meinen Schmuck und meinen Nerzmantel. Der Anfang unserer Ehe war noch schön. Er hatte auch noch eigenes Geld, obwohl er nichts tat. Aber warum sollte ich mißtrauisch sein?

Wir haben also geheiratet und bezogen eine phantastische Penthouse-Wohnung. Und schon kurz nach unserer Hochzeit war er eines Tages restlos betrunken, fiel über mich her und schlug mich zusammen, aber so, daß man nichts gesehen hat. Ich hätte bei der Polizei nichts beweisen können. Ich war so fassungslos, daß ich sofort die Wohnung verlassen und zu meiner Schwester ziehen wollte.

Am nächsten Tag hat er sich mit Rosen entschuldigt, meine Schwester hätte ihn so aufgehetzt, was natürlich nicht stimmte. Dann hat er mich beschuldigt, ich hätte tausend Männer gehabt, und mit jedem wäre ich ins Bett gegangen, ich wäre stadtbekannt in Stuttgart, und noch mehr in dieser Art. Das hätte ihm alles meine Schwester erzählt.

Dann funktionierte es eigentlich wieder. Ich hatte bei Bosch aufgehört zu arbeiten. Wir machten Stadtbummel, gingen schwimmen. Aber dann bekam ich, genau wie nach der Scheidung von meinem ersten Mann, diese furchtbare Allergie, die sich so verschlimmerte, daß mir sogar die Nägel abbrachen. Und das war hundertprozentig seelisch bedingt. Ich habe mich sowieso gewundert, warum es während der ganzen Jahre nicht ausgebrochen ist. Ich habe dann geschwiegen, durfte keinen Kontakt mehr zu meiner Schwester haben und war völlig isoliert. Er hat mich immer wieder geschlagen. Wenn ich etwas sagte, sagte er, halt's Maul, dämliche Kuh, peng, hatte ich eine. Ich war nie in ärztlicher Behandlung, man hat es nie gesehen. Eine Freundin hat einmal gesehen, daß ich ein blaues Auge hatte, aber da hatte ich gleichzeitig eine blaue Nase, weil ich gestürzt war, und daran war er nicht schuld. Er hat mich auch einmal an den Haaren hinter sich hergezogen.

Das ging so weiter, bis ich ins Frauenhaus kam. Es wurde immer schlimmer mit ihm. Er soff soviel griechischen Wein, daß er auf der Straße hinknallte. Passanten dachten, er sei ohnmächtig und holten den Notarzt. Zweimal wurde er ins Krankenhaus gebracht. Und so ging es immer weiter. Er fing schon morgens an zu trinken. Er beschimpfte mich, ich würde nichts kochen, und wenn ich etwas kochte, aß er nichts. Er hielt sich den ganzen Tag auf dem Bett auf. Was ich machte, war ihm egal, aber wenn ich telefonieren wollte, stand er sofort hinter mir. Er hat mich zwar nicht eingesperrt, aber er war immer in der Wohnung. Bedroht hat er mich auch, mit einem geladenen Revolver. Er hatte einen Waffenschein. Gearbeitet hat er gar nicht mehr, statt dessen ließ er alles verkommen, das Haus draußen ist versteigert worden, meine Wohnung verkauft. Um was er mich alles gebracht hat, wird mir jetzt erst langsam klar. Es hieß immer, du brauchst dich überhaupt nicht aufzuregen, ich habe ja noch das Geld auf den Bahamas, ich kann jetzt bloß noch nicht hinfliegen – er hatte einen Herzinfarkt, bevor wir geheiratet haben.

Das Tollste, das er sich meiner Ansicht nach geleistet hat, ist – das habe ich erst jetzt im August erfahren –, daß er zu fünf Jahren Gefängnis verurteilt und nur, weil er den Herzinfarkt hatte, nach zwei Jahren auf Bewährung rausgelassen worden war. Er hatte Wirtschaftsbetrug begangen. Und meine Schwester hat mich auch über die Geschichte mit den Bahamas aufgeklärt: Die kriegen noch Geld von ihm, und nicht er von ihnen. Er hatte alle angelogen, meine Bekannten angepumpt, und ich habe nichts davon gewußt. Alles, was ich jetzt noch habe, sind meine Rente und die Sachen, die ich auf dem Leib trage.

Dieses Jahr im August wachte ich einmal nachts auf, sah meinen Mann, wie er splitternackt, schwankend, aber nicht betrunken, sich am Türpfosten festhielt. Er sah aus, als ob er komplett wahnsinnig wäre. Er hat ins Wohnzimmer gepinkelt, in die Küche, ins Badezimmer, wo er ging und stand, hat er gepinkelt. Dann hat er sich aufs Bett geschmissen und ich habe den Notarzt gerufen; das erstemal, daß ich telefonieren konnte, ohne daß er dazwischen ging.

Er muße sofort ins Krankenhaus, hatte 39,5 Grad Fieber. Ich habe ihn dort besucht, er war anfangs überhaupt nicht ansprechbar, hing an Infusionsschläuchen. Ich hatte zwanzig Mark in der Tasche und mußte feststellen, daß er vier Monate keine Miete gezahlt hatte. Ich habe dann meine Schwester informiert. Wir haben hin und her überlegt, was ich tun sollte. Wir wußten, er ist gefährlich. Er hat den Revolver und kommt er raus, wird er mir bestimmt an den Kragen gehen. Von dem Moment an, als er mich schlug, hatte ich immer Angst vor ihm. Aber ich konnte nicht weggehen, es ist fast nicht zu glauben, aber ich bin nicht weggekommen, er war immer da.

Als ich ihn einmal im Krankenhaus fragte, soll ich dich

morgen wieder besuchen, schnauzte er mich an, ist mir egal, ist mir völlig egal. In dem Moment habe ich beschlossen, ihn zu verlassen. Zum allerersten Mal faßte ich diesen Entschluß, als er sich folgendes leistete: Er ist, als es ihm schon besser ging, im Schlafanzug, ohne Geld, ohne alles, abgehauen und mit dem Omnibus in die Gegend gefahren, wo wir gewohnt haben. Er dachte, die Wohnung besteht noch und ich wohne noch darin, er hatte ja nichts mehr von mir gehört. Der Arzt holte die Polizei und ließ ihn suchen. Die Polizei rief mich an, ob ich einen Anhaltspunkt geben könnte, und ich sagte, allenfalls die Gegend, wo wir gewohnt haben. Dort haben sie ihn dann auch, völlig betrunken, gefunden. Nachts haben sie ihn dann noch in die geschlossene Abteilung nach Winnenden geschafft, wo er jetzt noch ist. Es sind schon teilweise Gehirnfunktionen bei ihm ausgefallen.

Inzwischen habe ich die Scheidung eingereicht. Ich habe keinen Kontakt mehr zu ihm, und kein Gefühl mehr für ihn. Es ist aus, so als ob es ihn in meinem Leben nie gegeben hätte.

Ich habe das alles so lange mitgemacht und bin nicht gegangen, weil ich Angst hatte. Und eine gewisse Feigheit hat vielleicht auch noch mitgespielt. Ich hätte ja nicht gewußt, wie es weiter gehen soll, ich hatte ja keinen Menschen mehr. Und manchmal hat er mir auch wieder irgendwie leid getan, ich weiß es nicht. Aber die Angelegenheit ist vollkommen erledigt.

Ich möchte die Zeit hier im Frauenhaus nicht missen. Als nächstes möchte ich mir eine Wohnung suchen. Meine Rente reicht für's Leben, weil ich jeden Tag zu meiner Schwester fahre und dort esse. Ich bewundere meine Schwester, daß sie mit keiner Wimper gezuckt hat, und bin ihr dankbar, daß sie sich überhaupt um mich gekümmert hat. Schließlich habe ich mich fünf Jahre nicht gemeldet. Meine Schwester ist wesentlich älter als ich und etwas behindert. Zum Glück kann ich ihr jetzt etwas helfen. Mein Schwager ist gestorben.

Wenn ich eine Wohnung habe, werde ich eine Adressensperre beantragen, für den Fall, daß mein Mann wieder aus Winnenden rauskommen sollte.

Die Zeit hier war einerseits hilfreich, andererseits auch wieder nicht. Je länger man da ist, desto mehr wird man eingespannt. Man muß sich abmelden, wenn man über Nacht wegbleibt. Das empfinde ich als eine gewisse Einschränkung.

Ich glaube, ich habe mich innerlich von meinem Mann befreit, ich habe keine Angst mehr vor ihm. Als ich hierherkam, war ich wie eine graue Maus. Eingeschüchtert, dünn und verhärmt. Als meine Schwester mich sah, meinte sie, du siehst ja grauenvoll aus!

Nachlese

Martha S. ist ein damenhafter Typ. Ganz Lady, Perlenkette, dezentes Make-up – das Haar sehr sorgfältig frisiert –, sitzt sie aufrecht da, die Hände übereinandergelegt. Hände, die sehr gepflegt sind. Auch sie wurde geprügelt, an den Haaren gezerrt, gedemütigt. Nur dann und wann zerbröckelt die Fassade der eisernen Selbst-Disziplin: Wenn sie, die sonst in dezentem Tonfall spricht, sich mit lauter Stimme empört, wenn es gleichsam aus ihr herausbricht: »Überall hat er hingepinkelt«. Dieser Mann, der ihr alles nahm. Vor allem aber ihre Selbstachtung.

Gewalt-Auslöser: Arbeitsunfähigkeit
Brigitte M., 30, geschieden, ein Kind, Verkäuferin.

Der Ort, wo ich herkomme, liegt etwa 80 Kilomter von München entfernt. Am 4. Februar 1985 kam ich nach einer ziemlich langen Zeit, in der ich viel Gewalt erlebte, ins Frauenhaus. Vor der Ehe habe ich mit meinem Mann acht Jahre zusammengelebt. Als dann das Kind kam, haben wir geheiratet.

Für uns beide war es die erste Ehe. Ich habe das Geld verdient, er war zu Hause. Als ich ihn kennenlernte, hatte er gerade einen Autounfall gehabt, und die ganzen zwölf Jahre, die wir zusammen waren, war er krank. Ich habe das Geld heimgebracht, und als das nicht mehr ging, weil das Kind kam, brach die ganze Sache zusammen. Wir waren dann sehr dicht beieinander. Vorher war ich ja immer den ganzen Tag nicht da gewesen, und als ich dann immer zu Hause war, kamen die Reibereien. Er wollte alles mögliche und ich mußte halt das tun, was er verlangte.

Meine Kindheit war alles andere als sonnig. An die ersten sechs Jahre meines Lebens kann ich mich fast nicht erinnern. Wir haben hier im Frauenhaus versucht, sie zu erforschen, aber dabei ist fast nichts herausgekommen.

Mein Vater war Beamter, ich hatte ein ganz normales Elternhaus, Geschwister, allerdings war ich die ersten sechs Jahre Einzelkind. Mein Verhältnis zu meiner Mutter war nicht so gut, das zum Vater war besser. In der Ehe meiner Eltern hat die Frau dominiert, mein Vater war ein Lamm. Aber ansonsten war es eine stinknormale Ehe. Gewalt gab es überhaupt nicht. Stillhalten war das Wichtigste. Mein Vater hat das Geld verdient und jeden Monat brav abgeliefert, damit war er anscheinend auch zufrieden.

In der Beratung hier im Frauenhaus hat sich herausgestellt, daß ich in meiner Ehe praktisch die Rolle meines Vaters gespielt habe: Ich habe mich mit meinem Vater total identifiziet.

Die ganzen zwölf Jahre hatte ich keinen Kontakt zu meinen

Eltern. Sie wollten mit meinem Mann nichts zu tun haben, er war der erste und bislang einzige Mann in meinem Leben. Ich habe ihn kennengelernt, da war ich noch in der Lehre, habe aber nicht mehr zu Hause gewohnt. Die Situation zu Hause war so schlimm, daß ich, obwohl noch nicht volljährig, ausziehen durfte. Es funktionierte nicht mehr zwischen meiner Mutter und mir, die kleinsten Mißverständnisse führten zu Schreiereien, und da habe ich gesagt, nein, das packe ich nicht mehr. Meine Mutter trank damals auch. Warum ich die ersten sechs Jahre meines Lebens so verdrängt habe, weiß ich nicht. Es wurde mir erzählt, daß meine Mutter gesagt habe, wenn mein Vater nicht gewesen wäre, hätte sie mich schon lange an die Wand gedrückt. Sie wollte aber offenbar Kinder, denn später bekam ich ja noch zwei jüngere Geschwister.

Mein Mann, als ich ihn damals kennenlernte, gefiel mir sehr gut, vor allem weil er aktiver Sportler und sehr gutaussehend war. Als junges Mädchen geht man ja mehr nach dem Aussehen als nach dem Charakter. Und daß er sich für mich interessiert hat, fand ich auch ganz toll. Ich war damals sehr unsicher, weil ich zu dem Zeitpunkt richtig dick war, etwas pummelig bin ich ja immer. Aber mein Mann hat nie gesagt, daß ich ihm nicht gefallen würde oder daß ich mich ändern müßte. Nie. Er ist erheblich älter als ich, zwanzig Jahre. Ich glaube ganz bestimmt, daß ich in ihm einen Vater gesucht habe. Aber er hat mich nicht an meinen Vater erinnert, im Gegenteil, er war immer dominierend, wußte, was er wollte. Von Beruf war er Gärtner.

Ich bin dann bald zu ihm gezogen, womit ich mich wohnungsmäßig total verschlechterte. Vorher hatte ich ein wunderschönes Eineinhalb-Zimmer-Appartement mit Bad und so. Ich war Friseuse. Mein Beruf hat mir großen Spaß gemacht, ich habe dann auch Lehrlinge ausgebildet und so weiter.

Am Anfang hatten wir eine sehr gute Beziehung. Er hat von Anfang an nicht gearbeitet. Als ich ihn kennenlernte, war er schon krank, aber er hat noch nicht getrunken. Aber kleine Anzeichen für das, was später auf mich zukam, waren schon da. Nur wollte ich sie nicht wahrhaben. Wir hatten damals schon Reibereien. Ich mußte zum Beispiel immer tun, was er sagte. Er war wirklich krank, aber man sah nichts, es handelte sich um innere und um Kopfverletzungen. Er bekam sehr lange Krankengeld, ich kann sagen: Er lebte für die Krankheit. Wenn ich mal nicht tat, was er sagte, ist er entweder gegangen oder er wurde sehr heftig, aber er hat mich nie geschlagen. Das ging erst los, nachdem wir verheiratet waren. Er sagte, jetzt bist du mein Eigentum und ich kann mit dir tun und lassen, was ich will. Von da an schlug er mich.

Aber die ersten Jahre waren harmonisch und über kleine Vorfälle bin ich hinweggegangen. Wenn ich nicht tat, was er wollte, hat er mir halt sehr heftig die Meinung gesagt, und ich war still. Im Beruf war ich allerdings nicht so fügsam, aber wenn ich dann heimkam, habe ich mich ducken lassen. Ich glaube heute, daß ich mich deshalb nicht wehrte, weil ich Angst hatte, ihn zu verlieren, und ich war eben total auf ihn fixiert, hörig. Und wieder allein leben, dazu hätte ich den Mut nicht aufgebracht. Eine erotische Abhängigkeit spielte auch eine Rolle.

Das Kind wollten wir beide. Und dann haben wir geheiratet. Meine Eltern hielten ihn für einen faulen Kerl, der den ganzen Tag herumhängen würde, während ihre Tochter arbeiten muß. Und er war tatsächlich arbeitsfähig, aber er wollte bloß nicht. Wenn wieder irgendwas war, ist er halt zum Arzt und hat sich aufs neue seine Arbeitsunfähigkeit bescheinigen lassen. Aber er treibt Sport, das kann er. Er ist gut in Leichtathletik.

Dann kam also das Kind, der Fabian. Die Geburt war sehr schwer, fast hätten wir sie beide nicht überlebt. Mein Mann war nicht dabei. Er hatte sich gedrückt und gesagt, seine Frau sei zu blöd, auf natürliche Weise ein Kind zu bekommen. Nachdem man nämlich vergeblich versucht hatte, Geburtszange und Saugglocke einzusetzen, ist Fabian dann durch Kaiserschnitt zur Welt gekommen. Mein Mann war zwar im Krankenhaus, hat aber dann den Kreißsaal fluchtartig verlassen. Ich hing zwölf Stunden am Wehentropf. Er hat nur ab und zu kurz hereingeschaut, der Arzt sagte, kommen Sie nur herein, Ihre Frau braucht Sie dringend. Aber er sagte, nein, ich muß weg, ich muß weg. Es war schlimm. Ich hatte sehr viel Milch, die ich aber wegschütten mußte, denn am Tag der Geburt hatten sie mir 25

Erweiterungsspritzen gesetzt und da war die Muttermilch total vergiftet.

Den Namen des Kindes habe ich ausgesucht. Mein Mann wollte einen anderen, aber ich habe der Hebamme einfach gesagt, er soll Fabian heißen, und als mein Mann kam, da war es schon eingetragen, aber ich hatte seinen Namenswunsch als Zweitnamen berücksichtigt.

Ich kann nicht sagen, daß mein Mann eifersüchtig auf das Kind war. Um das zu verhindern, habe ich von Anfang an sehr versucht, ihn in die Pflege und alles mit einzubeziehen. Das wollte er aber nicht, denn »eine Mutter soll ihr Kind selbst pflegen«. Er würde mit ihm spazierengehen, wenn er größer wäre, aber solange er so klein wäre und soviel Dreck und Arbeit machen würde, hätte sich die Mutter um ihn zu kümmern. Er hat zwar zugeschaut beim Wickeln und Baden, aber er hat das nie selbst gemacht.

Nach vier Monaten hatte ich dann sehr starke Sturzblutungen, weil ich noch Nachgeburt in mir hatte. Ich bin dann zu meinem Frauenarzt, der hat mich abends um elf Uhr noch ausgeschabt. Er wollte mich zwar ins Krankenhaus bringen, aber da habe ich mich geweigert, denn ich hatte ja ein vier Monate altes Kind daheim. Es war ja niemand da, der das Kind versorgen würde, ich wußte ja, daß mein Mann es nicht tun würde.

Noch während der Schwangerschaft hatte ich begriffen, daß das kein Familienleben werden würde, wie ich mir das vorgestellt hatte. Die Schwangerschaft selbst verlief eigentlich sehr schön. Mein Mann war sehr aufmerksam, hat mit viel Anteil genommen, ist zum Beispiel auch mit zum Arzt gegangen. Aber ich merkte, daß zwischen uns beiden irgendwas nicht stimmte, da war eine Mauer zwischen uns. Damals dachte ich immer, daß das an mir läge, und ich habe das nicht sehen wollen. Nach der Geburt fühlte ich mich sehr stark, ich war nicht mehr allein und mußte für jemanden mitkämpfen. Es haben auch viele andere Leute gesagt, daß die Geburt mich verändert hätte.

So hat mein Mann das nicht empfunden. Er meinte, ich sei frech und vorlaut, wenn ich mein Recht vertreten wollte. Wenn ich etwas anderes wollte als er, habe ich eben nicht mehr ja und

Amen gesagt, sondern habe ihn in ruhigem Ton gefragt, ob wir da mal drüber sprechen könnten, ich würde das anders sehen, er solle mir mal zuhören. Aber da ging dann schon die Wohnungstür und er war weg.

Das Kind hatte mir irgendwie den Rücken gestärkt. Und da ging es dann erst richtig los. Der Kleine war fünf Monate alt, als es den ersten großen Krach gab und die erste Gewalt: Er riß mir einen Teil der Brust runter, er klammerte sich so fest, bis die Hautfetzen runterhingen. Es war sehr, sehr schlimm.

Ja, und dann kam jener denkwürdige Sonntag. Mein Sohn saß auf dem Topf, und ich war der Meinung, daß das vorginge. Ich machte gerade den Topf sauber und kniete so davor, da bekam ich einen Schlag ins Kreuz. Im ersten Moment konnte ich mich gar nicht rühren und ich wußte auch gar nicht, worum es ging. Und zwar hatte er mich mit seinem Bergschuh ins Kreuz getreten. Er hatte Bergschuhe an, weil er gerade am Gehen war. Ich habe heute noch Schwierigkeiten mit der Wirbelsäule wegen dieses Tritts. Es bildete sich ein Bluterguß über dem ganzen Rücken und ich konnte mich nur mühsam aufrechthalten.

Ich bin dann zur Nachbarin, die rief sofort den Notarzt, und der meinte, ein Wirbel wäre angeknackst, beim Röntgen hat man dann aber festgestellt, daß es eine starke Prellung war. Ich habe meinen Mann dann aber nicht zur Rede gestellt. Ich hatte es aufgegeben und nahm alles so hin, wie's kam. Meine Wirbelsäule macht mir heute noch zu schaffen. Das Kind kann ich nicht mehr tragen. Eine der Bandscheiben war schwer geprellt, damit werde ich mein Leben lang zu kämpfen haben.

Nach diesem Tritt habe ich meinen Mann das erstemal verlassen. Während er noch in den Bergen war, habe ich mein Kind gepackt und bin für vier Wochen zu meiner Tante gegangen. In der Zeit hat mein Mann Briefe geschrieben, Schatz, verzeih' mir bitte, es wird alles anders, ich suche Arbeit, wir suchen uns eine große Wohnung, und so weiter.

Dann, nach vier Wochen, sagte auch meine Tante, gib' ihm die Chance, er versucht's doch wirklich. Ich bin zurück, und es ging drei Monate gut. Und dann kam das Ausschlaggebende: Er wollte mich einsperren, ich durfte mit dem Kind nicht mehr das Haus verlassen. Das Kind wollte er als Pfand einbehalten.

Es kam der besagte Donnerstag. Ich war trotzdem oft bei meiner Tante, die ein Geschäft hat, in dem ich ein bißchen aushalf und putzte. Und an jenem Donnerstag wollte ich auch wieder zu meiner Tante, da sagte er, das Kind bleibt bei mir. Er wollte zum Arzt und das Kind hätte stundenlang in der Praxis gesessen, zu Hause hätte es einen Garten gehabt. Ich sagte nein, ich nehme das Kind heute mit. Wenn es um das Kind ging, habe ich mich gewehrt, wenn es um mich ging, dann nicht. Ich hatte den Satz kaum ausgesprochen, da würgte er mich schon und schmiß mich dann gegen das marmorne Fensterbrett, vor den Augen des Kindes. Der Fabian, damals eineinhalb, hat natürlich fürchterlich geschrieen. Ich ließ auch einen Schrei los, weil ich stechende Schmerzen hatte. Mein Mann bekam einen Schreck, half mir hoch und setzte mich auf einen Stuhl. In dem Moment, wo ich mich wieder ein bißchen gefangen hatte, schlug er mich mit der flachen Hand so ins Gesicht, daß ich innerhalb von Minuten total blau war. Ich hatte Würgemale, einen Bluterguß auf der einen Gesichtshälfte, der bis zum Hinterkopf reichte, die ganze Schulter mit der ich auf dem Fensterbrett aufgeschlagen war, der Rücken, alles war blau und voller Blutergüsse.

Aber das war noch nicht alles, denn nach vierzehn Tagen stellte sich heraus, daß ich schwanger war. Ich verlor das Kind deswegen. Es muß zu dem Zeitpunkt abgestorben sein, da ich schon Ende des dritten Monats war, aber ich wußte es nicht. Er hat mich dann in dem Zustand auf dem Boden liegenlassen und ist mit dem Kind fortgegangen. Ich schrie fürchterlich und die Nachbarin kam herüber und rief meine Verwandten an. Die kamen gleich und brachten einen Arzt mit. Es war alles furchtbar. Ich wurde ins Krankenhaus zum Röntgen gebracht, weil der Arzt dachte, am Schädel wäre irgendwas passiert. Ich blutete aus der Nase und hatte rasende Kopfschmerzen.

Als ich aus dem Krankenhaus kam, bin ich sofort zum Jugendamt gegangen, weil mein Mann mit dem Kind weg war und ich Angst hatte, er könnte ihm was antun. Dort wurde mir gesagt, ich soll alles versuchen, um das Kind sofort zu bekommen, denn wenn es über's Gericht liefe, könnte es Monate dauern. Anschließend bat ich die Polizei, mir zu helfen, das Kind aus der ehelichen Wohnung zu holen. Die sagte, dazu seien sie nicht befugt, der Vater hätte dasselbe Sorgerecht wie ich. Aber die Polizisten kannten mich schon, und wie sie mich gesehen haben, wie ich wieder aussah, sagten sie, um Gottes willen, was ist denn bloß geschehen?

Jedenfalls, die Polizisten der Frühschicht halfen mir nicht, und so habe ich es nochmals abends bei der Spätschicht versucht. Und das waren alles verheiratete Männer mit Kindern. Die kannten mich schon als kleines Kind und wußten, daß in meiner Ehe etwas nicht stimmte und hatten mehr Mitleid als die jungen Polizisten. Dann sind wir mit sechs Streifenwagen zur Wohnung gefahren und haben das Kind rausgeholt. Die Polizei hatte ja keine Handhabe, aber sie sagten mir, sie dürften mir helfen, Sachen aus der Wohnung zu holen, und was ich sonst noch mitnehmen würde, das sei meine Sache. Auf diese Weise bekam ich das Kind.

Diese ganze Geschichte war der Wendepunkt meiner Ehe. Ich nahm mir dann eine eigene Wohnung am selben Ort. Acht Wochen lang blieb ich sehr standhaft, weigerte mich, meinen Mann zu sehen oder ihm das Kind zu zeigen, leitete die Scheidung ein. Es ging wirklich gut, das Kind und ich kamen zur Ruhe.

Ich habe dann einen Job angenommen, jeden Nachmittag vier Stunden Putzen bei einer Spedition. Und ich nahm wieder Kontakt zu meinen Eltern auf. Sie sahen, daß ich jetzt mit der ganzen Geschichte Schluß machte und setzten große Hoffnungen in mich. Aber eines Tages mußte mein Mann ins Krankenhaus. Er rief mich an, weinte herzzerreißend, ich solle ihm helfen, er hätte Krebs, ich solle zu ihm kommen, er wolle den Jungen sehen. Und ich ging natürlich, gutgläubig und tränenden Auges, ins Krankenhaus. Ich hatte ihn immer noch irgendwie lieb. Während der schrecklichen Zeit, als wir noch zusammenwohnten und er mich so mißhandelte, waren keine Gefühle mehr dagewesen, aber als ich zur Ruhe gekommen war, kam das Gefühl für ihn wieder und das andere trat in den Hintergrund.

Dann ging alles wieder von vorn los. Ich verlor alle Kontakte, jeglichen Bekanntenkreis, alles. Ich stand allein da, denn meine Bekannten sagten, wir wollen nicht erleben, daß wir dich ins Grab bringen müssen. Und das wäre ja dann auch fast passiert.

Es ging dann ein paar Monate gut. In der Zeit, wo ich arbeitete, paßte mein Mann auf das Kind auf, und so hatte er mich wieder in der Hand. Krebs hatte er natürlich nicht. Das hatte er sich wieder mal eingeredet. Denn immer, wenn brenzlige Situationen sich ankündigten, war er plötzlich schwer krank. Meistens hatte er dann Krebs. Es sollte dann so aussehen: Der arme Mann wird von seiner Frau verlassen, obwohl er Krebs hat, und das Kind nimmt sie ihm auch noch weg, obwohl er in vier Wochen sterben muß, und so weiter.

Als wir uns versöhnt hatten, ging es ihm gesundheitlich auch gleich wieder viel besser. Aber meine eigene Wohnung habe ich weiter behalten. Er wohnte in der ehelichen Wohnung und ich in der anderen.

Ich bin am 1. April 1984 aus der ehelichen Wohnung ausgezogen, habe dann ein knappes Jahr in einer eigenen Wohnung gewohnt und bin von da aus ins Frauenhaus gekommen. Daß ich mir eine eigene Wohnung genommen hatte, war der erste Schritt zur Abnabelung.

Wenn ich zur Arbeit ging, habe ich ihm das Kind gebracht, oder er hat es geholt. Und wenn ich heimkam, hatte er den Kleinen schon für die Nacht fertiggemacht und ins Bettchen gelegt, bei mir in der Wohnung, und dann ist er gegangen. Wir haben nie beieinander übernachtet, zusammen in seiner oder meiner Wohnung, wir hatten aber trotzdem sexuelle Kontakte. Unser Verhältnis besserte sich für einige Zeit, bis er anfing, mir in meiner eigenen Wohnung Vorschriften zu machen. Das habe ich mir nicht gefallen lassen und ich habe ihm die Meinung gesagt, daß ich hier tue, was ich will, und wenn ich Samstag/Sonntag meine Ruhe haben will, dann komm' nicht her, das Kind kannst du gerne holen, wenn du willst.

Das hat er auch gemacht, er hat es auch manchmal bei sich über Nacht gehabt, das hat mich nicht gestört, weil ich wußte, daß der Fabian sehr an seinem Vater hängt. Ich dachte, dann braucht er diesen Kontakt mit ihm auch.

Dann hat sich die Sache aber wieder zugespitzt. Dafür, daß er das Kind hütet, mußte ich in seiner Wohnung putzen und seine Wäsche waschen. Und er hat außer Kinderhüten nichts gemacht. Zu dem Kind war er anständig, aber es muß irgendwas vorgefallen sein, denn der Bub schreckt nachts immer um dieselbe Zeit, um halb zehn, hoch, und das war immer der Zeitpunkt, wo ich heimgekommen bin. Und irgendwas muß da passiert sein, entweder hat er um diese Zeit nach der Mutter geschrieen, und mein Mann sagte nichts. Vielleicht hat er ihn auch einmal gehauen, weil er nicht ins Bett wollte, ich weiß es nicht. Und das Kind erzählt davon nichts, bis jetzt nicht, und ich dränge ihn auch nicht. Ja, und dann nahm ich noch eine Arbeit zusätzlich an, denn ich hatte nur eine Zwanzigstundenwoche und 900 Mark Miete zu bezahlen. So habe ich von morgens um acht Uhr bis vier Uhr, in der Spedition von vier bis acht Uhr abends geputzt, und zwei Haushalte betreut. Das habe ich eigentlich sehr gut gepackt, aber er hat mich dann gedrängt, ich müsse das Kind abliefern. Die Wohnung ist eine halbe Stunde von meiner entfernt und ich mußte dann noch das Kind mit dem Rad dahinbringen. Er wollte, daß ich wieder zu ihm ziehe, aber ich wollte nicht.

Da habe ich dann gesagt: Schluß, aus, nichts mehr. Und dann reichte ich wieder die Scheidung ein. Beim ersten Mal hatte ich einen Rückzieher gemacht. Ich hatte damals Strafantrag gestellt und wieder zurückgenommen, und da hat der Richter damals gesagt, das ist auch gut so, denn wer geht denn als Ehefrau gegen den eigenen Mann vor. Und so war wieder alles beim Alten. Fünf Minuten, bevor ich zur Arbeit mußte, rief er an, ich mag heute nicht, ich will heute nicht, du mußt mir erst beweisen, daß du mich noch liebst, dann paß ich dir auch aufs Kind auf, und so weiter.

Ich hatte Abstand halten und sehen wollen, wie sich die Situation entwickelt. Mir war die Beziehung so sehr angenehm. Wenn ich meinen Mann sehen wollte, dann sah ich ihn, und ansonsten nicht. Ich habe in der Zeit auch versucht, mich zu erkennen, und habe das an meinem Mann ausprobiert. Aber dieses Experiment in zwei Wohnungen ging nicht. Er war ja auch nicht zufrieden damit und wollte mehr.

Und dann kam eben der Zeitpunkt, wo es mir reichte und ich die Scheidung beantragte. Der Auslöser war seine Unzuverlässigkeit, weil ich mich einfach nicht darauf verlassen konnte, daß er auf das Kind aufpaßte. Ich war dort festangestellt, ich konnte doch nicht einfach mit dem Kind zur Arbeit gehen und sagen, ja, ich habe heute niemand, der darauf aufpaßt. Ich habe gesehen, das ist derselbe Trott wie immer, er übernimmt keine Verantwortung, nichts, was soll ich da noch.

Meine Gefühle für ihn waren ja inzwischen auch wieder weg, die waren nur vorhanden, wenn ich bei ihm war. Auch von mir aus bestand da eine gewisse Haßliebe, ich kann nicht alles meinem Mann in die Schuhe schieben.

Nachdem ich die Scheidung eingereicht hatte, gab es wieder eine Meinungsverschiedenheit, und da habe ich zu ihm gesagt, du, hör zu, es ist besser, du kommst nicht mehr, ich will die Scheidung. Du kannst dein Kind sehen, wann du willst, ruf' mich vorher an, dann kannst du den Jungen abholen. Ich hatte eigentlich nicht den Eindruck, daß er auf ihn einen schlechten Einfluß hatte. Außerdem habe ich mir eingebildet, das Kind braucht einen Vater, selbst wenn es so einer ist. Jetzt bin ich anderer Meinung.

Und dann wurde die Situation wieder schlimmer. In der Zeit, wo der Bub immer zwischen Vater und Mutter hin und her pendelte, ist er immer nervöser geworden. Er prügelte sich auch gerne mit Gleichaltrigen, vor allem mit Größeren, denn er ging oft auf Sechs- oder Siebenjährige los, also das war schlimm. Es war mir sehr peinlich, aber ich konnte ihn in dem Moment auch gar nicht bremsen. Das war schon ein ähnliches Verhalten, wie es sein Vater an den Tag legt, und das hat mir dann auch zu denken gegeben.

Ich dachte, wenn der dann vierzehn Jahre alt ist, dann habe ich wieder denselben Typen daheim, dann habe ich dasselbe Theater mit meinem Sohn, wie jetzt mit meinem Ehemann.

Dann hatte sich die ganze Angelegenheit noch mal dramatisch

zugespitzt. Mein Mann schlug mir die Wohnungstür ein. Ich hatte keine Zeit mehr, ans Telefon zu rennen, um die Polizei zu holen und habe so laut ich konnte, um Hilfe geschrieen, und die Nachbarn holten die Polizei. Es kamen zwei Polizisten und wiesen meinen Mann aus dem Haus. Sie haben ihm den Schlüssel abgenommen, worauf er sich so aufführte, daß sie den Schlagstock gebrauchen mußten. Sie ließen ihn aber dann wieder laufen.

Ich ging dann mit dem Kind zur Arbeit, ich fuhr mit dem Taxi. Der Taxifahrer, den kannte ich, sagte dann, dein Mann steht da oben, der schaut so böse, was ist denn los? Ich kam eine Stunde früher als sonst zurück, weil ich wußte, irgendwas kommt da noch. Ich hatte bei meinen Eltern angerufen, damit jemand bei mir übernachten möge. Niemand. Überall habe ich dann angerufen, auch beim Pfarrer habe ich um Hilfe gebeten. Auch in der Arbeit hatte ich davon gesprochen, aber die meinten, so schlimm kann es ja nicht werden. Aber ich hatte die kaputte Tür daheim, die nur notdürftig repariert war.

Ich bin dann wieder mit dem Taxi nach Hause zurück, steige aus, das Taxi fährt weg, und mein Mann kommt aus dem Aschentonnenhäuschen hervor mit einem großen Messer in der Hand und hält es mir unter die Kehle: Ich solle die Scheidung zurücknehmen oder er bringt uns alle um.

Ich weiß heute noch nicht genau, wie ich das fertigbrachte, aber ich konnte meinen Mann beruhigen, obwohl ich ein Messer an der Kehle und mein Kind an der Hand hatte. Ich konnte ihn soweit beruhigen, daß er das Messer wegsteckte, nahm ihn hinauf mit in die Wohnung und habe dort eineinhalb Stunden mit ihm gesprochen. Ich sagte, es sei alles in Ordnung, er solle ruhig bleiben, ich hätte auch Fehler gemacht, und wir würden uns am Wochenende sehen.

Als ich ihn dann beruhigt und aus der Wohnung gebracht hatte, dachte ich mir, nein, so nicht mehr. Ich rief die Telefonseelsorge an, wo ich drei Adressen von Frauenhäusern bekam. Ein Frauenhaus in Süddeutschland empfahlen sie mir besonders. Ich rief am Samstag dort an, erzählte, was los sei, und die meinten, ich solle sofort kommen. Ich sagte, sofort könne ich nicht, ich hätte keinen Pfennig Geld in der Tasche. Darauf meinten die, ich solle dann am Montag kommen.

Am Sonntag kam dann mein Mann und dachte, es sei wieder alles in Ordnung. Ich hatte inzwischen aber schon Vorbereitungen getroffen, die Wäsche für das Kind rausgeräumt, und er fragte, was ich denn da täte. Ich sagte, ich räume den Schrank auf. Er hat nicht gemerkt, daß die Reisetasche schon gepackt war. Die Sache mit dem Messer war für mich das absolute Ende meiner Ehe. Alle Gefühle sind seither total weg, ich habe auch kein Bedauern mehr für ihn.

Und am Montag bin ich dann ins Frauenhaus gekommen. Die erste Zeit war sehr schwer, man muß sich daran gewöhnen, an die neue Umgebung, es sind ja viele Probleme in diesem Haus, und mit seinen eigenen Problemen muß man auch fertig werden, aber es hat mir wahnsinnig geholfen. Ich habe zu vielen Frauen einen guten Kontakt.

Jetzt habe ich genug Arbeit, kann mit meinem Sohn gut leben, aber ich habe immer noch Angst vor meinem Mann und deshalb eine Adressensperre. Er hat mir vor Gericht gedroht, daß er mich umbringt.

Seit Juli bin ich geschieden. Er darf das Kind nicht sehen, weil er unfähig zur Erziehung sei. Er weiß nicht, wo ich bin, meine Angst wird langsam geringer. Aber ich würde ihm zutrauen, daß er Amok läuft und mich umbringt, und noch mehr fürchte ich, daß er das Kind mitnehmen und sich und ihm was antun könnte. Er hat mir ja auch ins Frauenhaus Drohbriefe geschrieben: Der dritte Geburtstag deines Kindes wird für dich ein Trauertag werden.

Ich hatte mir eingeredet, daß er seit seinem Unfall nicht ganz bei Trost sei, aber eigentlich ist er von Anfang an so gewesen. Ich glaube, er ist krank, böse und verrückt, von jedem etwas. Er sagt immer, er wüßte nicht, was er tue, aber er macht alles sehr bewußt, auch die Mißhandlungen geschahen sehr bewußt. Ich glaube, daß ich aus Liebe, aus Angst vor einem neuen Leben, wegen des Kindes und weil ich immer noch hoffte, so lange bei ihm geblieben bin. Und weil das alles auch irgendwie in meiner eigenen Erziehung mit drinstreckte. Wie man selbst erzogen wurde, spielt eine große Rolle. Man muß sich selbst überwinden, das ist sehr wichtig, das würde ich jedem raten.

Jetzt kann ich mir auch wieder eine Beziehung zu einem anderen Mann vorstellen, aber am Anfang habe ich gedacht, um Gottes willen, nie mehr. Ich möchte ja wieder leben, ich bin ja eine junge Frau, und ich sage mir, es muß ja nicht jeder Mann so sein, es gibt ja auch andere.

Fabian war am Anfang im Frauenhaus sehr aggressiv, hat sich deutlich mit dem Vater identifiziert und immer gesagt, ich bin so stark wie der Papa. Er hat auch versucht, mich zu hauen. Dann war er ein Jahr lang in heilpädogogischer Behandlung und das tat ihm sehr gut. Er spielt jetzt seine Aggressionen raus. Er geht in einen normalen Kindergarten und ist nicht mehr auffällig und ein ganz normales Kind geworden. Das wäre er nicht geworden, wenn ich bei meinem Mann geblieben wäre. Das Kind wäre seelisch kaputtgegangen, und ich auch. Entweder hätte ich eine Dummheit gemacht, oder mein Mann hätte irgendwann durchgedreht.

Jetzt habe ich das Gefühl, ich kann wieder leben, ich kann wieder atmen, ich kann wieder schlafen, ich habe mein Selbstbewußtsein wieder, alles. Ich fühle mich wieder wie ein normaler Mensch.

Nachlese

Brigitte M. sieht aus, wie die »Mama« schlechthin. Rundlich, groß, warm und herzlich ist sie. Zum Gespräch besuche ich sie in ihrer Wohnung, die sie nach ihrer Zeit im Frauenhaus mit ihrem kleinen Sohn bezogen hat. Auch sie hat mit einigen Frauen aus dieser Zeit noch engen Kontakt.

Nicht nur mir scheint die Mütterlichkeit von Brigitte M. ins Auge zu stechen: Zur Zeit des Interviews befinden sich außer ihrem Sohn noch zwei Nachbarskinder – eins davon ist ein Baby, das sie liebevollst betreut –, ihre Katze, zwei Vögel sowie die Katze einer Freundin in ihrer Obhut. Sie kümmert sich um alle, lobt, schmiert Brote, macht Fläschchen. Braucht sie das nicht auch für ihr Selbstgefühl? Vielleicht mit ein Grund für die Wahl eines arbeitsunfähigen Ehemannes . . .

Gewalt-Auslöser: Jähzorn
Dr. Rita D., 30, verheiratet, Zahnärztin.

Ich glaube, daß ich in meiner Kindheit gewisse Prägungen erhalten habe, aufgrund derer ich dann in eine Gewaltbeziehung geraten bin. Ich habe immer viel getan, um mir die Liebe meiner Eltern zu sichern, ich habe immer versucht, nicht auffällig zu sein, auf meine Eltern einzugehen, damit sie mich mögen. Es war von ihrer Seite sowieso nicht so sehr viel Liebe da. Liebesentzug war das Druckmittel meiner Eltern.

Mein Vater war gelernter Schreiner, war später auf der Meisterschule und hat dann die leitende Position in einer Fabrik eingenommen, im handwerklichen Bereich. Meine Mutter war ab meiner Geburt Hausfrau, vorher hatte sie bei der Post gearbeitet. Das Studium konnten sie mir ermöglichen, zudem hatte ich ein Stipendium, da gab es keine Probleme.

Ich habe eine acht Jahre jüngere Schwester, sie war nicht geplant und meine Mutter war nicht sehr erfreut. Sie hatte Angst vor der Geburt, weil sie bei meiner solche Probleme hatte.

Die Ehe meiner Eltern war vordergründig sehr harmonisch, aber ich möchte nie so eine Ehe führen. Alles ist in Ordnung, alles wird unter den Teppich gekehrt. Es gibt keine Konflikte, nur so allgemeines Gerede und so Seitenhiebe, auch heute noch, ich kenne das gar nicht anders. Meine Mutter nimmt eine typische Frauenrolle ein und wehrt sich ab und zu auf ihre Weise, das heißt, sie ist launisch und sauer, aber zu einer offenen Aussprache kommt es eigentlich nie. Es gibt keinen offenen Widerstand, weil dann von meinem Vater sowas wie: Ich verdiene schließich das Geld, und ähnliche Argumente kommen. Und das habe ich gelernt.

Mein Verhältnis zu meinen Eltern ist nicht besonders herzlich. Es ist so, daß ich mich eigentlich schon seit der Pubertät selbst um meine Angelegenheiten kümmere. Ich habe meine Eltern nie einbezogen, ich habe mich abgekapselt. Ich habe versucht, irgendwie ein Verhältnis zu bewahren, habe dann auch oft ein schlechtes Gewissen gehabt, weil ich sie nicht mit einbezogen habe. Den Freiraum dazu habe ich mir einfach genommen.

Die Beziehung zu meiner Schwester ist relativ gut. Wir treffen uns nicht oft, aber es ist eine freundliche und nette Beziehung, wärmer als die zu meinen Eltern.

Zu Hause habe ich Wärme von beiden Elternteilen vermißt. Ich habe immer versucht, durch Wohlverhalten meine Eltern zu Wärme zu bewegen. Ich erinnere mich, daß ich noch vor einigen Jahren immer ein schlechtes Gewissen hatte, wenn ich nicht daheim angerufen habe, aber ahnte, daß sie es wünschten.

Mit dreiundzwanzig Jahren bin ich ausgezogen, da habe ich schon studiert. Ich bin aus der Nähe von Ingolstadt und wollte eigentlich zu Beginn des Studiums schon ausziehen. Meine Eltern wollten das aber nicht, sie wollten es auch dann noch nicht, als ich mich dazu entschlossen hatte, aber da war ich nicht mehr zu halten. Meinen Freund, es war nicht mein erster Freund, habe ich nach dem Studium kennengelernt.

Ich war fertige Zahnärztin, aber meine Eltern waren darauf immer nur stolz, wenn sie es anderen Leuten erzählen konnten, ich selber merkte davon nichts. Das empfand ich damals als enttäuschend. Das Studium habe ich aber meinetwegen gemacht, nicht um meine Eltern zu beeindrucken. Ich wußte erst lange nicht, was ich werden wollte, aber im letzten Schuljahr habe ich mich dann entschieden. Ich hatte ein sehr gutes Abitur. In der Schule lief immer alles gut, das war so mein Freiraum. Ich dachte mir, wenn ich das gut mache, dann haben meine Eltern nicht viele Angriffspunkte.

Mein Verhältnis zu Männern würde ich als unkompliziert bezeichnen. Meine Schwester ist anders. Sie war schon ganz lange mit dem Freund zusammen, den sie später auch geheiratet hat, und sie war von daher nicht so versessen darauf wegzugehen. Als ich meinen Freund kennenlernte, jobbte ich, weil ich keine Anstellung fand. Im Raum München ist es ziemlich schwierig für Zahnärzte und ich wollte mich auf Kieferorthopädie spezialisieren. Als Frau hat man es besonders schwer. Ich jobbte erst bei der Post, dann bei einer Bank.

Während der Post-Zeit lernte ich Martin kennen, er war

Student und arbeitete dort auch als Aushilfe. Er war ein paar Monate jünger als ich. Wir lernten uns kennen, weil wir in der gleichen Abteilung und beide Aushilfe waren. Mit der Zeit hat er mich dann interessiert und dann haben wir uns auch außerhalb der Arbeitszeit getroffen. Er hat Chemie studiert; ob er das inzwischen fertiggemacht hat, weiß ich nicht, weil ich jetzt keinen Kontakt mehr zu ihm habe. Wenn ich zurückdenke, dann gab es schon einige Warnsignale, die ich aber mißachtet habe, weil ich alles an ihm phantastisch fand. Mir ging es zu der Zeit auch gar nicht gut. Ich hatte gerade erst eine Beziehung hinter mir und hätte mir eigentlich denken müssen, hoppla, jetzt mach' langsam, stürz' dich nicht gleich in die nächste.

Wir sind gleich zusammen in Urlaub gefahren, so daß wir nur zu zweit waren und überhaupt keinen Kontakt nach außen hatten. Wir sind auch nie ausgegangen. Wir waren so richtig aufeinander fixiert. Ich habe mich dabei gar nicht immer wohlgefühlt, aber das habe ich bewußt gar nicht gemerkt. Ich hätte ganz gern mal was unternommen; nicht immer nur mit ihm beieinander sitzen und mich mit ihm unterhalten.

Ich habe mich ja auch einschränken lassen, habe nicht mal gesagt, du, laß' uns was unternehmen, sondern habe es natürlich schön gefunden und es als Kompliment betrachtet. Wie schön ist die Zweisamkeit, wie schön kann man sich unterhalten, stundenlang, man braucht niemanden, herrlich!

Bei der Arbeit waren wir aber nicht mehr lange zusammen. Bei ihm ging ja das Studium wieder los, und ich begann bei einer Bank zu arbeiten.

Ich glaube, am meisten hat mir an dem Mann gefallen, daß er nach außen sehr selbstbewußt war, kein Blatt vor den Mund nahm, allen Leuten einfach seine Meinung gesagt hat, auf seine derbe Art. Ich glaube, das hat mir imponiert, weil ich das nicht mache. Ich kann das nicht, ich bin da eher ängstlich und zurückhaltend.

Am Anfang war die Beziehung auch erotisch sehr intensiv. Ich weiß gar nicht genau, wann sich der erste Mißton eingeschlichen hat, daß ich aufmerksam wurde. Wir waren insgesamt zweieinhalb Jahre zusammen. Ich wollte ihn heiraten, ob er das auch wollte, das blieb immer ein bißchen offen. Ich kann mich an keine konkrete Unterhaltung darüber erinnern, aber die Einstellung war eher so: Zuerst Kinder kriegen, heiraten kann man dann später immer noch. Wir haben zusammengelebt, aber er hat seine Wohnung immer behalten. Ich habe das ein bißchen als Hintertürchen empfunden. Nach einem Jahr wollten wir dann ein Kind, aber es hat nicht geklappt. Heute sage ich natürlich: Gott sei Dank. Ich könnte mir vorstellen, daß ich da eine seelische Sperre hatte.

Ich habe schon oft über die Anfänge der Gewalttätigkeit in unserer Beziehung nachgedacht, aber ich weiß nicht genau, wie sich das entwickelt hat. Ich kann mich daran erinnern, daß irgendwann einmal eine Schere geflogen ist, aber ich weiß nicht mehr genau, wann das war. Ich kann mich auch überhaupt nicht mehr erinnern, wie es war, als er mich das erste Mal schlug. Und das finde ich sehr auffällig. Normalerweise ist das ja ein sehr einschneidendes Ereignis, aber genau deswegen weiß ich es wohl nicht mehr. Ich kann mich an eine Unterhaltung während eines Winterspaziergangs erinnern, und da haben wir uns über Gewalt in der Ehe unterhalten, und ich sagte, daß ich das ganz furchtbar und entsetzlich fände, aber er hat gemeint, es könnte schon mal vorkommen, daß einem die Hand ausrutscht, aber das dürfte kein zweites Mal passieren.

Genauso habe ich ja auch aus meiner Kindheit vieles verdrängt. An eine richtige Trotzphase in meiner Kindheit kann ich mich nicht erinnern. Ich weiß nur aus Erzählungen, daß ich irgendwann an Weihnachten mal ins Töpfchen machen sollte, und ich habe jedesmal nicht ins Töpfchen, sonder immer danach in die Hosen gemacht, solange, bis mein Vater mich verprügelt hat. Ich habe überhaupt an die Kindheit, so bis zum sechsten Lebensjahr, ganz wenig Erinnerungen.

Und was die Gewalt in meiner Beziehung zu Martin betrifft, so gab es immer irgendeinen Grund, Streit anzufangen. Man kann nicht sagen, wer angefangen hat. Wir haben uns immer gegenseitig hochgeschaukelt. Er hat immer Erklärungen von mir gefordert und ich habe dann nichts mehr gesagt, und dann hat er mir eine runtergehauen.

Oft war es auch so, daß ich dann rauswollte, und er hat mich nicht rausgelassen und die Zimmertür zugehalten. Ich habe dann natürlich geheult und es gab Rangeleien. Oder wenn es mir gelang, bis in den Flur zu kommen, dann habe ich halt nochmal was draufgekriegt, damit ich Ruhe gebe. Später hat er mich dann auch in die Ecken geschmissen und nachgetreten und solche Sachen. Ich hatte immer wieder blaue Flecken, und als er mich das letzte Mal schlug, da habe ich ein schlimmes blaues Auge davongetragen. Ich behielt eine Irritation zurück, weil damals ein Gesichtsnerv betroffen war.

Angefangen hat alles mit Ohrfeigen, später hat er mich auch mit Fäusten geschlagen. Ich hatte Todesangst und dachte, wenn er so weitermacht, bringt er mich um. Mir war klar, wenn er nicht zu sich kommt, dann bringt er mich um, und ich habe keine Chance, mich zu wehren. Er war groß und sportlich. Einmal, da hatte ich einen Nußknacker in der Hand und habe zurückgeschlagen und habe ihn auch erwischt, da hatte auch ich eine Chance, aber sonst nie. Einmal habe ich ihm mit einem Messer gedroht, ich weiß nicht mehr, wie er reagiert hat, ich weiß nur, daß ich wahnsinnig Angst hatte und gedacht habe, hoffentlich hört er auf, sonst muß ich wirklich zustechen.

Wenn er zu sich kam, hat er sich auch an seine Gewalttätigkeit erinnert und gesagt, er wolle das gar nicht, ich würde ihn so reizen. Anfangs hat er sich auch noch entschuldigt, aber später nicht mehr, sondern gesagt, ich sei schuld, weil ich ihn in so eine Situation bringen würde; ich bräuchte ja nur offen mit ihm zu reden, mich mit ihm auseinandersetzen.

Was meine Gefühle für ihn betrifft, so habe ich seine Denkungsweise immer mehr übernommen. Ich dachte, ich sei schuld, und wenn ich mich gut und richtig verhalten würde, dann würde nichts passieren. Und im letzten halben Jahr habe ich mich dann auch überhaupt nichts mehr getraut, hatte auf dem Nachhauseweg immer schon einen Horror. Ich war nur noch aufmerksam und habe ihm zugehört. Wenn ich mal nicht aufmerksam war, hat er mich gleich geschimpft. Ich habe mich selbst total zurückgestellt. Er hat dann immer gesagt, ich sei so langweilig, das hat wahrscheinlich auch gestimmt, weil von mir selber ja überhaupt nichts mehr kam. Ich mußte ja jedes Wort auf die Goldwaage legen, es war furchtbar. Ich habe mich dann einer Freundin anvertraut. Das ergab sich zwangsläufig, weil ich in den schlimmen Phasen immer versucht hatte, zu fliehen. Einmal bin ich zu einer Freundin gegangen. Mein Gesicht war verschwollen, Sachen hatte ich keine dabei. Ich konnte ja froh sein, wenn ich noch einen Schlüssel erwischte. Auf diese Weise ist es zum ersten Mal nach außen gedrungen. Vorher habe ich das keinem Menschen erzählt, ich habe mich geschämt. Meinen Eltern habe ich bis heute nichts Konkretes gesagt. Was sie sich denken, weiß ich nicht. Ich habe nur gesagt, daß es ganz schlimm war. Mit meinen Eltern könnte ich das auch nie besprechen. Die Freundin hat mich sehr unterstützt, schon allein damit, daß sie mich aufgenommen hat. Ich bin dann auch eine Weile bei ihr geblieben und habe ihn nicht gleich angerufen. Als er mich telefonisch erreichte, hat er mich dann natürlich wahnsinnig geschimpft.

Wie ich dann zu ihm zurückkam, weiß ich nicht mehr so genau. Vielleicht bin ich aus Angst, daß vielleicht was Schlimmes passiert, von mir aus zurückgegangen. Liebe war keine mehr da, ich hatte eigentlich nur noch Gefühle der Wut und Hilflosigkeit. Daß ich so hilflos war, hat mich noch wütender gemacht. Und zurück zu ihm bin ich hauptsächlich aus Angst vor ihm, nicht aus Angst vor der Trennung.

Gegen Schluß hat sich alles immer mehr zugespitzt. Vier Wochen, nachdem ich für zwei Tage bei der Freundin gewesen war, kam es wieder zu einem schweren Vorfall. Ich kann das alles gar nicht mehr auseinanderhalten, es waren immer ähnliche Prügelszenen. So waren wir mal spazieren, und wenn niemand zu sehen war, dann hatte ich wieder eine Faust im Gesicht.

Und ich habe mich auch so blödsinnig verhalten, aus der heutigen Sicht betrachtet. Zum Beispiel nach diesem Schlag beim Spazierengehen bin ich zum Auto gelaufen, aber er ist nicht nachgekommen. Ich habe erst gewartet und dann geschaut, wo er bleibt und gesagt, fahr' doch mit heim, du kannst doch nicht hier draußen bleiben. Jetzt denk' ich mir, wäre ich nur gefahren, es hätte mir doch total egal sein können, was er macht. Ich hätte dann die Wohnung zusperren und ihn nicht mehr reinlassen können. Es war meine Wohnung. Aber sowas habe ich nicht gemacht, weil ich mir dann schlecht vorgekommen wäre, daß ich ihn da draußen lasse. Zu dem Zeitpunkt war das so stark, daß ich Rücksicht genommen habe, obwohl ich wußte, daß ich dafür wieder Prügel kriege.

In dieser Zeit habe ich den Job bekommen, den ich jetzt mache. Das hat mir unheimlich geholfen, den Job zu haben und die Kolleginnen dort. Ich hatte hier sehr viel Rückhalt. Ich bin mit blauen Augen zur Arbeit gekommen. Meine Arbeitsstelle war für mich wie eine heile Welt. Da konnte ich aufatmen, da hatte ich Ruhe. Abends ging's dann wieder los. Die Kolleginnen hier haben oft gesagt, warum gehst du nur wieder zurück. Wir haben oft darüber gesprochen. Ich glaube, daß letztlich der Grund dafür, daß ich immer wieder nach Hause und nicht zum Beispiel einfach abends ins Hotel gegangen bin, war, daß ich mich immer schuldig gefühlt habe und glaubte, ich wäre verantwortlich. Und später habe ich mich einfach nicht mehr getraut. Ich dachte, der schlägt mich tot.

Schließlich habe ich es doch gewagt. Ich war weg, habe mit ihm telefoniert, und er sagte, er hätte zu Hause einiges angestellt. Und blöd, wie ich damals war, bin ich trotzdem wieder zurück. Er hatte meine Wohnung demoliert, hatte alle meine Klamotten, Dokumente und alles weggeschmissen. Ich sah nur demolierte Möbel und ansonsten gähnende Leere. Alle meine persönlichen Sachen waren verschwunden. Ich hatte ihn früher oft gefragt, warum er nicht gehen würde, aber darauf hat er nie geantwortet.

Ich bin dann noch mal weg und habe mich am Arbeitsplatz regelrecht verschanzt. Zu der Freundin habe ich mich nämlich auch nicht mehr getraut, die hatte inzwischen selber Angst, daß er auf sie auch noch losgehen würde. Und das wollte ich wirklich nicht. Ich wußte auch, ich gehe nicht mehr zurück. Wir haben diese Tage über wahnsinnig viel telefoniert, er hat immer wieder angerufen, ich habe dann nur gesagt, nein, ich will nicht mehr, es ist aus, und habe mich auf keine Diskussion und Rechtfertigung mehr eingelassen und total abgeblockt. Der unmittelbare Anlaß für dieses letzte Weggehen war wieder eine Prügelszene. Es war nicht die schlimmste, aber das Maß war voll.

Ohne die Rückendeckung hier hätte es sicher noch länger gedauert, bis ich mich hätte freimachen können, und ich weiß auch nicht, wie es dann abgelaufen wäre. Die haben mir hier so zugeredet. Sie haben gesagt, du bist doch ein ganz normaler Mensch, du brauchst dir das doch nicht gefallen zu lassen, der erzählt dir doch nur Schmarrn, du bist doch nicht total daneben! Das war halt eine Art Gegensteuerung. Sie haben mein Selbstvertrauen wieder aufgebaut. Die Kolleginnen mögen mich und so habe ich gemerkt, daß ich gar nicht so zuwider war.

Als ich ihn endgültig verließ, war mir alles egal. Zu Hause konnte er eh nichts mehr anstellen und hier habe ich unheimlich aufgepaßt. Ich hatte wahnsinnig Angst. Ich stand die meiste Zeit am Fenster und habe geschaut, ob er vielleicht kommt. Ich hatte die Türe verrammelt und etwas Schweres davorgestellt. Aber es ist nichts passiert. Er hat dann daheim noch einmal etwas demoliert. Es hat sehr lange gedauert, bis ich seinen Wohnungsschlüssel hatte. Ich habe sofort das Schloß auswechseln lassen und mich lange Zeit nicht hingetraut, weil ich so Angst hatte, daß er vielleicht im Treppenhaus auf mich lauert. Ich kann nicht sagen, ob er so hätte ausrasten können, daß er mich totgeschlagen hätte. Mit Absicht hätte er das sicherlich nicht gemacht, aber ich bin mir nicht sicher, ob nicht vielleicht aus Versehen. Ich hatte vor diesem Mann eine Todesangst. Die ganze Sache ist jetzt eineinhalb Jahre her.

Ich hatte ein Jahr lang eine Beratung, in der ich Gelegenheit hatte, mich sehr viel mit mir selbst zu beschäftigen. Und so habe ich auch Schlüsselpunkte bei mir entdeckt. Ich kann mich jetzt bei meinem Mann viel mehr abgrenzen, natürlich auch deswegen, weil er ganz anders ist und das auch zuläßt. Ich kann jetzt auch mal schimpfen und mich durchsetzen, und ich weiß, er mag mich trotzdem, ich fühle, daß er mich akzeptiert. Er ist der erste Mann, bei dem ich nicht das Gefühl habe, ich muß das und das tun, damit er mich weiterhin mag, so wie ich auch immer um die Liebe meiner Eltern gebuhlt habe.

Ich glaube, daß ich erst durch die Beratung im Frauenhaus zu dieser Beziehung fähig wurde. Ich glaube, daß ohne diese Beratung die Gefahr, wieder in eine ähnliche Beziehung zu geraten, sehr groß gewesen wäre; vielleicht nicht ganz so dramatisch. Es kommt ja immer darauf an, wen man erwischt, aber ich wäre auch wieder in so ein Abhängigkeitsverhältnis geraten.

Ins Frauenhaus kam ich, weil ich in der Endphase einfach gemerkt habe, daß ich Hilfe brauchte. Ich kannte diese Einrichtung aber gar nicht. Ich habe dann eine Freundin gefragt, die ist Psychologin, ich dachte, die muß irgendwas wissen. Sie hat mir zum Frauenhaus geraten. Das war für mich so eine Erleichterung, daß es Menschen gibt, die mit all dem zu tun haben. Daß die nicht entrüstet, entsetzt, überrascht sind, sondern das alles kennen. Deshalb habe ich mich da unheimlich wohl gefühlt, das hat mir sehr geholfen. Ich bin in der Endphase meiner Beziehung ins Frauenhaus gekommen, ambulant, einmal pro Woche. Ich habe nie dort gewohnt.

Diese Beratung hat bei mir sehr viel in Bewegung gesetzt. Sie ist nicht abgeschlossen in dem Sinn, sondern ich mache sie halt nicht weiter, aber sie wirkt nach. Wie dann Schluß war, habe ich mit dem Mann keinen Kontakt mehr gehabt. Ich habe immer noch Geld von ihm zu kriegen. Das kann er im Moment nicht zahlen, er ist aber bereit dazu.

Mein jetziger Mann ist auch Zahnarzt. Ihm wird immer ganz anders, wenn mal das Gespräch auf die Sache kommt. Am Anfang ist es mir nicht leichtgefallen, mit ihm darüber zu reden. Wir reden immer wieder mal ein bißchen darüber.

Ich kann mir überhaupt nicht vorstellen, daß ähnliche Dinge in meiner jetzigen Beziehung passieren könnten. Ich glaube, daß nur die geprügelt werden, die sich prügeln lassen. Ich glaube, daß ich heute mehr Möglichkeiten hätte, Warnsignale zu sehen und darauf zu reagieren, indem ich vorher schon Grenzen setze. Ich würde es jetzt auch eher merken, hoppla, der gerät jetzt außer Rand und Band, und könnte deshalb auch eher reagieren, gehen, oder die Situation entschärfen. Die Beratung hat mir da sehr viel geholfen, weil ich jetzt auch die Zusammenhänge besser verstehe. Ich verstehe jetzt eher, warum ich so anfällig bin. Ich neige dazu, zu schauen, wie geht's den anderen, mir erst zu denken, was gefällt mir eigentlich. Dieses Verhalten ist sehr stark bei mir. Ich muß erst noch lernen, ohne schlechtes Gewissen einen gesunden Egoismus an den Tag zu legen.

Ich erlebe jetzt, da ich verheiratet bin, auch ganz stark die Reaktionen meiner Mutter: Kochst du auch für deinen Mann? Sorgst du für ihn? Da wirst du schon mitfahren müssen, mit deinem Mann, und so weiter. Und da merke ich einfach, wieviel da von ihr kommt, wie sehr gerade sie versucht, mich in diese Rolle hineinzudrängen, in der sie selber nicht glücklich ist. Und sie tut es trotzdem.

Ich habe jetzt das Gefühl, daß ich Einfluß habe, daß ich es in der Hand habe und nicht mit mir irgend etwas passiert. Die Hilflosigkeit ist weg. Innerhalb der gegebenen Grenzen fühle ich mich jetzt als »Herr meines Schicksals«.

Nachlese

Ich traf Dr. Rita D. in ihrer Praxis. Nachdem sie die Loslösung aus ihrer Gewalt-Beziehung geschafft hatte, ging es offenbar steil bergauf. Seit kurzem ist sie glücklich verheiratet. Manchmal, während wir über die Gewalt-Szenen sprechen, sieht sie aus, als wenn sie all das gar nicht mehr glauben könnte. Sie ist ein ganz dunkler Typ mit schwarzen Locken und – aparter Gegensatz – tiefblauen Augen, die sehr nachdenklich wirken. Für ihre Mitarbeiter, das wird am freundschaftlichen Umgangston deutlich, ist sie eher Kumpel als Chefin, wirkt manchmal ein wenig hilfsbedürftig.

Ein Umstand, der sie in die Gewalt-Falle zog?

*So du zum Weibe gehst,
vergiß die Peitsche nicht …*

FRIEDRICH NIETZSCHE:
Zarathustra

Was sind das nun eigentlich für Männer, die ihre Frauen schlagen? Schlagende Männer sind keine Asozialen oder Zuhälter, die eben mal ihre Mädchen verprügeln. Schlagende Männer sind Nachbarn, Arbeitskollegen, leben in geordneten Verhältnissen. Man sieht ihnen nichts an. Sie haben, wie wir alle, Hoffnungen, Wünsche, positive und negative Gefühle. Man redet kaum über sie. Eher noch über mißhandelte Frauen. Schlagende Männer sind ganz normale Zeitgenossen. Mit einem Unterschied: Sie schlagen zu. Manchmal mit großer Brutalität. Warum?

Sie wissen es selbst oft nicht. Die wenigsten versuchen zu ergründen, warum sie sich zu Gewalt hinreißen ließen. Die Männer der Hamburger Selbsthilfegruppe »Männer gegen Männergewalt« schon.

Um den Tisch sitzen vier sympathische Typen: Hans Peter L. (40), Hochschullehrer, blond und feinnervig, Ingo D. (38), Lektor, dunkelhaarig und wortgewandt, Bernd W. (36), Verwaltungsangestellter, der wirkt, wie ein starker, gutartiger Bär, Jürgen B. (37), Versicherungsmensch, schlaksig und nachdenklich. Im Beruf sind sie überwiegend gut etabliert, die meisten eheerfahren, einige sind Väter. Und doch: Hans Peter L., Ingo D. und Bernd W. haben ihre Frauen jahrelang geschlagen, gewürgt, mit Weinflaschen traktiert. Jürgen B. ist davon überzeugt, nur durch glückliche Umstände noch nicht zugeschlagen zu haben.

Kaum einer aus ihrer Umgebung ahnte, daß sich hinter der Fassade bürgerlicher Etabliertheit eine Gewalt-Tragödie abspielte – und hinter geschlossenen Türen.

Diese Männer haben die Tür aufgemacht. Sie hoffen, durch Selbsterkenntnis künftige Gewaltakte gegen Frauen zu verhindern. Bei sich und bei anderen Männern.

Männern wie Dieter W. (45) aus München. Der Installateur wirkt eher schmächtig. Als er bei einem Ehekrach durchdrehte, drückte er seiner Frau die glühende Zigarette ins Gesicht. Warum?

Dieter W. kennt die tieferen Gründe nicht. Alle diese Männer sind im Gespräch aufgeschlossen und kontaktfreudig. Es ist nichts Beängstigendes an ihnen. Ich habe nicht die geringsten Bedenken, mit ihnen allein zu sein. Und doch haben andere Frauen mit diesen Männern furchtbare Gewalt-Szenen erlebt.

Mich würden sie wohl nicht anrühren. Warum gerade mich nicht? Oder könnte es auch soweit kommen?

All dies versuchen die »Männer gegen Männergewalt« zu ergründen. Das bringt ihnen nicht nur Sympathien ein. Als »Zerknirschungs-Apostel« werden sie ausgelacht. Eine Zeitschrift sah sogar eine »neue Jämmerlichkeit« der Männer herannahen. Was einmal mehr den lächerlichen Männlichkeitswahn unserer Gesellschaft entlarvt, der letztlich auch zu Gewalt gegen Frauen führt.

Interviews Männer:

Gruppengespräch

Ich habe auch meine Gespräche mit gewalttätigen Männern nach dem zunächst augenscheinlichen Anlaß, der Gewalt hervorbrechen ließ, geordnet. Natürlich liegen auch hier die Gründe für Gewalt-Ausbrüche tiefer. Die Namen wurden abgekürzt oder geändert, um die Anonymität meiner Gesprächspartner zu garantieren. Hans Peter L., Ingo D., Bernd W. und Jürgen B. habe ich gemeinsam gesprochen. Einmal, weil sie sich von der Gruppe »Männer gegen Männergewalt« her vertraut sind, zum anderen, weil mich die Dynamik gewalttätiger Männer in einer Gruppe interessierte. Dieter W. gehört nicht zur Gruppe. Ich führte mit ihm ein Einzelgespräch.

Gewalt-Auslöser

Hans Peter L.: Kritik an seiner Leistung
Ingo D.: Untreue der Frau
Bernd W.: Behinderung
Jürgen B.: Bisher nicht gewalttätig, hält sich aber für dazu fähig
Dieter W.: Arbeitslosigkeit (Interview)

Wie sind Sie zur Gruppe »Männer gegen Männergewalt« gekommen?

Ingo D. (38), verheiratet, zwei Kinder, Lektor.
Im Herbst 85 hatte ich eine starke Krise, unheimliche Indentifikationsprobleme. Mein Selbstverständnis war total den Bach runter. Das eskalierte so, daß ich meine damalige Ehefrau geschlagen habe. Ich wollte dann so nicht mehr weiterleben. Ich bin zur Gruppe gestoßen, habe mir nebenher noch einen Psychoanalyseplatz besorgt. Inzwischen kann ich neue Gruppen-Mitglieder anleiten. Wir, die hier sitzen, sind der innere Kreis, könnte man sagen.
Jürgen B. (37), ledig, Versicherungsangestellter.
Bei mir ist vor sechs Jahren eine Beziehung auseinandergegangen. Das hat mich so in meinen männlichen Grundfesten erschüttert, daß ich damals angefangen habe, in Männergruppen zu gehen. Auf einem internationalen Männertreffen habe ich dann die Zahlen erfahren, was Gewalt gegen Frauen angeht und war zutiefst erschrocken. Ich selbst habe keine Erfahrungen mit körperlicher Gewalt. Ich habe aber sicherlich mittels sehr subtiler Mechanismen seelische Gewalt ausgeübt. Ende 84 bin ich dann zur Gruppe gestoßen, gleich nach der ersten Plakat-Aktion. Für mich war der Anlaß einerseits das Erschrecken über den Umfang und die Härte der Gewalt, die Männer gegen Frauen ausüben. Was alles an Schlägereien und Verletzungen vorkommt, übersteigt die normale Vorstellungskraft.

Andererseits hatte ich auch den Wunsch, die guten Erfahrungen aus der Männergruppe an andere Männer weiterzugeben. Daß sie lernen, einfach mal zu sagen: Mir geht es schlecht.
Bernd W. (36), verheiratet, ein Kind, Verwaltungsangestellter.
Ich bin seit April 86 bei der Gruppe. Ich war in meiner Ehe

ziemlich gewalttätig und oft. Meine Frau hat damals einen Selbstmordversuch verübt. Nach einer Eheberatung hat mir die Gruppe sehr geholfen, auch über die Trennung hinweg. Ich bin da zunächst hingegangen mit der Vorstellung: Da sitzen lauter Leute, die haben ihre Frauen geschlagen und kloppen sich gegenseitig auf die Schulter und sagen: haste gut gemacht. Diese Vorstellung mußte ich bereits nach der ersten Sitzung aufgeben. Ich habe hier ziemlich hart an mir arbeiten und tief einsteigen müssen bei mir selbst. Das hatte ich zunächst gar nicht für möglich gehalten. Ich möchte jetzt in der Gruppe bleiben, um das, was ich gelernt habe, 100prozentig für mich abzusichern. Ich werde in meiner neuen Beziehung, die ich gerade eingegangen bin, wohl nicht mehr schlagen. Aber ich will da ganz sicher gehen.

Hans Peter L. (40), geschieden, ein Kind, Hochschulassistent. Meine eigene Gewalttätigkeit hat mich auf die Idee gebracht, unsere Gruppe zu gründen. Die Gewalt fing eigentlich in meiner Ehe schon an, als ich meine spätere Frau gerade erst kennengelernt hatte. Ich denke heute manchmal, wenn wir das damals besser durchschaut hätten und meine Frau auch konsequenter gewesen wäre, dann wäre es vielleicht nicht dazu gekommen. Aber vielleicht wäre ich dann in einer anderen Beziehung gewalttätig geworden. So sind wir dann trotzdem zusammengeblieben, haben geheiratet, eine Tochter bekommen. Die Gewalttätigkeit hat angedauert. Eines Tages sagte meine Frau dann, als ich sie mal wieder geohrfeigt hatte: Jetzt ist Schluß. Sie ist dann Anfang 79 ausgezogen, und für mich war der Punkt erreicht, neu überlegen zu müssen. Ich war damals 32 Jahre alt, also ohnehin in einem Alter, wo man überlegt: Wo will ich hin, wie soll das weitergehen. Dann habe ich bald eine Frau kennengelernt, mit der ich jetzt auch zusammenlebe. Die hat einen sehr konsequenten Standpunkt eingenommen, als ich ihr erzählte, wie das früher bei mir war. Und als sie dann mal miterlebt hat, wie ich meine Tochter geschlagen habe, hat sie gesagt: Das muß aufhören. Ich reiste beruflich in die USA und erfuhr dort etwas über Gewalt-Gruppen von Männern. Zu Hause bin ich dann in eine Männer-Selbsterfahrungsgruppe gegangen. Gleichzeitig habe ich versucht, durch eine Zeitungsannonce Mitstreiter für meine Idee einer Gewalt-Gruppe in Deutschland zu finden. In der Zeit war ich auch in Therapie. Es sind noch ein paar Jahre vergangen, bis die Gruppe dann tatsächlich realisiert wurde.

Durch welchen Anlaß wurde zum ersten Mal Gewalt bei Ihnen ausgelöst?

Hans Peter L.: Ich habe Gewalttätigkeit schon in der Ehe meiner Eltern erlebt. Mein Vater schlug meine Mutter. Als ich es mit meiner Frau genauso machte, war ich schon erschrocken, aber es ist nicht etwa etwas passiert, von dem ich keine Ahnung hatte. Als ich meine spätere Frau ungefähr ein halbes Jahr lang kannte, trafen wir uns in ihrer Wohnung. Ich weiß nicht mehr genau, was sie gesagt hat, aber es hat mich jedenfalls in meinem Selbstwertgefühl sehr angegriffen. Ich habe ihr daraufhin ins Gesicht geschlagen. Ich stand damals im Examen, sie sagte irgendwas Abfälliges über meine Studienleistung. Ich fühlte mich angegriffen, in Frage gestellt. Wir standen uns dann gegenüber, geschockt. Ich sagte dann: Das war's dann wohl und verließ die Wohnung mit dem Gefühl, daß dies das Ende unserer Beziehung sei. Ich hab' mich dann auf den Weg zur nächsten U-Bahnstation gemacht. Sie kam hinterher, holte mich ein und sagte: Laß es uns doch nochmal versuchen ...
Ingo D.: Gewalttätig bin ich im Lauf der Jahre drei Mal gewesen. Das erste Mal war's 78, während meiner Ehe. Die Beziehung war mal wieder am Kippen. Meine damalige Frau hatte eine andere Beziehung nebenher. Ich wollte dann ausziehen, denn es war ihr ernst mit dem Mann. Ich hab' das für mich nicht klargekriegt, daß sie mir ihre Zuneigung entzogen hat und auf einen anderen übertrug. Ich habe sie am Hals genommen und zugedrückt. Hab' dann gemerkt, was tust du da eigentlich. Es war kein Alkohol im Spiel. Ich habe sie nicht schlimm verletzt. Das zweite Mal geschah es wegen einer morgendlichen Auseinandersetzung. Es ging um Lappalien. Ich habe ihr dann ins Gesicht geschlagen. Das letzte Mal habe ich, es war im Herbst 85, sehr massiv zugeschlagen. Anlaß war wieder ein Streit. Die

Beziehung schleppte sich so dahin. Trennung war im Gespräch. Sie hatte einen neuen Freund, das war aber auch wieder so am Abklingen. Ich hab' dann an diesem Abend wohl nahezu eine Flasche Korn getrunken. Ich wußte irgendwo, das gibt Krach und zwar ganz vehement. Wir haben uns dann auf einer intellektuellen Ebene gestritten, sehr feinnervig, Spitzen verteilt. Wir wurden heftiger. Sie sagte dann den Satz: Du, wenn ich jetzt aus dem Haus gehe, dann hab' ich gleich zehn, fünfzehn Männer, die ganz unheimlich heiß und scharf auf mich sind. Sie ist eine sehr attraktive Frau, und sie weiß es. Männer sprechen sehr stark auf sie an. Bei mir kam damals eigentlich an: Du, ich brauch' dich gar nicht. – Das war eigentlich der Schlüssel-Satz, der mich sehr getroffen hat.

Sie bewies in Auseinandersetzungen unheimliche Stärke, mir gingen dagegen die Argumente aus. Sie legte noch eins drauf, und ich hatte keine Pfeile mehr im Köcher. Da stand ich dann und war sprachlos. An dem Abend damals merkte sie wohl, daß es ernst wurde. Ich habe dann das Telefon unbrauchbar gemacht. Ich ging zu Bett, hörte etwas Musik, stand wieder auf. Ich hatte das Gefühl, daß ich eine ganz böse Schlappe erlitten hatte, eine Niederlage. Das ist mir erst später klar geworden. Ich konnte ihre Stärke sehr schlecht ertragen. Ich hatte das Gefühl, sie wächst über sich hinaus. Sie stand da, wie ein erratischer Block. Ich bin ihr dann nach und nahm den Streit wieder auf. Ich kann nicht mehr sagen, was dann der endgültige Auslöser war. Ich hab' sie kräftig mit der Faust ins Gesicht gehauen. Hab' mich unheimlich erschrocken, und sie war sprachlos, genauso, wie ich vorher. So schizophren und pervers das klingt, aber irgendwie war damals für mich die Gleichwertigkeit wiederhergestellt. Sie ging dann ins Bett, aber ich hab' nicht lockergelassen. Ich hab' mir noch eine Flasche Wein ans Bett gestellt und ausgetrunken. Dann habe ich mit der Flasche auf sie eingeschlagen. Am Morgen wachte ich auf und sah sie. Sie hatte eine Rißwunde über dem Auge. Ich wußte, das bin ich gewesen. Ich habe mich geschämt, mich nicht getraut, sie anzusprechen. Ich hatte Mühe, das auf die Reihe zu kriegen, was eigentlich passiert war.

Konnten Sie sich an nichts erinnern?

Ingo D.: Ich kann mich nur noch an einen Satz während der Prügelei erinnern. Sie sagte: Mach es doch nicht noch schlimmer. Mit dem Satz hat sie mich offenbar beruhigen können. Sie sagte mir das später. Sie wollte einen Freund anrufen, der Psychologe ist, aber ich habe jegliche Hilfe abgelehnt. Ich hatte Angst, während dieser gewalttätigen Phase, die holen mich ab. Ich muß auf die Geschlossene, das sagte sie mir danach. Ich fragte sie: War ich das? Ich sah das verkrustete Blut. Sie sagte, ich hätte sie nicht nur mit der Flasche geschlagen sondern auch aus dem Bett geschmissen. Dabei sei sie mit dem Kopf gegen den Nachttisch aus Glas geflogen. Die Narbe ist heute noch sichtbar.

Als sie mir das sagte, ging ich aufs WC, um mich zu übergeben. Ich hab' mich so geschämt, daß mir übel wurde. Ich wußte, das kann ich nicht mehr gutmachen. Ich habe die Beziehung buchstäblich zertrümmert.

Hans Peter L.: Als wir später verheiratet waren, ist es bei uns recht häufig zu Gewalt gekommen. Einmal haben wir uns über die Erziehung unserer Tochter gestritten. Meine Frau war Sozialpädagogin von Beruf. Ich war an dem Tag sehr angespannt, hatte mich geärgert. Ein Wort gab das andere, dann drehte sie mir den Rücken zu und ich hab' ihr plötzlich unheimlich kräftig auf den Rücken geschlagen. Sie drehte sich um, darauf hab' ich sie ins Gesicht geschlagen. Sie hat geschrien, geweint. Ich hab' nur gesagt: Das hast du jetzt davon, wenn du mit mir ständig so herummeckerst. Ich ging dann ins andere Zimmer und sah zum Fenster hinaus. Ich hatte das Gefühl, ich steh' vor einer Wand. Blockade, dicker Kloß im Bauch, im Hals, im Kopf. Nicht in der Lage, einen vernünftigen Gedanken zu fassen. Ich hab' dann reagiert, wie ich jahrelang reagiert habe: Ich hab' mich an meinen Schreibtisch gesetzt und gearbeitet. Das hat es mir ermöglicht, die Sache wegzuschieben. Wir sind dann immer stundenlang umeinander herumgeschlichen, haben uns nicht angeguckt, nicht geredet. Das dauerte manchmal mehrere Tage. Aber irgendwann hatte uns beide der Alltag wieder eingeholt.

Es war nicht vergessen, aber wurde auch nicht beredet. So lief das eigentlich immer ab.
Bernd W.: Das erste Mal wurde ich gewalttätig, als wir in eine neue Wohnung gezogen waren. Da sollten meine Eltern zu Besuch kommen. Wir haben dann die Bude saubergemacht. Ich meckerte dann an ihren Wasserhähnen herum. Sie war Fabrik-Arbeiterin. Sie sagte: Was willst du denn überhaupt, du Idiot. Und schmiß mir noch alles Mögliche an den Kopf. Ich hab' das dann mit meiner Gehbehinderung in Verbindung gebracht. Ich meinte gehört zu haben: Was willst du überhaupt, du Krüppel. Da bin ich durchgedreht und hab' zugehauen. Sie ist dann ins Schlafzimmer geflohen. Mir war auch hundeelend. Ich hatte wahnsinnige Magenschmerzen. Hab' mich dann vor die Flimmerkiste gesetzt. Nach zwei Stunden bin ich dann zu ihr hin, da weinte sie. Als sie mich sah, brüllte sie gleich wieder los, sie riefe ihre Eltern an, da hab' ich die Telefonschnur rausgerissen. Das hat sich immer wegen Nichtigkeiten abgespielt. In großen Sachen waren wir uns immer einig. Meine Frau ist ein Putzteufel in meinen Augen und ich hab' die Ordnung nicht gerade gepachtet. Sie konnte und kann immer noch verbal wahnsinnig beleidigend sein.

Hat sie oft auf Ihre Behinderung angespielt?

Bernd W.: Hat sie nie. Ich hab' mir das nur immer eingebildet. Mir fällt noch eine Prügel-Szene ein: Da waren wir bei einem Fest bei meinen Schwiegereltern. Da wurde auch getrunken und ich bin bei einer politischen Debatte angeeckt bei meinem Schwiegervater. Zu Hause ging es dann erst richtig los: Dummes Schwein, du mußt dich entschuldigen, und so. Da hab' ich auch wieder zugehauen. Das fiel mir leichter, durch den Alkohol. Mies ging es mir erst am nächsten Morgen. Wir sprachen auch nicht darüber.

Haben Sie nachher nie über die Gewalt-Szene gesprochen?

Ingo D.: Von den Gruppenmitgliedern nur meine Frau und ich. Wir hatten eine recht gute Kommunikations-Ebene. Sie hatte acht, neun Jahre Therapie-Erfahrung und ich auch, aber nicht solange. Wir haben eigentlich alles verarbeitet.

Hat das was gebracht?

Ingo D.: Nein. Weil da etwas Zwanghaftes hineinkommt. Gerade, was das Schlagen angeht.

Warum haben Sie letzten Endes zugeschlagen?

Ingo D.: Immer dann, wenn mir Liebesentzug drohte, oder wenn ich Liebesverlust erfuhr. Dann habe ich mich dagegen handgreiflich gewehrt. Das war irgendwie ein Schrei nach Liebe bei mir. Irgendwo nehme ich wohl an, von meiner Mutter nicht richtig geliebt worden zu sein. Sie hat mich auch geschlagen. Mein Vater hat sich aus der Erziehung eher herausgehalten.

Ihr Verhältnis zur Mutter?

Ingo D.: Meine Mutter lebt nicht mehr. Heute sehe ich meine Kindheit, mein Elternhaus als Psychiatrie, als Knast an. Ich habe versucht, in meiner Ehe die Mutterproblematik zu lösen. Über die Partnerin. Das mußte aber bei unserer Konstellation schiefgehen, weil sich meine Frau auch teilweise darauf eingelassen, unwissentlich Mutter-Funktionen übernommen hat. Sie ist ja auch zweifache Mutter. Ich stecke heute noch voller Wut, voller Trauer. Auch weil ich es bis vor 1½ Jahren nicht geschafft habe, mich über mich selber zu definieren. Immer nur über andere. Über Frauen wohlgemerkt. Ich bin jetzt dabei, mir selbst was wert zu sein. Ich fang' an, mich zu mögen. Ich merke auch, daß ich, um mich zu mögen, nicht mehr Emotionen von draußen brauche.

Würden Sie sagen, daß jemand, der sich selber mag, nicht schlägt?

Ingo D.: Damit könnte ich mich anfreunden. Wenn ich mich selbst mag, bin ich auch liebesfähiger. Meine Liebesfähigkeit gab es wohl auch während meiner Ehe, aber verschüttet. Was unsere Ehe letztlich nicht praktikabel gemacht hat, war auf beiden Seiten dieses Mauern. Gefühle nicht zuzulassen; aus Angst, manipulierbar, erpreßbar zu sein, wenn ich mich total öffne. Wenn ich mich wirklich aufmache, hat mich der andere in der Hand; mit allem, was mich ausmacht. Auch die dunklen Ecken und Winkel. Auch die...

Gab es bei Ihnen schon im Elternhaus Gewalt?

Hans Peter L.: Ich hab' das als nachgeborenes von drei Kindern erlebt. Meine Eltern haben mich zwar nie geschlagen, aber mein Vater hat meine Mutter verprügelt. Und er hat auch meine älteren Geschwister geschlagen. Ich selbst habe die Gewalt damals nur als Zuschauer erlebt, weil ich noch sehr klein war. Mein Bruder ist 12 Jahre, meine Schwester neun Jahre älter als ich. Es war für mich immer eine sehr, sehr beängstigende Situation. Typisch war Folgendes: Mein Vater war Tischler, arbeitete auf einer Schiffs-Werft in Bremen. Er kam manchmal sehr spät nach Hause, – wegen Überstunden, oder weil er noch in einer Kneipe war. Meine Mutter wartete immer mit dem Essen auf ihn. Wir aßen erst, wenn er nach Hause kam. Sie hatte das Essen pünktlich fertig, meinte wohl, er erwarte das. Sie mußte also alles warmhalten, traute sich auch in der Zwischenzeit nicht wegzugehen. Sie lief nervös, hektisch durch die Wohnung. Die Angst hat sich natürlich auf mich übertragen. Wenn er erst gegen Mitternacht kam, lag ich immer wach im Bett. Alle glaubten, ich schliefe, aber ich wartete auf die Gewalttätigkeiten, die dann kamen.

Welchen Zusammenhang sehen Sie zwischen der Atmosphäre im Elternhaus und Ihrer eigenen Gewalttätigkeit?

Hans Peter L.: Da gibt es schon Zusammenhänge. Aber in erster Linie war die Ursache meiner Prügeleien doch die Verletzung meines Selbstwertgefühls. Das war entscheidend bei mir und wenn meine Leistung in Frage gestellt wurde.

Haben Ihre beiden Geschwister auch studiert?

Hans Peter L.: Nein. Es kann durchaus sein, daß alles mit meiner Situation als sozialer Aufsteiger etwas zu tun hat.

Ich bin damals irgendwie aus meinem Kreis herausgewachsen. Es fehlte mir wohl die Orientierung zu Hause, der Maßstab, ob das richtig oder falsch ist, was ich da tue. Ob das nun genug ist, was ich leiste. Ich hatte immer das Gefühl, es ist noch nicht gut genug, noch mengenmäßig nicht genug. Und wenn dann im Studium mal eine Klausur danebenging, habe ich am selben Tag wieder zu büffeln angefangen.

Also wirklich ein gnadenloses Über-Ich?

Hans-Peter L.: Ganz genau. – Aber Kritik, Infragestellung meiner Leistung kam ja nicht nur von meiner damaligen Frau. Die sagte manchmal: Du schuftest und schuftest, aber was kommt denn dabei heraus? Und überhaupt tust du für deine Familie eigentlich nicht genug. Aber ich bin ja auch von Kollegen an der Uni oder von den Professoren in Frage gestellt worden. Aber da wäre ich ja nie auf die Idee gekommen, die zu schlagen. Oder hätte mich nie getraut. Ich hab' das auch nie in meiner Fantasie erlebt, daß ich etwa über deren Schreibtisch gesprungen wäre und die geohrfeigt oder sonst was hätte. Diese Art von Gewalttätigkeit ist nur in den eigenen vier Wänden möglich; der Frau gegenüber. Gegenüber Vorgesetzten und Polizisten zum Beispiel ist es eben nicht möglich. Das ist der springende Punkt. Gewalttätigkeit gegen die Frau wird eher toleriert. So wie in meinem Elternhaus. Ich habe es dort erlebt, daß es durchgeht, wenn ein Mann seine Frau schlägt. Es wird von der Frau toleriert und auch von den Nachbarn.

Jürgen B.: Es hängt auch damit zusammen, wie wir gelernt haben, mit Konflikten umzugehen. Ich habe zwar nie zugeschlagen, aber nach Gesprächen mit rund 40 Männern in der Gruppe merkte ich, daß ich nur Glück hatte, nicht geprügelt zu haben. Es kommt auch daher, daß in meinem Elternhaus nicht geschlagen wurde. Auch nicht geschrien. Das war auch gar nicht nötig. Mein Vater hatte so einen ganz bestimmten, strengen Tonfall und damit war der Konflikt beendet. Also nicht ausgetragen.

Der Vater war also die unbestrittene Respektperson?

Hans Peter L.: Ja, bei mir auch.

Bernd W.: Meine Eltern waren geschieden, meine Mutter heiratete wieder, als ich sieben war. Wenn mein Stiefvater irgendwas auf dem Zettel hatte, da gabs keine Widerworte; da ist meine Mutter zehn Zentimeter unter der Grasnabe gelaufen. So ist es heute noch. Gewalt hatte mein Stiefvater gar nicht nötig. Wenn er den Mund aufmachte, war das Gesetz. Ich habe mich dann so mit 15 ganz abgekapselt. Mein Stiefvater erwartete von mir den selben Gehorsam wie von meiner Mutter. Das kotzte mich an. Ich hatte dann einen Rückfall mit meiner Kinderlähmung, mußte eine Zeitlang im Rollstuhl fahren. Da haben sich die beiden ganz toll um mich gekümmert. Damals habe ich das aber anders gesehen. Ich war 21, als ich nach Hause kam, angetrunken. Meine Mutter war damals im Krankenhaus. Da stand mein Stiefvater, auch nicht mehr ganz nüchtern, was selten vorkam und sagte: Was willst du überhaupt, du Bastard.

Das war das erste Mal, daß ich überhaupt zugeschlagen habe. Ich mußte dann 2800 Mark Behandlungskosten und Schmerzensgeld bezahlen. Er ist dann losmarschiert und hat mich aus dem Haus geklagt. Ich durfte meine Mutter gar nicht mehr sehen. Wir haben uns dann manchmal beim Einkaufen getroffen.

Sehen Sie Parallelen zwischen Elternhaus und der eigenen Ehe?

Bernd W.: Der Tonfall meiner Frau erinnerte mich an den Tonfall meines Stiefvaters. Bei der Schlägerei, die wir dann gehabt haben, ausgelöst durch diesen barschen Befehlston, hat es dann auch gegenüber meiner Frau »klick« gemacht. Ich wollte wohl das Klima im Elternhaus auch auf meine Familie übertragen: Widerspruch wirkt tödlich. Ich habe einerseits meinen Stiefvater abgelehnt, andererseits kopiert. Das Verhältnis zu meiner Mutter ist sehr gefühlsbetont, sehr sensibel. Mit meiner Frau ist das anders. Wenn ich Gefühle gezeigt habe, habe ich erwartet, daß meine Frau das auch tut, aber es kam nichts. Ich war oft sehr enttäuscht.

Welche Gründe gibt es, daß viele Männer nicht zuschlagen?

Jürgen B.: Das ist eine Sache des Selbstverständnisses. Ich habe geglaubt: Du sollst eine Frau nicht schlagen. Das hat aber auch verhindert, daß ich mich mit dieser Frage auseinandersetzte, wo denn eigentlich meine Aggressionen bleiben. Ich habe mich hinter der anerzogenen Moral versteckt und mich nicht mit meinen vorhandenen gewalttätigen Anteilen befaßt.
Ingo D.: Ich denke, daß bei dir einfach die Bremse besser funktioniert hat.
Jürgen B.: Ja, ich bin den Grat gewandert, aber ich bin nicht runtergefallen. Heute weiß ich, daß ich da sehr auf mich aufpassen muß.

Gab es denn Situationen, in denen Sie gern hingelangt hätten?

Jürgen B.: Ich merkte, da sind die Punkte, da könnte es passieren. Aber in der Gruppe hab' ich so 'ne Achtsamkeit gelernt. Ich kann die kritischen Situationen erkennen, weil mir die anderen davon erzählt haben. Ich spüre, wenn es in den Fingern juckt; als Reaktion auf Verletzungen, wie bei den anderen. Was hinter all diesen Gewalt-Sachen steckt, ist eine Angst, die wir uns alle angucken müssen.

Warum schlagen Männer Frauen und nicht umgekehrt?

Bernd W.: Also meine Frau hat zum Schluß ganz schön zurückgehauen. Es ist noch gar nicht so lange her, da hat sie mir eine gelangt. Ich bin hinterher zum Arzt und hab' ausgesehen, als wenn ich mit 'nem Bären gerungen hätte.
Hans Peter L.: Das war aber am Ende eurer Beziehung, nachdem du sie jahrelang geschlagen hattest.
Bernd W.: Schon, aber ich bin der Meinung, so wie meine Frau jetzt reagiert, fängt sie da an, wo ich aufgehört habe. Sie ist unwahrscheinlich aggressiv, während ich meine Aggressionen durch das Sprechen in der Gruppe abgebaut habe. Sie muß das wohl noch loswerden, aber bitte nicht mehr an mir.
Hans Peter L.: Um auf die Frage zurückzukommen: Männer schlagen Frauen und nicht umgekehrt, weil das bei Männern eher toleriert wird.

Sind Frauen weniger aggressiv?

Ingo D.: Nein. Es sind die verschiedenen Rollenmuster, die eingeübt werden; die Identifikation der Mutter; wie hat sie sich in der Sozialisationsphase verhalten?
Jürgen B.: Den Kindern wird bereits das Rückgrat genommen und damit das Selbstwertgefühl abgebaut, wodurch dann die Angst entsteht, die zum Zuschlagen führt.

Also eine Art »Loch im Ego«, das einem in der Kindheit beigebracht wird?

Ingo D.: Ja. Ich war, wenn ich zuschlug, im Selbstwert verunsichert. Das war bei uns allen so. Vielleicht hat sich Hans Peter auch die Liebe seiner Eltern durch Leistung zu erkaufen versucht?
Hans Peter L.: Am Anfang kann das so gewesen sein. Später habe ich sicher versucht, mir die Anerkennung der neuen Umwelt, in die ich hineingewachsen war, durch Leistung zu verdienen. Vielleicht habe ich wirklich später so um die Zuneigung

anderer gekämpft, weil es mir an Zuneigung in der frühen Kindheit mangelte.

Bernd W.: In der Zeit, als ich soff, habe ich mir ebenfalls meine Freunde erkauft. Ich schmiß eine Runde, die guckten mich an, ich war einer von denen. Bemerkenswert ist aber auch, daß man von frühester Kindheit an gesagt kriegt: Ein Mann zeigt keine Gefühle, ein Mann darf nicht weinen. Ich kann jetzt in der Gruppe und in meiner neuen Beziehung Gefühle zeigen soviel ich will, wann ich will. Kann mich öffnen, brauch' nicht alles in mich reinzufressen, was oft zu Kurzschlußreaktionen führen kann.

Sind Ihre neuen Beziehungen jetzt harmonischer?

Ingo D.: Ich hatte mittlerweile zwei neue Beziehungen und habe gemerkt, daß ich mich fallenlassen kann. Daß ich in meiner aktuellen Beziehung nicht mehr immer »machen muß«. Ich kann auch mit mir machen lassen. Ich kann jetzt meine weichen Anteile zulassen. Ich fühle mich gut dabei.

Hat das die Gruppe bewirkt?

Ingo D.: Auf jeden Fall.

Bernd W.: Jürgen hat mal das Wort von der roten Lampe gebraucht, die aufleuchtet. Ich glaube, ich erkenne die jetzt wesentlich früher, – schon in den Ansätzen, und mach dann nichts mehr.

Heute kann ich zu meiner Freundin sagen: Du, ich bin so wütend. Früher habe ich meine Frau geschlagen. – So offen könnte ich heute sein.

Jürgen B.: Ich glaube nicht, daß die Gruppe bessere Partnerschaften entstehen läßt. Meine geht gerade trotzdem kaputt.

Was die Gruppe aber auf jeden Fall bewirkt, daß die Empfindsamkeit bei Männern zunimmt, die sie ja laut Rolle nicht haben dürfen. Auch die Sensibilität Konflikten gegenüber wird stärker. Man läßt das Gefühl nicht mehr links liegen, und lernt sich selbst zu beobachten. Was geht in mir vor? – Es ist der Versuch, sich als

Mann das wieder anzueignen, was einem als Kind aberzogen wurde. Das ist ein schmerzhafter Prozeß, wenn man erkennt, wieviele psychische Wunden man hat.

Ingo D.: Bei mir besteht eine große Trauer darüber, was mir in der Kindheit verlorengegangen ist und was ich jetzt mühsam versuche, mir wieder anzueignen. Früher habe ich vieles mit der Ratio einfach weggemacht. Ich hielt mich für sehr liberal. Wenn bei meiner Frau außereheliche Beziehungen liefen, habe ich gesagt: Na ja, Eifersucht ist altmodisch, Besitzansprüche sind überholt. – Da hab' ich mich selbst ein zweites Mal verbogen. Ich hab' meinen Bauch einfach verleugnet, alles aus dem Kopf geregelt. Heute stehe ich zu meiner Eifersucht. Ich kann heute kundtun: Das tut mir weh, was du jetzt machst. Ich möchte das eigentlich nicht. Ob das nun konservativ ist oder was auch immer. Aber das bin ich. Ich habe mir damals in der 68er Bewegung das Gefühl zugekleistert. Das gilt für viele Männer, die irgendwelchen gesellschaftlichen Maximen aufgesessen sind und das auch leben wollten. Aber das funktionierte nicht, weil der Bauch auf der Strecke blieb.

Haben Frauen es mit den Gefühlen leichter?

Ingo D.: Ja. Es läuft in der Beziehung zwischen den Geschlechtern so ab: Der Mann ist der ökonomische Speicher, die Frau der emotionale. Die Männer haben die Erwartung: Für das Gefühl, für meinen Bauch ist die Frau zuständig. Als Übermutter.

Jürgen B.: Bei diesem Leben bleiben schließlich beide auf der Strecke.

Auch in puncto Gewalt?

Jürgen B.: Der Unterschied ist eben, daß zum Schluß die Frau eins auf die Nase kriegt. Meine Freundin ist recht kräftig und wenn wir aus Spaß ringen, muß ich schon Kraft anwenden. Aber mir ist auch klar, daß der Mann im Zweifelsfall derjenige ist, der zuschlägt...

Und der auch gewinnt?

Jürgen B.: Ja. Der auch gewinnt. Es ist einfach ein kleiner Rest da, den ich nicht einsetze. Dieser Rest, in Verbindung mit einer emotional anstrengenden Situation ist es, der dazu führen kann, daß die Frau nachher ein blaues Auge hat.
Hans Peter L.: Es ist ja komisch. In vielen Fällen ist der Mann kräftiger als die Frau, aber in vielen Fällen ist sie, wenn es um's Tragen oder Heben geht, genauso kräftig, genauso stark.

Aber sie denkt, daß sie schwächer ist?

Hans Peter L.: Genau. Wenn es zu einer Auseinandersetzung kommt, wo Gewalt eingesetzt wird, ist der Mann einfach rücksichtsloser.
Ingo D.: Ich denke da an diese Lähmung bei der Frau in einer Situation, wo der Mann wirklich zuschlägt. Diese Schrecksekunde, dieses Erstarren. Kein Sich-wehren.

Wie ist das Verhältnis zu Ihren Kindern? Zwei leben bei den »Übeltätern«?

Ingo D.: Der Daniel liebt mich und ich liebe ihn. Er hat sich für mich entschieden, unser jüngeres Kind lebt bei der Mutter. Daniel hat mich gewalttätig erlebt, ist nachts wach geworden. Ich hab' mit ihm drüber gesprochen. Trotzdem lebt er hier. Ich bin für ihn trotz allem der wichtigste Mensch, weil ich ihn in den ersten Jahren betreut habe, gebadet, gewickelt, alles. Ich hab' damals mein Studium mit halber Kraft laufen lassen. Ich war wohl eine Zeitlang seine Mutter.
Bernd W.: Mein Sohn ist drei, lebt bei der Mutter. Ich sehe ihn alle zwei Wochen. Er hat viel mitgekriegt, was bei uns so gelaufen ist, auch als kürzlich seine Mutter auf mich losging. Am Sonntag hab' ich ihn abgeholt, da sagte er: Papa, kannst ruhig reinkommen, Mama haut heut' nicht. Das ist mir bös' an die Nieren gegangen. Ich würde ihn, oder den zehnjährigen Sohn meiner Freundin niemals anrühren.

Hans Peter L.: Das Verhältnis zu meiner Tochter ist sehr gut. Trotz aller Pubertätsprobleme. Sie lebt bei mir, seit ihre Mutter nach einer Operation gestorben ist. Ich habe sie während meiner Ehe auch hin und wieder geschlagen, obwohl ich immer Gewalt als Erziehungsmittel abgelehnt habe.
Jürgen B.: Es ist schrecklich, wenn es heißt: Ein paar auf den Popo, haben noch keinem Kind geschadet. So wird Gewalt verharmlost.

Warum schlägt ein Mann seine Frau und nicht beispielsweise seinen Chef?

Ingo D.: Es ist das Wissen: Wenn ich einen Mann schlage, dann wird er unter Umständen zurückhauen. Ich hatte mal eine Prügelei mit einem Mann. Da hab' ich gut einstecken müssen. Wenn ich aber Wut gespürt hab', hat sich was verändert. Da hatte ich auch keine Angst vor Verletzungen mehr. Aber man hat doch Furcht, oder mehr Respekt, daß der Mann zurückhauen könnte. Bei der Frau weiß ich, die ist mir körperlich unterlegen.
Bernd W.: Es ist Respekt und Angst vor der Macht. Ich hab' mich, außer mit meinem Stiefvater, wenig ernsthaft geschlagen, was Männer betrifft. Ich lehne heute Gewalt in jeder Form zutiefst ab.

Gibt es für Sie auch gesellschaftliche Gründe für Gewalt gegen Frauen?

Bernd W.: Die Emanzipation der Frau geht für uns Männer viel zu rapide voran und löst Angst aus. Früher waren die Frauen, schon weil sie nicht berufstätig waren, doch total abhängig.
Hans Peter L.: Wir Männer müssen endlich unsere Gefühlsseite stärker entwickeln in dieser Welt, statt sie zu unterdrücken.
Jürgen B.: Wenn ich mir so angucke, was Männer auf dieser Welt so alles angerichtet haben, wird mir ganz schlecht. Wenn so ein Idiot von Mann auf den roten Knopf drückt...
Ingo D.: Als Mann zu überleben in dieser ganzen Unklarheit, ist sehr schwer. Ich weiß nur, was ich nicht mehr will. Aber ich

weiß in dieser Gesellschaft nicht, wo der Zug hinfährt. Man muß unentwegt Neuland entdecken. Unsere Väter waren noch die Patriarchen. Andererseits lehnen wir diese Rolle ab. Es kommt also jeder Mann unweigerlich in einen Rollen-Konflikt.

Jürgen B.: Damit kommen auch die Frauen oft nicht klar. Diese Starrheit der traditionellen Rollen muß oft zur Gewalt, zu hilfloser Gewalt führen.

Bernd W.: Ich fühle mich total verunsichert. Wir bemühen uns in unseren Beziehungen um mehr Liberalität, Gewaltlosigkeit, kämpfen gegen unsere Gewalttätigkeit an, aber wie sieht es in diesem Staat bei denen aus, die uns regieren?

Hans Peter L.: Richtig. Wir versuchen hier in der Gruppe, uns Gewalt abzutrainieren, aber unser Leben ist auch von staatlich geförderter Gewalt gekennzeichnet. Wir müssen aber trotz allem versuchen, einen Raum von Gewaltfreiheit aufrechtzuerhalten.

Wie gehen Sie mit Ihren ganz persönlichen Schuldgefühlen um?

Jürgen B.: Als meine Männerrolle angeknackst war und ich erkannte, was ich als Mann, als nicht oder noch nicht gewalttätiger Mann, angestellt hatte, da hab' ich erst mal das Gefühl gehabt, ich bin ein Schwein.

Ingo D.: Das Unmoralische der eigenen Verhaltensweisen sich vor Augen zu führen, tut weh. Indem ich aber was dagegen tat, hatte ich eine Phase, wo ich sagte: Liebe Frauen, ich tu ja was gegen meine Gewalttätigkeit. Und jetzt will ich auch dafür meine Streicheleinheiten.

Hans Peter L.: Wir müssen alle die Schuld erkennen und akzeptieren lernen. Das hat uns zeitweise alle sehr depremiert. Es ist richtige Trauerarbeit.

Kam es in Ihren Ehen auch zu sexueller Gewalt?

Hans Peter L.: Ich habe meine Frau nie vergewaltigt: Sie hat sich aber beklagt, daß ich nicht sensibel genug auf sie eingegangen bin, sondern einfach nach der Arbeit mit ihr schlafen wollte. Nach dem Motto: rauf auf die Frau, Beischlaf.
Ingo D.: Ich habe nur nach der letzten Prügelszene versucht, mit meiner Frau ins Bett zu gehen. Sozusagen als Versöhnungsversuch; das hat sie mir erzählt. Aber Gewalt habe ich nicht angewandt. Heute kommt mir mein Ansinnen nahezu pervers vor. Als zusätzlicher seelischer Schlag ins Gesicht. Ich habe sie aber sonst nie zum Sex gewungen.
Bernd W.: Einmal habe ich das versucht. Da kam aber bei mir plötzlich eine Barriere und ich hab' Schluß damit gemacht.

Gehören denn zu einer Gewalt-Beziehung zwei?

Bernd W.: Ich hab' beim ersten Mal zugehauen und hab' keinen Widerspruch erlebt. Ich hab' gemerkt, ich komme damit durch. Heute, in meiner neuen Beziehung, nennen wir die Dinge beim Namen und diskutieren das aus, schieben nichts vor uns her.

Schließen Sie heute aus, jemals wieder Gewalt auszuüben?

Jürgen B.: Ich kann nicht sagen: Ich werde nie eine Frau schlagen. Ich hab' es zwar noch nie getan, aber ich bin mir jetzt sehr sicher, daß ich nie eine Frau schlagen werde.
Hans Peter L.: Krach gibt es auch mal mit meiner Freundin. Wir rangeln auch miteinander, messen unsere Kräfte. Ich fühle mich sicherer als früher, daß ich nicht wieder zuschlagen werde. Ich würde früher erkennen, wann eine solche Situation entsteht. Ausschließen könnte ich Gewalt aber nicht.
Bernd W.: In meiner neuen Beziehung reden wir über alles. Und die Wut kommt gar nicht erst auf, weil wir in den Anfängen darüber sprechen. Ich habe später Situationen auch mit meiner Frau überstanden, wo sie mich zum Beispiel ange-

spuckt hat, in denen ich früher zugeschlagen hätte. Ich geh' jetzt einfach weg, wenn so was passiert.

Ingo D.: Ich kenne mich jetzt besser. Ich weiß, wann Wut in mir aufsteigt. Ich bemerke die Warnlampen und habe dann die Möglichkeit, mich der Diskussion zu entziehen. Wut kann etwas Aufgestautes sein. Mein persönliches Krisenmanagement sieht heute so aus: Ich laß' es gar nicht mehr zu einem Stau kommen, sondern spreche die Wut direkt an, dort, wo sie entsteht. Ausschließen kann ich Gewalt in Zukunft zwar nicht, aber ich hab' schon Situationen durchgestanden, in denen ich früher geprügelt hätte. Ich habe diese gefühlsmäßige Abhängigkeit nicht mehr, die zur Gewalt führt. Mein Selbstwertgefühl ist nicht mehr davon abhängig, ob mich die Frau nun liebt oder mir ihre Liebe entzieht.

Bernd W.: Ich bin nicht mehr bereit, durch meine Schläge gegen Frauen körperlich zu leiden. Denn ich habe durch meine eigene Gewalttätigkeit auch gelitten.

Nachlese

Die Männer der Gruppe befinden sich auf einem relativ hohen Reflexions-Niveau, bemühen sich um Ehrlichkeit und Klärung ihrer Konflikte. Sie stehen zu ihrer Schuld, sehen aber auch die Anteile ihrer Partnerinnen an den Gewalt-Beziehungen. Das Gruppen-Gespräch verlief sehr lebhaft und ausführlich, viele Fragen hat die Gruppe offenbar bereits für sich durchgearbeitet.

Manchmal entstand dadurch bei mir der Eindruck, daß einige vorgefertigte Psycho-Erklärungen besonders Ingo D. allzuleicht von den Lippen gingen. »Der Schrei nach Liebe«, den die Mutter nie richtig beantwortet habe, verwandelt sich nun im Handumdrehen in Prügel für die (ungetreue) Ehefrau. Therapie-Erfahrung schützt offenbar vor Selbst-Schutz nicht...

Gewalt-Auslöser: Arbeitslosigkeit
Dieter W., 45, verheiratet, zwei Kinder, Installateur.

Einen großen Teil meiner Kindheit habe ich während des Krieges in Norddeutschland verbracht. Das war eine schöne Zeit. Wir wohnten bei meiner Oma, mein Vater war im Krieg. Zu meiner Mutter hatte ich immer ein sehr gutes Verhältnis, noch viel besser als später zu meinem Vater. Ab und zu bekam ich mal eine gewischt, wenn ich zu spät nach Hause kam oder etwas angestellt hatte. Aber ich wurde nicht schlimm geschlagen.

1949 bekam ich eine Schwester. 1955 war ich mit der Schule fertig. Mein Vater war Beamter, meine Mutter Hausfrau. Die Ehe meiner Eltern war durchschnittlich. Meine Mutter ist dann ziemlich früh schwer herzkrank geworden, sie war fast pflegebedürftig und mein Vater hat sich um sie gekümmert. Gewalt zwischen meinen Eltern gab es überhaupt nicht. Meine Mutter mußte sich schon anpassen, mein Vater war herrschend. Ich bin nicht so. Ich liebe die Ordnung, Ehrlichkeit und Offenheit. Vor allem die Ehrlichkeit, das habe ich mir schon als Junge auferlegt. Ich nahm mir vor, du sollst immer ehrlich gegen dich selber sein, dann kannst du auch ehrlich gegen andere sein. Und das erwarte ich natürlich auch von meinem Partner.

Als ich die Schule hinter mir hatte, wohnten wir wieder im Rheinland, wo mein Vater herstammt. Ich habe dann Schlosser gelernt und meinen Abschluß gemacht. 1960 kam ich dann zur Bundeswehr, freiwillig für vier Jahre. Dort habe ich Funklehrgänge und die Mittlere Reife nachgemacht. Während dieser Zeit habe ich zu hause gewohnt, das war gut. Bei uns in der Kaserne waren viele, die nach vier, fünf Jahren abgegangen sind und nach einem Jahr wieder auftauchten, weil sie sich draußen nicht mehr zurechtgefunden haben, das wollte ich vermeiden.

Anschließend bin ich nach Berlin gegangen, gegen den Willen meines Vaters, der wollte, daß ich studiere und zum Staat gehe. Das Abitur hätte ich ja auch nachmachen können, er wollte, daß ich Baumaschineningenieur oder sowas ähnliches werde. Aber das wollte ich nicht. Ich wollte die nächsten acht, neun Jahre nicht so unfrei sein, ich wollte endlich mal leben. Ich wollte Geld verdienen, ich wollte reisen. In Berlin war ich vier Jahre, später noch fünfeinhalb Jahre in München. Danach bin ich zu Krauss-Maffei gegangen. Ich war damals dreißig Jahre alt, als ich auf einen Schlag 600 Mark mehr verdiente. Dort hatte ich auch eine Freundin, machte viele Reisen, was damals mein Hobby war. Ich war dreimal in den Staaten und in Guatemala, damals, während des Erdbebens.

Seit vier, fünf Jahren, als die ersten Heimcomputer auftauchten, befaßte ich mich auch mit Computern, außerdem mit Modellbau, Bowling, Radfahren. Bis zu meinem 35. Lebensjahr war ich Junggeselle. Sieben Jahre lang hatte ich eine Freundin, mit der ich zusammenlebte und später im Guten auseinanderging. Sie war älter als ich, hatte ihre Scheidung eingereicht und wußte nicht, wohin. Sie ist dann zu mir gezogen, und daraus hat sich dann das 7jährige Verhältnis entwikkelt. Wir haben glänzend gelebt. Jeder hatte seine eigene Kasse. Einmal wollte ich heiraten, da wollte sie nicht, dann wollte sie heiraten und ich wollte nicht. Ich wünschte mir eine Familie mit Kind, sie war aber schon in dem Alter, in dem sie kein Kind mehr kriegen konnte. Ich war dreißig, sie war vierundvierzig.

Unsere Beziehung war sehr harmonisch, aber daran gescheitert, daß ich Kinder wollte.

Als ich meine Frau kennenlernte, war ich Mitte dreißig und bei Krauss-Maffei angestellt, wo ich gut verdiente. Ich war als Fernfahrer viel unterwegs, auch nachts und auch im Ausland. Wegen meiner damaligen Freundin wollte ich in den Innendienst, um mehr mit ihr zusammenzusein. Aber ich mußte ein Jahr darum kämpfen, denn mein Chef hat sofort gesagt, nein, das ist nichts für dich, ich kann dich nur im Außendienst gebrauchen. Ich kündigte daraufhin und heiratete.

Meine Frau war zehn Jahre jünger als ich und ohne Beruf. Sie hatte ein geistig behindertes Kind, keine Ahnung, von wem. Wir arbeiteten in derselben Firma, und ich erfuhr, daß sie in meiner Nähe wohnte, nur achtzig oder hundert Meter entfernt. Ich besuchte sie. Das ging drei, vier Tage gut und dann wieder...

Da hat sich nichts entwickelt in dem Sinne, da war keine Liebe und nichts. Ich habe geheiratet, weil sie schwanger war und ich das Kind retten wollte. Ich hatte ja das behinderte Kind gesehen. Es war ein Mädchen, geistig total behindert, gar nicht ansprechbar. Inzwischen ist sie fünfzehn Jahre alt. Und ich kannte das Verhalten der Frau, immer betrunken, immer Männer, wußte gar nicht, wer der Vater ist. Und da dachte ich mir, um Gottes willen, jetzt kriegt die ein Kind von mir. Abtreibung stand nicht zur Debatte.

Wir bekamen dann einen Sohn, Martin, der ist jetzt neuneinhalb. Wir waren sechs Jahre verheiratet, davon haben wir drei Jahre zusammengelebt. Gewalt gab es überhaupt keine. Dann kam die Scheidung. Ich bekam das Sorgerecht für den Buben, er war damals viereinhalb. Meine erste Frau war eindeutig eine Schlampe. Sie bekam während der Scheidung wieder ein Kind und wußte wieder nicht, wer der Vater ist. Ich mußte eine Vaterschaftsklage durchstehen, weil das noch während der Ehe passierte, sonst hätte ich das Kind auch noch übernehmen müssen.

Ich bin dann mit Martin in diese Wohnung gezogen, wir waren ein Herz und eine Seele. Er war tagsüber im Ganztagskindergarten. Wir lebten zwei Jahre völlig in Frieden. Mit Frauen lief in der Zeit gar nichts. Ich bin nie ausgegangen, außer zum Bowling, aber dorthin nahm ich ihn mit. Es gab manchmal auch harte Phasen, denn es ist nicht immer ganz einfach, abends, wenn man heimkommt, muß man noch einkaufen, Wäsche waschen und so.

Ich hatte eine Umschulung zum Installateur gemacht und war dann in Obermenzing angestellt. Nach zwei Jahren haben die dann über sechzig Leute entlassen und ich war arbeitslos.

Meine zweite Frau, Sybille, habe ich über eine Bekannte zunächst nur am Telefon kennengelernt. Dann trafen wir uns in einem Café, und der Martin und die Sybille waren vom ersten Moment an ein Herz und eine Seele. Das hat mich unheimlich beeinflußt. Ich habe mich auch glänzend mit ihr verstanden. Sie war hübsch, zwanzig Jahre jünger als ich, also damals dreiundzwanzig. Wir sind dann noch bis zum Hauptbahnhof spaziert, und sie ist noch mit zu uns auf einen Kaffee. Abends, als sie dann heimfuhr, habe ich gesagt, sie solle mich anrufen, wenn sie daheim sei. So gegen 23 Uhr rief sie dann an, und wir haben bis morgens um halb acht telefoniert. In diesem Gespräch ging es einfach um alles. Ich glaube, wir hatten uns sofort ineinander verliebt. Sie war Verkäuferin von Beruf. Am nächsten Tag trafen wir uns wieder. Sie ist dann wieder mit zu uns nach Hause, und als es auf den Abend zuging, sagte sie, sie müsse jetzt heimfahren, und da sagte der Martin zu ihr: Du, Mami, du kannst doch hierbleiben.

Schon am Tag davor hatte der Bub sie gefragt, ob er Mami zu ihr sagen dürfe, und sie sagte ja. Martin hatte ja seine Mutter in der ganzen Zeit nicht gesehen. Er kennt sie auch gar nicht mehr. Sie hat kein Besuchsrecht, weil sie ihn so vernachlässigt hat. Sie zahlt keinen Unterhalt, dann kriegt sie auch den Jungen nicht zu sehen.

Und an dem zweiten Tag, als sie bei uns war, hat er eben gesagt: Du, Mami, du kannst doch hierbleiben.

Ich war zuerst ganz schockiert und dachte mir, wie machst du das jetzt, wie kann man das deichseln. Ich sagte dann, O. K., der Martin kann ja bei mir im Doppelbett schlafen, dann kann sie ins Kinderzimmer. Ich habe ihr dann ein Gute-Nacht-Bussi gegeben…, und dann waren wir doch die ganze Nacht zusammen. Beim Frühstück haben wir dann darüber geredet, daß wir zusammenbleiben wollen. Wir hatten ja schon acht Stunden miteinander am Telefon geredet. Sogar vom Heiraten sprachen wir. Nach vier Tagen haben wir uns dann entschlossen zu heiraten. Auch wegen dem Jungen, damit der in der Schule nicht sagen muß, der Papi hat eine Freundin, sondern eine Mami.

Am fünften Tag ist sie dann noch zu ihren Eltern nach Passau gefahren. Bei denen zuhause gibt es Mord und Totschlag. Der Vater ist Alkoholiker, und obwohl sie bei der Oma groß geworden ist, hat sie alles mitgekriegt. Alle waren sofort gegen mich, obwohl mich keiner kannte. Ich glaube, der Altersunterschied war der Grund, und der Martin. Es hieß, sie würde nie mit ihm fertigwerden.

Wir haben dann trotzdem geheiratet. Ich war noch immer arbeitslos. Sie wohnte schon vorher bei mir; ihre Wohnung kannte ich immer noch nicht. Zwei Wochen später war sie das erstemal für vier Tage verschwunden. Ich hatte das Gefühl, daß irgend etwas nicht stimmte. Während sie weg war, kam der Gerichtsvollzieher: Sie hatte aus der Kasse des Supermarktes, wo sie als Verkäuferin arbeitete, 3000 Mark gestohlen. Schließlich war von einer Anzeige abgesehen worden und sie sollte es in Raten zurückzahlen. Sie hat dann bis auf 2000 Mark heruntergezahlt. In den vier Tagen, wo sie weg war, hat sie ein paar Mal angerufen, ich habe dann immer gesagt, laß' mir meine Ruhe und habe aufgelegt. Aber irgendwann habe ich dann gesagt, wenn du anständig bist, kannst du mit mir ja noch reden. Wo sie war, sagte sie nicht. Keine Entschuldigung, nichts.

Ansonsten konnte ich mich eigentlich nicht beschweren, sie kochte gut, die Wohnung war tiptop. Am Anfang allerdings hat sie sich zehnmal am Tag umgezogen, hat die Klamotten alle über die Stühle gehängt, bis sie umgefallen sind. Als wir dann ihre Wohnung kündigten und ausräumen wollten, waren zwei Mann nötig, um die Wohnungstür aufzustemmen. Es sah aus, als ob die Müllabfuhr dort abgeladen hätte. Saustall ist gar kein Ausdruck. Und dann fiel mir die Zahlungsaufforderung von ihrem Arbeitgeber in die Hände, aber sie sagte zu mir, das sei erledigt.

Trotzdem habe ich mir jetzt gedacht, o weh, wo bin ich da hineingeraten. Aber ich habe ihr dann langsam Ordnungssinn beigebracht. Ich muß schon sagen, daß sie sich da echt bemüht hat. Sie selbst war auch immer sauber. Kurz vor Weihnachten ist sie dann wieder abgehauen für vier oder fünf Tage, und zwei Tage vor Heiligabend ist sie dann wieder aufgetaucht. In dem Stil ging das weiter. Ich habe aber nie etwas gesagt, habe immer gedacht, das kriegst du schon irgendwie hin, vielleicht legt sich das wieder.

Aber es hat sich nicht gelegt. Auch in den Beziehungen vorher ist sie ständig abgehauen. Einmal, als sie gerade von so was wiederkam, habe ich sie gefragt, warum läufst du eigentlich immer weg? Ich hatte schon damals zu einer Eheberatungsstelle Verbindung aufgenommen.

Brutal ausgesprochen, stellt sie Scheiße an und bekommt dann Angst, daß sie es nicht mehr gut machen kann, hat fürchterliche Angst vor Vorwürfen und haut ab. Und das macht sie immer wieder. Sie weiß selber nicht, warum sie das macht, sie möchte es selber herausbekommen. Ich sagte, gut, dann gehst du mal mit, laß' uns einen Termin ausmachen. Als der Termin heranrückte, sagte sie, ach, das brauche ich nicht, mir fehlt nichts.

Zur ersten tätlichen Auseinandersetzung kam es folgendermaßen: Sie war mal wieder weg, ein paar Häuser weiter, bei einer jungen Frau, einer Bekannten von mir. Sie flüchtete natürlich immer dahin, wo sie Bekannte hatte. Zu mir sagte sie vorher, Schatz, kannst du mir fünf Mark geben, ich will etwas an meine Oma schicken. Und dann geht sie zu der Bekannten und erzählt, ich hätte sie geschlagen. Was zu dem Zeitpunkt aber überhaupt nicht stimmte. Nach zwei Tagen gab mir meine Bekannte die Möglichkeit, die Sache bei ihr in der Wohnung aufzuklären. Meine Frau wurde dann hysterisch, hat herumgeschrien, der will was von mir, der bringt mich um. Ich habe dann gesagt, wenn du jetzt nicht still bist, kriegst du wirklich eine gewischt. Du lügst die Leute an, ohne daß irgend etwas vorgefallen ist. Sie hat aber nicht aufgehört, und dann habe ich ihr wirklich eine gewischt. Vor der anderen Frau. Ich war wirklich durcheinander. Dann hat sie die Frechheit besessen, die ganzen fünf Tage lang, wo sie dort wohnte, vor allen Leuten, auf der Wiese, den Martin zu ignorieren. Er ist immer zu ihr hin, hat versucht, mit ihr zu reden, Mami, komm' doch heim, aber sie hat ihn überhaupt nicht beachtet. Bei mir staute sich langsam etwas auf. Als die Bekannte sie dann auch nicht mehr wollte, kam es zum Gespräch und sie ist wiedergekommen. Und so ging das weiter, alle drei Wochen, bis unser Kind auf die Welt kam. Bei der Entbindung war ich dabei. Es war ein Mädchen, Sandra.

Seit der Geburt hat sich das mit dem Weglaufen etwas gelegt, es kam dann noch viermal vor. Sie war zu Beginn unserer Ehe schwanger geworden. Das Kind war von uns beiden geplant und gewollt. Es sollte nicht die Ehe retten. Am Anfang hat es ja noch nicht so gekriselt.

Sie hat sich ordentlich um das Kind gekümmert. Von Oktober '85 bis August '86 hatte ich wieder Arbeit, es war ein sehr gut bezahlter Job. Sie war den ganzen Tag mit den Kindern zu Hause, und hat wahnsinnigen Druck auf den Martin ausgeübt. Er durfte nicht mehr spielen und mußte manchmal bis Mitternacht Strafarbeiten schreiben, mußte beispielsweise fünfzig oder hundertmal den Satz schreiben: Ich darf meine Mami nicht belügen. Ich habe dann gesagt, jetzt laß' den Buben doch mal in Ruhe, aber das half nichts. Sie sagte, du hast nichts zu sagen, ich habe den Buben den ganzen Tag um mich und habe die Verantwortung.

Zu dem Baby war sie ganz ordentlich, aber als ich einmal nach Hause komme, sagte der Martin zu mir, daß sie ihn und das Baby ziemlich geschlagen hätte.

Zwischen Sybille und mir gab es bis dahin eigentlich keine Gewalttätigkeiten. Ich habe sie dreimal, einmal vor der Ehe, richtig geschlagen, und die ersten beiden Male hat sie aber nichts davongetragen, keine blauen Augen und nichts. Einmal, am 4. Oktober, habe ich sie so geschlagen, daß sie blaue Augen hatte, und da ist sie dann ins Frauenhaus.

Ich habe noch eine nichteheliche Tochter aus einem länger zurückliegenden Verhältnis. Und wegen des Unterhalts hat sie mir ständig Vorhaltungen gemacht. Und sie hielt mir vor, ich würde während der Arbeitszeit immer zu käuflichen Frauen gehen. Das hat aber nicht gestimmt, ich hatte auch keinen Grund dazu, denn sexuell hat sie mir alles gegeben. Deshalb hatte ich keinen Grund. Sie war auf Gott und die Welt eifersüchtig.

Unten auf der Wiese gab es mal eine fürchterliche Szene. Es ging um einen Stuhl, der stand auf einer Baumwurzel. Ich habe ihr diesen Stuhl etwas auf die Seite gestellt, damit sie nicht dauernd auf dieser Baumwurzel wippte. Sie schrie mich an, du willst mich loshaben, du brauchst mich nicht mehr und so weiter, und hat sich dann wieder beruhigt.

Und ich habe sie nur einmal richtig geschlagen. Die anderen

Male hat sie nur Watschen gekriegt. Sie hatte mich so gereizt, daß mir der Gaul durchging. „Sie hat mir alles mögliche unterstellt und ihre eigenen Fehler sieht sie nicht. Ich bin nie zu Nutten gegangen! Ich hätte ja nicht einmal das Geld gehabt. Einmal habe ich mir siebzig Pfennig vom Tisch genommen, da wollte sie wissen, wofür, ich sagte, wenn mal was ist, kann ich damit wenigstens heimtelefonieren. Daraufhin warf sie mir vor: Gehst du schon wieder zu den anderen Weibern?

Der Anlaß für die richtigen Prügel am 4. Oktober war folgender: Sie hatte sich 400 Mark Haushaltsgeld zugeteilt, sie verwaltete das ganze Geld, auf meinen Wunsch hin. Ich hatte ihr nach und nach immer mehr Freiheiten gegeben, denn ich wollte sie zur Selbständigkeit erziehen. Und sie hat das mit dem Geld auch immer gut gemacht.

Aber den Buben hat sie oft geschlagen, das kann sogar das Jugendamt bestätigen. Das Baby hat sie einmal richtig geschlagen und zweimal etwas, ich konnte da gar nicht mehr eingreifen, es war schon zu spät. Da habe ich dann die Frau vom Jugendamt angerufen, die kam und hat sich die blauen Flecken der Kinder angesehen.

Eines Morgens, sie hatte zwei oder drei Tage vorher Fahrkarten gekauft, setzte ich mich an den Computer – wir haben so ein Haushaltsprogramm – und sagte, Schatz, du kriegst ja von den 400 Mark noch 63 Mark Fahrgeld zurück. Sie hatte das ausgelegt. Davon wollte sie aber gar nichts wissen, sondern fing gleich an von den 120 Mark Unterhalt für meine nichteheliche Tochter. Ich habe dann gesagt, Schatz, hör' auf, es genügt, wenn ich den Betrag einmal monatlich auf dem Kontoauszug sehe, hör' bitte damit auf. Aber sie hat nicht aufgehört, und ich habe ihr eine gelangt. Und dann hat das nicht gereicht, denn sie fing auch noch an von den käuflichen Weibern, weil ich da draußen im Industriegebiet gearbeitet habe. Diese Vorhaltungen und Unterstellungen hörte ich mir über viereinhalb Stunden an. Dann konnte ich einfach nicht mehr. Ich war fix und fertig. Ich hatte ihr früher schon gesagt: Reiz' mich nicht mit Sachen, die nicht aktuell sind und nicht den Tatsachen entsprechen. Sie wußte also, daß ich explodiere und hat trotzdem nicht aufgehört. Und dann habe ich sie geschlagen. Irgendwann dreht man einfach durch und hat sich nicht mehr unter Kontrolle.

Ich war raus in den Gang gegangen, aber sie hat nicht aufgehört. Inzwischen war ich schon schweißgebadet, so schlimm war das. Sie keifte: Ich will nicht, daß du wegen dem Kram ins Gefängnis kommst! Ich sagte, ich komme doch nicht ins Gefängnis, aber wenn ich nur Arbeitslosengeld habe, kann ich eben eine Zeitlang keine Alimente zahlen, das werden die auch einsehen. Dann wollte sie die Kleine an sich reißen und mich so auf die Seite schmeißen, daß sie aus der Türe konnte. Sie wollte mit dem Kind verschwinden, und da habe ich zugeschlagen. Das Kind konnte ich ihr noch wegreißen, der Martin war am Heulen und Schreien. Erst habe ich ihr mit der flachen Hand ins Gesicht geschlagen ...

Während sie dann ins Bad ging, sagte sie noch »Schwein« zu mir, und da habe ich ihr auch noch die Zigarette ins Gesicht gedrückt und anschließend in ihre Handtasche geschmissen. Getreten habe ich sie überhaupt nicht. Immer mit der flachen Hand.

Einmal wollte ich mit der Faust zuschlagen, aber da konnte sie ausweichen und ich habe voll in die Bretter geschlagen. Ich habe sie nur ins Gesicht geschlagen, zwei-, dreimal. Wie man mir erzählte, muß sie fürchterlich ausgesehen haben, ich habe sie ja anschließend nie mehr gesehen. Sie konnte sich dann doch noch das Kind unter den Arm reißen. Ich habe mich dann vor die Türe gesetzt ... Sie sagte, und wenn du mich grün und blau schlägst und ich vier Wochen mit Veilchen rumlaufen muß, ich bleibe trotzdem da, ich gehe nicht weg, laß' mich jetzt wenigstens runter in den Keller, ich muß Sachen für's Mittagessen raufholen.

Ich glaube, sie hat das alles irgendwie schön gefunden. Sie wollte immer von mir vergewaltigt werden. Wenn ich nach Hause kam, lagen immer so Liebesbriefe da. Sexuell war unsere Beziehung total zufriedenstellend. Aber ich habe mich manchmal krank gestellt, damit ich nicht so extrem werden mußte. Sie war auf dem Gebiet sehr extrem, besaß Reizwäsche und Aufputschtabletten für Männer. Sie sagte immer, ihr voriger Mann hätte die auch genommen. Ihr voriger Mann hat Selbstmord begangen. Sie hat auch so kleine Kataloge von einer Frankfurter Firma, wo ihr Name und ihre Adresse draufstanden. Und deshalb denke ich mir, daß sie ihrem Mann diese Tabletten gegeben hat. Sie wollte mir die auch andrehen, aber da war nichts zu machen. Oder als ich meinen Ehering mal abziehen wollte, weil er mich beim Arbeiten störte – da war vielleicht ein Terror los!

Unser Fernseher, den sie mitgebracht hatte, wurde verkauft. Ich durfte nicht mal mehr fernsehen. Sie wollte, daß ich mich nur um sie kümmere, wir seien verheiratet, wir müßten alles gemeinsam machen. Da störte auch der Fernseher. Wenn ich mal wegwollte, meinte sie, ja fährst du jetzt allein oder nimmst du mich mit? Bevor es Streit gab, nahm ich sie halt mit. Wenn ich manchmal abends heimkam, lagen dann so Briefe da: Sie läuft jetzt nicht mehr weg, sie bleibt bei mir und den Kindern, und ich solle sie vergewaltigen. Das habe ich aber nicht gemacht. Ich habe sie nur ein bißchen fester angefaßt als normal, damit sie einigermaßen zufrieden sein konnte. Ich wollte sie ja nicht unbedingt verlieren deswegen, denn wenn eine Frau schon ein Verlangen hat, dann bitte. Mit der ersten Frau war ja nach dem Kind überhaupt nichts mehr gelaufen. Bei meiner zweiten Frau hatte ich wirklich keinen Grund zu jammern. Nicht hunderttausend Frauen hätten mir das geben können. Sie wollte auch noch ein zweites Baby haben, was ich abgelehnt habe, weil die Ehe nicht so gut war.

Nach dieser schlimmen Prügelszene ist sie dann mit dem Baby nicht in den Keller, sondern zu Bekannten verschwunden. Eine Bekannte muß sie dann irgendwann am selben Tag ins Frauenhaus gefahren haben. Ich hatte dann auch noch einen Unfall. Ich bin aus dem Fenster gestürzt, volltrunken, deshalb wurde der Martin ins Kinderheim gesteckt. Ich konnte nächtelang nicht mehr schlafen, wollte zwei, drei Flaschen Bier trinken zum Einschlafen, aber daraus wurde immer mehr. Ich habe mich dann im Kinderzimmer auf die Liege gelegt. Der Junge hat mir dann erzählt, er sei aufgestanden und ich hätte mich nicht mehr gerührt. Er hat dann die Nachbarin da drüben angerufen. Ich weiß nicht genau, was dann gelaufen ist – ich bin dann jedenfalls zum Fenster raus. Ich habe keine Erinnerung daran.

Zuerst wurde ich in die Psychiatrische Anstalt geschafft, weil der Fenstersturz als Selbstmordversuch galt. Nach fünf Tagen durfte ich dann wieder nach Hause. Sie hatte in der Zwischenzeit ihre Klamotten rausgeholt, Papiere und alles. Ihr erster Mann hat sich übrigens wirklich umgebracht. Er hat sich mit Autoabgasen in der Garage vergiftet.

Der Bub ist jetzt im Heim. Sie holt ihn nicht zu sich. Erstens will sie ihn nicht mehr, zweitens hat sie nicht das Sorgerecht. Sie will nur ihr eigenes Kind.

Zu jener Zeit habe ich noch nicht geglaubt, daß das das Ende unserer Beziehung ist. Wenn diese Bekannte da drüben nicht wäre, die sogar die Schulden meiner Frau abzahlt...

Aber ich habe meine Frau noch immer lieb, weil sie auch gute Seiten hat, – viele gute Seiten. Sie ist doch fleißig gewesen. Ich muß schon sagen, sie hat ihre Arbeit gemacht, Kochen und alles. Wir hatten viele gemeinsame Hobbys. Wir haben Spiele gemacht, wir sind mit dem Rad spazierengefahren. Urlaub kannten wir keinen, aber wir haben unseren Urlaub auch so verbracht. Wir sind mit Modellschiffen zum Ostpark hinausgefahren und haben sie dort fahren lassen.

Seitdem sie ausgezogen ist, habe ich sie jetzt das erstemal wiedergesehen. Wir haben im Beraterzimmer im Frauenhaus miteinander gesprochen, wo ich eine gemeinsame Therapie vorgeschlagen habe. Denn ich hatte ein paar Tage zuvor mit dem Berater ein persönliches Gespräch. Dabei hat er mich gefragt, ob ich bereit wäre, meine Frau wieder aufzunehmen. Ich sagte, nur unter einer Bedingung, wenn sie mindestens einmal pro Woche ein Ehepartnergespräch mit mir macht. Das war meine Forderung.

Sie hat das aber abgelehnt, und jetzt läuft die Scheidung. Sie hat dieser Bekannten erzählt, ich hätte sie zwei Jahre lang kaputtgemacht, jetzt würde sie mich kaputtmachen. Und die Sandra sehe ich gar nicht mehr. Die rückt sie nicht raus. Eine Begründung dafür gibt sie nicht. Einer vom Jugendamt war deshalb schon bei ihr und hat mit ihr geredet. Aber sie hatte

Angst, daß ich das Kind nicht mehr zurückbringe. Ich soll das Kind nur im Frauenhaus sehen können, eine Stunde oder so.

Das habe ich aber abgelehnt, weil das für mich eine Bestrafung ist. Das ist ja eine Qual, das ist kein Umgangsrecht, das ist gar nichts. Ich habe jetzt das Besuchsrecht über eine Einstweilige Verfügung beantragt. Sie hat keinen triftigen Grund, mir das Kind vorzuenthalten, denn ich war zu dem Kind immer gut.

Als ich letzte Woche im Frauenhaus war, da war ich etwas zu früh und bin vorher noch in einer Gaststätte ein Pils trinken gegangen. Als dann die eine Betreuerin meine Frau fragte, warum ich das Kind nicht sehen dürfte, sagte sie, weil der Alkohol, Bier, trinkt, sie habe das eben schon wieder gerochen. Da hätte ich am liebsten gesagt, und wieviel Weißbier trinkst du die Woche?

Das ist es eben: Nur den anderen Vorhaltungen machen, aber eigene Fehler nicht einsehen, kein bißchen, auch nicht darüber reden, gar nicht bereit zu sein, darüber zu reden, nur über die Fehler der anderen reden.

Wenn man ihre Zeugnisnoten und die Bemerkungen dazu in ihren Zeugnissen liest, fällt man sowieso um. Da steht schon alles. Da weiß man, wie ihre Entwicklung schon von Kindheit an war. Und so ist sie heute noch.

Ich glaube nicht, daß meine Frau mich geliebt hat. Sie hat mich nur ausgenützt. Bei mir war es echte Liebe, bei ihr war es mehr eine sexuelle Bindung und das Ausschöpfen von Vorteilen. Das ganze Verhalten dieser Frau zeigt das.

Trotzdem würde ich die Ehe unter gleichzeitiger ständiger Beratungstherapie fortsetzen. Ich verspreche mir von der Therapie, daß man auch über die Fehler beider Partner redet. Ich liebe eben Ordnung, Ehrlichkeit, Sauberkeit und Korrektheit, und das erwarte ich auch von meinem Partner.

Wie es bei mir beruflich weitergeht, weiß ich noch nicht. Im Moment bin ich arbeitslos. Aber ich bin schon wieder dabei, mein Leben mit Schwung anzupacken. Ich bin guter Dinge. Ich gehe jeden Abend zum Tanzen; in eine Diskothek, die ist so für mittlere Generationen. Das ist wunderbar!

Alle vierzehn Tage fahre ich raus zum Kinderheim und besuche den Jungen. Das Heim bekommt ihm schlecht, sehr schlecht. Aber daß ich solche Sachen, wie mich aus dem Fenster zu stürzen, nicht mehr mache, interessiert das Jugendamt nicht. Die halten ihn weiter dort fest. Die Richterin hat ein psychiatrisches Gutachen über mich beantragt. Daß ich den Buben zweieinhalb Jahre gut versorgt habe, das wissen die alles, es interessiert sie aber nicht. Bei dem Gutachten soll festgestellt werden, ob ich erziehungsfähig bin. Ich habe davor keine Angst.

Ich hoffe, daß sich das mit meiner Frau wieder hinbiegen läßt, aber ich weiß nicht, inwieweit sie mitspielt. Ich hoffe es für sie, nicht für mich, denn ich bin versorgt, wenn's hart auf hart geht, mit einer anderen Frau.

Für sie würde sich wahrscheinlich auch wieder ein Mann finden lassen, aber es gäbe halt wieder diesen Zirkus, und das Kind käme wieder in diese Schwierigkeiten. Und davor habe ich eben Angst. Sie ist geboren zum Lügen. Das liegt sicher auch an den katastrophalen Verhältnissen in ihrem Elternhaus. Die Eltern haben sie als Baby schon abgeschoben zur Großmutter. Ich sage immer: Kopfschuß! Aber nicht nur von einer Seite, sondern von zwei Seiten. Ich glaube, daß ich deshalb zweimal mit meinen Frauen so reingefallen bin, weil ich zu gutmütig bin und mit blinden Augen durch die Gegend laufe. Ich bin zu leichtgläubig. Wenn ich verliebt bin, schaltet, auf Deutsch gesagt, mein Gehirn ab, ich mache dann alles, ich würde mein letztes Hemd dann hergeben. Die Frauen merken es und nützen das aus.

Man könnte sagen, daß ich meine Frau geschlagen habe. Daß sie jetzt im Frauenhaus ist, liegt daran, daß ich mir vorher zuviel habe gefallen lassen. Ich habe zu oft nachgegeben und da hat sich zuviel aufgestaut. Wenn ich vorher schon einmal gesagt hätte, nein, das mache ich nicht, hier ist die Grenze, wäre es zu der Gewaltszene gar nicht gekommen.

Ich wollte meine Frau auch auf keinen Fall reizen. Sie ist aufbrausend, im Gegensatz zu mir. Die Frau, eine Witwe, die ich jetzt seit Wochen kenne und mit der ich donnerstags immer tanzen gehe, die hat zu mir gesagt, Dieter, du bist wie mein verstorbener Mann, ruhig, gelassen ...

Ich bin wirklich ruhig, aber man darf mich nicht reizen. Und das konnte meine Frau sehr gut, bestens. Mit ihrem ersten Mann gab es ja schon Mord und Totschlag. Die haben sich auch gegenseitig geschlagen. Sie hat ja auch bei mir zurückgeschlagen. Meinen Sohn hat sie im Bett fast einmal erwürgt. Wir hatten nachts eine Diskussion, plötzlich springt sie auf, rennt ans Bett meines Sohnes und würgt ihn. Als ich hinterherrenne und sie von ihm wegreiße, dreht sie sich um und würgt auch mich, aber wie, ich hatte richtige Würgemale und war von oben bis unten zerkratzt.

Der Martin ist am nächsten Morgen in die Schule gegangen, und als er mittags heimkam, hat er immer noch über Halsschmerzen geklagt. Aber gesehen hat man bei ihm nichts, und nach zwei Tagen hat er es nicht mehr erwähnt. Sie war daraufhin natürlich wieder verschwunden.

Trotz allem hänge ich noch an meiner Frau. Sie hat auch, als ich da im Frauenhaus war, gesagt, sie wünsche mir eine Freundin, die noch ein Kind kriegen würde, damit ich sie vergesse. Das muß man sich mal vorstellen.

Daß unsere Ehe so ausgeartet ist, lag daran, daß sie sich so verhalten hat und ich zuviel nachgegeben und geschwiegen habe. Wenn meine Frau heute sagen würde, komm', wir versuchen es noch einmal, würde ich auf jeden Fall gewisse Bedingungen stellen und zu ihr sagen: Bist du damit einverstanden? Wenn ja, ist es gut, wenn nein, gehen wir besser gleich wieder auseinander. Kurz nachdem ich aus dem Krankenhaus kam, habe ich ihr eine eidesstattliche Erklärung gegeben, daß ich sie nie wieder schlagen würde, daß ich ihr auch wegen Martin keinen Vorwurf machen würde, und so weiter. Aber nichts, sie hat überhaupt nicht darauf reagiert.

Über ihre Verletzungen wurde ein ärztliches Attest erstellt, aber was da drin steht, weiß ich nicht. Sie hatte halt blaue Augen, dann die Brandwunde auf der Wange und Blutergüsse im Gesicht, sonst nichts. Das allein ist auch der Scheidungsgrund. Das Attest liegt bei Gericht vor. Mehr hat sie als Scheidungsgrund nicht vorgebracht, das ist ja wohl etwas dürftig.

Das Besuchsrecht für das Kind kann sie mir nicht entziehen lassen, das geht gar nicht. Ich habe das Kind ja nie mißhandelt.

Ich habe ja selbst einmal das Jugendamt geholt, als meine Frau die Kinder geschlagen hatte und dann verschwunden war. Eine Frau vom Jugendamt hat mir gesagt, sie habe mit meiner Frau darüber gesprochen. Sie hat gemeint, meine Frau solle erst ein paar Stunden im Frauenhaus, dann ein paar Stunden spazierengehen und dann übers Wochenende wieder bei mir sein.

Ich glaube, wenn das mit meiner Frau nichts mehr wird, wird mir etwas ähnliches nicht mehr passieren. Erstens heirate ich nicht mehr, zwei Ehepleiten reichen mir vollkommen ... Freundin, Lebenspartnerin: ja. Heiraten: nein. Nochmal Kinder: auch nein. Ich glaube, daß ich den Martin wiederkriege. An dem Gutachten können die nicht dran vorbei, ich habe da auch einen Rechtsanwalt eingeschaltet. Ob ich einen Job kriege oder nicht, hat damit nichts zu tun. Den Unterhalt kann ich allemal aufbringen. Andere haben noch weniger, leben von Sozialhilfe und haben auch Kinder. Deswegen habe ich keine Angst.

Eine Möglichkeit, die ich noch hätte, obwohl ich meine Wohnung eigentlich behalten will, wäre, daß ich zu der Witwe ziehe, die hat eine Doppelhaushälfte ...

Nachlese

Dieter W. hat weder Gruppen- noch Therapie-Erfahrung. Ich traf ihn in der ehelichen Wohnung, in der er nun allein lebt. Seine Frau und seine Tochter sind im Frauenhaus, sein Sohn im Heim. Dieter W. versteht die Welt nicht mehr. Eigene Anteile an der gescheiterten Ehe vermag er nur schwer zu erkennen. Ganz im Gegensatz zu den Männern von »Männer gegen Männergewalt«. Dafür empfinde ich seine Schilderung mitunter als spontaner und in ihrer Naivität ebenso entlarvend wie erschütternd.

Warum Gewalt-Beziehungen?

Die Verhaltensmuster einer Gewalt-Ehe, das ergeben diese Interviews, scheinen sich zu gleichen: Am Anfang die große Verliebtheit, dann eine sehr intensive Beziehung, die damit verbundene Eifersucht, und schließlich, oft im Zusammenhang mit der ersten Schwangerschaft, die ersten Gewalttätigkeiten.

Vorausgegangen sind zumeist zahlreiche kleine und große seelische »Nadelstiche«, die sich zu einer Art seelischer Grausamkeit, ständigem Herabwürdigen der Frau steigern. Sie tritt diesen bis dahin noch nicht handgreiflichen Attacken nie entschieden genug entgegen.

Es bricht die offene Gewalt aus.

Durch ihr Leiden kann die Frau den Mann als die zwar körperlich Unterlegene, aber moralisch Überlegene unter Druck setzen. Er schämt sich, wird wütend, der Teufelskreis schließt sich, aus dem es Jahre, oft Jahrzehnte kein Entrinnen zu geben scheint. »Die lange Reaktionszeit der Ehefrauen, die die Prügel häufig jahrelang ertragen, bis sie die Scheidung einreichen, hängt mit einem kontinuierlichen Prozeß der Einschüchterung, Resignation, Verlust des Selbstwertgefühls und der Furcht zusammen, daß sich niemand in der Gesellschaft auf ihre Seite stellen wird«, schreibt die Feministin Janssen-Jureit.

Rund vier Millionen mißhandelte Frauen gibt es im Bundesgebiet. Und die Gewalt existiert überwiegend in der Familie, der vielgepriesenen »Keimzelle der Gesellschaft«. Die Rückschlüsse auf die Stellung der Frau in unserer Gesellschaft sind gar nicht ermutigend...

»In der Familie lernen Menschen Tugenden und Verhaltensweisen, die unserer Gesellschaft ein menschliches Gesicht geben. Liebe, Vertrauen, Rücksichtnahme auf andere, Opferbereitschaft, Mitverantwortung«, sagte Bundeskanzler Helmut Kohl in seiner ersten Regierungserklärung. Gewiß, das trifft auf den überwiegenden Teil der Bevölkerung auch einigermaßen zu. Aber für viele, sehr viele, sieht die Wirklichkeit ganz anders aus:

Mindestens jeder dritte Mord und Totschlag geschieht innerhalb der Familie. Das ergab eine Untersuchung des nordrhein-westfälischen Sozialministeriums. Bei über 80 Prozent aller aufgeklärten Gewalttaten ist der Täter mit dem Opfer verwandt oder verschwägert, und ein wesentlicher Prozentsatz der Opfer sind Frauen. – Warum?

Sind wir eigentlich die geborenen Opfer? – Wohl kaum.

Es sind die Machtverhältnisse, die Jahrhunderte alt sind, die »Hackordnung«, die uns innerhalb einer patriarchalischen Gesellschaft dazu erzogen haben. Hinzukommt in der Neuzeit die krasse Unterschiedlichkeit der Leitbilder. »Den Frauen ist gesellschaftlich eine gewisse Opferhaltung nicht nur gestattet, sondern auch geboten. Männer hingegen sollen nicht die Opfer, sondern die Ausübenden von Gewalt sein. Eine Botschaft, die sich in Medien, Werbung und Allgemeinverständnis mit Nachdruck wiederholt«, schreibt die Forscherin Cheryl Benard.

Und welche Frau kennt nicht die Erpessungs-Funktion ihrer erbrachten Opfer? Diese, »Ich hab' so viel für dich getan, deshalb mußt du mich auch lieben«-Haltung?

Ein Verhaltensmuster, das seit Generationen auch gesetzlich festgeschrieben war. Bei den alten Germanen leiteten die Recken das Recht, ihre Frauen zu schlagen, von göttlichen Geboten ab; ebenfalls der Koran, der Ehemännern eindringlich nahelegt, ungehorsame Ehefrauen »im Ehebett zu meiden und zu züchtigen«.

Bis zur Einführung des Bürgerlichen Gesetzbuches im Jahre 1900 hatte ein Ehemann hierzulande das verbriefte Recht, seine Ehefrau zu züchtigen. Noch bis vor 34 Jahren, 1953, mußte eine verheiratete Frau, wollte sie einen Arbeitsvertrag abschließen oder selbständig ein Geschäft betreiben, bei der entsprechenden Stelle die Genehmigung des Ehemannes vorlegen. Es sei normal, daß sich die Frau ihrem Mann in »ehelicher Zuneigung und Opferbereitschaft« hingebe – bestätigte 1967 ein Urteil des Bundesgerichtshofes.

Und noch bis 1977 galt, allen im Grundgesetz verankerten Gleichheitsprinzipien zum Trotz, das Leitbild der Hausfrauen-Ehe: »Die Frau ist berechtigt, erwerbstätig zu sein«, hieß es im

Bürgerlichen Gesetzbuch, »soweit dies mit ihren Pflichten in Ehe und Familie vereinbar ist.«

Gewiß, es gab und gibt immer wieder Frauen, die sich den Teufel um die Konventionen scheren. Aber der Großteil der Bevölkerung hat diese Prinzipien, wohlgemerkt diese von Männern aufgestellten Prinzipien, soweit verinnerlicht, daß er sie für »normal« hält. Eine Umfrage ergab, daß 36 Prozent der Männer und 26 Prozent der Frauen in Deutschland es für »nicht so schlimm« halten, wenn ein Mann seine Frau verprügelt, weil sie »den Haushalt nicht ordentlich führt«.

Ähnlich scheint es auch einigen Polizeibeamten zu gehen: »Die haben nie was gemacht! ›Ehestreit‹, hat es am Telefon geheißen, ›das geht uns nichts an‹«, berichtet Eva P.

Die dringend notwendigen Frauenhäuser, die den mißhandelten Frauen Schutz bieten, werden finanziell unzureichend unterstützt. Nur 400000 Mark gab der Freistaat Bayern im Haushalt 85/86 für Beratungen in Frauenhäusern aus. Nur wenige autonome Frauenhäuser, die von Frauenverbänden selbständig geführt werden, können in Bayern davon existieren.

Jedes neue Frauenhaus ist in kürzester Zeit überfüllt.

Die Frauen, mit denen ich sprach, haben inzwischen alle wieder eine Perspektive für die Zukunft. Das Leben erscheint ihnen endlich wieder lebenswert. Sieht man von dem gemeinsamen Schicksal ab, eine Frau in einer patriarchalisch geprägten Gesellschaft zu sein, handelt es sich um Menschen, die ganz unterschiedliche Neigungen und verschiedene Erwartungen haben und aus sehr voneinander abweichenden Familienverhältnissen stammen.

Es stellt sich die Frage, ob diese Frauen gemeinsame Merkmale haben, eine Art zugrundeliegendes Persönlichkeits-Profil, das sie anfälliger macht für Gewalttätigkeit als andere Frauen, und jahrelang aus dieser Situation nicht mehr herausfinden.

Nach Ansicht der Leiterin eines großen Frauenhauses in Süddeutschland, einer Sozialpädagogin und Eheberaterin mit langer Praxis, gibt es die »typische Geprügelte« nicht. Es müssen sich immer zwei Partner finden, die sich dann in einem neurotischen Wechselspiel ergänzen. Dies ergeben auch meine Interviews. Denn einige dieser Frauen werden von ihren neuen Partnern keineswegs geschlagen.

Eine gewalttätige Beziehung führt lediglich zum Extrem, was wohl jede Frau schon erlebt hat: Im Konflikt tritt sie dem geliebten Mann nicht entschieden genug entgegen, läßt sich unter Druck setzen und manipulieren. Sie gibt nach »um des lieben Friedens willen«, obwohl sie sich eigentlich gar nicht im Unrecht fühlt. Es sind damit die Weichen für die folgenden Differenzen gestellt.

Die Expertin: »Es gibt eine Reihe von Verhaltensweisen, die typisch weiblich sind. Die meisten Frauen, nicht nur die hier im Frauenhaus, können nicht direkt aggressiv sein. Sie nörgeln eher, maulen, leisten passiven Widerstand. Es fällt auf, daß die meisten Frauen hier keinerlei Erinnerung an ihre Trotzphase haben. Der Trotz, also das Erwachen des eigenen Ichs, des Willens, wurde und wird bei Mädchen eher niedergeprügelt als bei Jungen. Wenn dann noch ein entsprechend disponierter Partner hinzukommt, schnappt die Falle zu.«

Viele Frauen geben in den Interviews an, während ihrer Ehe »irgendwie daneben gewesen zu sein«, das Gefühl gehabt zu haben, daß »das alles einer anderen passiert« sei. Ein Punkt, der auffällt. Das typisch weibliche Verhalten der Anpassung, das Niederhalten des eigenen Willens wird schon sehr früh in der Familie gelernt. Die Mädchen können sich bald kaum mehr spüren, müssen sich auf die Bedürfnisse der Eltern ausrichten. Zur Trotzphase kommt es häufig nicht mehr, weil die voraussetzt, die eigenen Wünsche zu spüren und durchzusetzen. Die Persönlichkeit kann sich nicht entwickeln.

Ein Grund, warum die Frauen oft ihren Mann erst dann verlassen, wenn die Kinder ganz offensichtlich zu leiden beginnen, ist der, daß sie das Leid ihrer Kinder deutlicher verspüren, als ihr eigenes. Die Mütter fühlen sich nicht in der Lage zu sagen: *Ich* will nicht mehr, *ich* halte das nicht mehr aus.

Dazu die Leiterin der Beratungsstelle für mißhandelte Frauen in einem großen Frauenhaus in Süddeutschland: »Hinter dieser Haltung steckt die völlige Unfähigkeit, eigene Wünsche wahrzunehmen, geschweige denn, sie auch anzumelden. Frauen, die mißhandelt werden, und trotz allem noch über einen Rest von Selbstwertgefühl verfügen, spüren deshab oft erst nach Jahren genügend Schmerz, Wut und Angst, um endlich aktiv zu werden.«

Die Ideologie, wenn ich mich total an den Mann anpasse, dann geht die Ehe gut, ist falsch. Das Gegenteil passiert: Je mehr sich die Frau duckt, um so mehr drückt der Mann. »Der will dann oft wissen, wie weit kann ich jetzt noch gehen, wann sagt denn die mal nein«, meint die Beraterin.

Oft beginnt es – welche Frau kennt das nicht – mit kleinen Erniedrigungen, die sich zur Grausamkeit steigern können. Ein Verhalten, das Jungen oft schon im Kindergarten als besonders »männlich dominierend« empfinden. Da Männer in ihrer Kindheit und Jugend dazu erzogen wurden, weiche Gefühle nicht zuzulassen (»Ein Junge weint nicht«), bleibt ihnen für das spätere Leben als Gefühlsventil nur noch die Aggression.

Männer sind genausowenig geborene »Täter«, wie Frauen geborene »Opfer« sind. Zum Täter muß ein Mensch sich erst einmal entwickeln. Dazu »verhilft« ihm seine Umwelt.

Diesen Umstand halten viele mißhandelte Frauen, auch wenn sie die Gewalttätigkeit ihrer Männer verabscheuen, ihren Männern zugute. Sie fühlen, daß die Männer aufgrund ihrer Erziehung zu Gewalttätern geworden sind. »Diese Frauen geben sich aber der Illusion hin, daß die Liebe zu einer guten Frau, aus dem häßlichen Frosch einen Prinzen machen wird. Doch solche Bekehrungen kommen fast nie vor. Zu tief sitzt diesen Männern die Gewalt von frühester Kindheit anerzogen, nie haben sie gelernt, auf andere Menschen einzugehen und Liebe zu zeigen«, schreibt Erica Fischer in ihrem Buch *Gewalt gegen Frauen*.

Dieses Verhalten erstreckt sich auch auf den Bereich der Sexualität. Von einer Frauenhaus-Bewohnerin erfuhr ich, daß sie es nur über sich brachte, mit ihrem Mann zu schlafen, wenn sie oben war. Denn dann konnte sie fliehen, wenn er sie würgte. Sex und Gewalt treffen hier zusammen.

In Sachen Sexualität äußern die Frauen keinen eigenen Willen. Es steht überhaupt nicht zur Debatte, ob sie Lust zum Sex haben oder nicht, der Mann verfügt über die Frau. Einige Frauen sprechen aber auch von »erotisch sehr intensiven« Beziehungen, – von sexueller Hörigkeit. Das ist oft die Ursache, daß die Loslösung vom Mann so schwerfällt. Einige Männer haben enorme seelische Schwierigkeiten, wenn sie ihren Frauen auf der sexuellen Ebene nicht mehr begegnen.

Sind prügelnde Ehemänner also arme Teufel? Ja – mitunter, auch wenn es die Ehefrau ist, die mit schweren Verletzungen zum Arzt eilen muß, denn es gilt zu bedenken, daß gewalttätige Männer oft als Kinder unter Gewalttätigkeit zu leiden gehabt haben; haben Gewalt gegen Frauen und Kinder als »möglich und machbar« erlebt, eine Mutter erlebt, die trotz der Schläge beim Vater blieb, wurden selbst schwer geschlagen. Meine Gespräche mit prügelnden Ehemännern haben ergeben, daß ein Großteil selbst geschlagen oder Zeuge von Gewalt gegen ihre Mütter wurde. Die Vermutung liegt nahe, daß im Kindesalter bereits eine Hemmschwelle überschritten wurde. Dieser Umstand erleichtert es ihnen möglicherweise als erwachsene Männer, Gewalt auszuüben. In unserem Land leben 14 Millionen Kinder unter 14 Jahren. Laut Statistik sind 80 Prozent der Eltern für die Prügelstrafe, aber daß sie damit bereits den Keim für spätere Gewalt-Taten säen, bleibt vielen verborgen. Jährlich werden in Deutschland 30 000 bis 80 000 Kinder mißhandelt und nur 60 Prozent der Bevölkerung ist der Ansicht, daß Kindesmißhandlung unter Strafe gestellt werden müsse, jedoch 77 Prozent der Deutschen sind für eine strenge Bestrafung der Tierquälerei. Immerhin – 61 Prozent sprechen sich für eine Bestrafung bei der Mißhandlung der Ehefrau aus. Daß unter diesen Voraussetzungen nach wie vor harmonische Familien existieren, ist erstaunlich genug.

Was bleibt also geprügelten Ehefrauen, die hierzulande offenbar weniger Sympathien und Mitgefühl genießen als mißhandelte Hunde? Flüchten oder Standhalten. Sprich, sich zur Wehr setzen. Und das auf eigene Faust...

Gerade letzteres scheint Frauen besonders schwer zu fallen. Jüngste Untersuchungen von Vergewaltigungen zeigen, daß die Frauen zunächst mit dem Täter reden, dann betteln, dann weinen und dann gar nichts mehr tun. Die wenigsten wehren sich massiv. Denn das ist für eine Frau eben nicht nett!

Und wenn sie es tun, auch im Zusammenhang mit dem Ehemann, sprechen sie davon nur »mit ganz großen Schuldgefühlen« (so die Beraterin). Eine Gegenwehr erscheint den meisten Frauen als unstatthaft, gewissermaßen der uralten Rangordnung zuwiderlaufend. »Ein Mädchen prügelt sich nicht«, dieser Satz hat mancher Frau in der Kindheit bereits gründlich den Schneid abgekauft.

Allein mit den Kindern, isoliert in hellhörigen Wohnwaben, durch seelische und körperliche Aggression um den Rest ihres Selbstwertgefühls gebracht, ist es erstaunlich, daß immer mehr Frauen dennoch den Absprung aus unerträglichen Gewalt-Beziehungen wagen und den Weg ins Frauenhaus finden. Steigende Scheidungsraten und die Tatsache, daß überwiegend Frauen die Scheidung veranlassen (bis vor einigen Jahren war dies meist der Mann) sprechen dafür, daß Frauen, trotz aller Konditionierung zum Dulden, immer weniger bereit sind, katastrophale Ehen »bis daß der Tod sie scheide« zu ertragen. Es spricht für eine Art weiblicher »Stehaufmännchen-Qualität«, daß sie in der Ruhe und Geborgenheit der Frauenhäuser relativ schnell wieder zu sich selbst finden. Immer weniger Frauen kehren von dort aus zu ihren prügelnden Männern zurück. Inzwischen sind es nur noch 30 bis 40 Prozent; vor einigen Jahren waren es noch – zumindest in München – rund 65 Prozent. Diese Tendenz wird auch in anderen Frauenhäusern beobachtet. In den meisten Fällen sind nicht nur die Frauen, sondern auch die Kinder durch eine Trennung erheblich entlastet. Denn besonders die Kinder leiden unter einer destruktiven Familiensituation mehr, als unter dem Verlust eines Elternteils.

Geht die Ehefrau erst mal verlustig, wollen die meisten gewalttätigen Ehemänner sie so schnell wie möglich wieder zurückhaben. Die Ursache, weshalb sie weggelaufen ist, ist für die meisten überhaupt kein Thema. Ihr Ehe-Rezept bleibt auch nach dem Trennungs-Schock simpel: Die muß doch nur tun, was ich sage, dann läuft die Ehe schon. Die Expertin sieht diese Männer so: »Die fühlen sich alle sehr klein. Sie müssen jemanden beherrschen, um sich selbst aufzuwerten. Sie sind zutiefst infantil und unfrei. Diese Männer klappen auch in der Regel zusammen, wenn die Frau endgültig geht. Erst vor einiger Zeit haben sich zwei das Leben genommen. Die hilflose Aggression hatte sich gegen sie selbst gerichtet. Gewalt also im Grunde eine Zeichen äußerster Verunsicherung? Kein Zweifel, wir leben in einer Zeit, in der sich die althergebrachten Rollenverteilungen zwischen Mann und Frau allmählich verändern. Nicht nur Spötter sehen in dem prügelnden Ehemann ein letztes Rückzugsgefecht des Patriarchats. Wandel täte not, aber Wandel tut auch weh und der Abschied von überholten, vermeintlich »natürlichen«, aber angemaßten Privilegien ganz besonders. Viele Männer sind durchaus bereit, sich ihrerseits zu emanzipieren, aber da ist die Macht der Gewohnheit oder besser die Gewohnheit der Macht, und die kann bekanntlich auch den Besten korrumpieren. Ein Umstand, der schon vor etwa 100 Jahren zu der Schlußfolgerung mit emanzipatorischem Unterton führte: »Alle Selbstsucht, Selbstherrlichkeit und ungerechte Selbstgefälligkeit, die sich in der Menschheit zeigen, haben ihren Ursprung in dem bestehenden Verhältnis zwischen den Geschlechtern. Ohne Rücksicht auf die tatsächlichen Fähigkeiten des einzelnen glaubt der Mann, daß er das Recht hat, zu befehlen und die Frau die Pflicht, zu gehorchen. Welchen Eindruck mag diese Einstellung auf den Charakter des Mannes machen?« Der Autor dieser Zeilen muß es wissen; es handelt sich nicht um eine aufgebrachte Suffragette, sondern um den britischen Philosophen (und Mann) John Stuart Mill...

Ich sprach auch mit dem Männer-Berater eines großen Frauenhauses in Süddeutschland. Der Sozialpädagoge bietet seit drei Jahren verlassenen Ehemännern der im Haus lebenden Frauen Rat und Hilfe an. Wenn die Frauen dies wünschen, spricht er als Eheberater auch mit beiden Partnern der gescheiterten Gewaltbeziehung. Zweifellos ein harter Job zwischen den Stühlen in einer Umgebung, die von zum Teil schwer mißhandelten Frauen geprägt ist; – von Männern mißhandelten Frauen. In seinem Beratungszimmer hat er jahrelang eindringliche Gespräche mit gewalttätigen Männern geführt, über ihre Motive, ihre Wünsche, ihre Hoffnungen. Und er hat oft die Reaktionen der Ehefrauen beobachtet, hat gesehen, wie und wo die

Gewalt-Beziehung sich manifestierte, welche Dynamik sie aufrechterhielt. Für den Berater sind Gewaltbeziehungen »immer symbiotische Beziehungen, in denen der Mann versucht, über die Partnerin Macht auszuüben, um sie dadurch ganz für sich zu haben«.

Kein Mann, das geht auch aus meinen Interviews hervor, prügelt aus Jux und Dollerei seine Frau. Viel eher aus dem Gefühl der Verzweiflung und Hilflosigkeit. Daß Männer, die prügeln, selbst unter ihren Gewalttaten leiden, kann der Berater nur bestätigen. »Keiner prügelt aus Spaß. Auch die Männer sind unglücklich. Nach Gewalttaten haben sie mitunter ein ungeheures Schuldgefühl«; das kann darin gipfeln, daß der Mann sich nach einer Prügel-Szene übergeben muß (siehe Ingo D.) und danach versucht, mit Blumen und Versprechungen alles wieder gutzumachen. Aber die tiefliegenden Ursachen für die Gewalt werden damit nicht geklärt, sondern bleiben bestehen, bis sie eines Tages wieder hervorbricht. Der Experte wird mit diesem immer wieder von neuem ablaufenden verhängnisvollen Mechanismus in seinen Sprechstunden täglich konfrontiert. Auch in seinem Sprechzimmer. »Diese Paare leben total isoliert, haben keinen Freundeskreis, sind in symbiotischer Weise völlig aufeinander bezogen. Beide haben aus ihrer frühen Kindheit einen ganz großen Mangel; sie suchen Nähe, Wärme und Intensität.« Aus der übergroßen Nähe und Abhängigkeit, dem Druck der übertriebenen Intensität heraus entsteht schließlich Gewalt, Gewalt als Ventil. Auf gewisse Weise ist Gewalt eine – wenn auch pervertierte – Art von Nähe. Feinere Schwingungen könnten Partner einer Gewaltbeziehung ohnehin kaum mehr wahrnehmen. Das ist auch die Ursache dafür, daß bei diesen Paaren sehr oft auch im Liebesspiel Gewalt und Aggression mitschwingen. Bei normalen Partnern bleibt es im spielerischen Bereich, oder die Aggression wird verbal ausgedrückt. »Fast immer sind es sehr unglückliche Kinder, die später in Gewalt-Beziehungen geraten«, sagt der Berater.

Auch die Interviews ergeben: Vernachlässigte Mädchen, geprügelte Jungen werden, sind sie einmal erwachsen, Partner in Gewalt-Beziehungen. Ein früher Mangel an Nähe und echter

Wärme in der Beziehung zu Vater und Mutter führt zu jenem seelischen Defizit, das anfällig macht für Gewalt-Ehen. Daß nicht nur die Männer, sondern auch die geschlagenen Frauen die Prügel-Exzesse oft jahrelang vor der Außenwelt geheimhalten, sie sogar decken und dadurch zur Komplizin ihrer Männer werden, scheint schwer begreiflich. Das könnte ursächlich damit zusammenhängen, daß die Frauen spüren, daß sie irgendwie »mitspielen«. Sie ahnen, daß weibliches Dulden und Leiden eine moralische Erpressungsfunktion hat, daß der Partner, so formuliert es Eva P., mit seinen Missetaten trefflich unter Druck gesetzt werden kann. Bis zum nächsten Mal...

Einige meiner männlichen Gesprächspartner gaben schließlich an, sich durch die passiv-duldende Haltung ihrer Frauen zu Gewalthandlungen ermutigt gefühlt zu haben. Eine Haltung, die der Berater aus zahlreichen Paar-Beratungen kennt. Immer wieder erlebt er die Unfähigkeit der Frauen, sich durchzusetzen gegenüber dem Mann, den Kindern und dem Berater. Sie sagen nichts, nehmen alles hin, – still und stumm. »Es kann einen«, erinnert sich der Berater, »das erlebe ich oft selbst in der Beratung, wütend machen, wenn man eine Gummiwand vor sich hat.« Zu einem eigenen, klaren Standpunkt können sich diese Frauen nicht durchringen. Diese Passivität, die den Frauen in frühester Kindheit eingebläut und von ihren Müttern vorgelebt wurde, ist oft zusätzlicher Anlaß für männliche Kurzschluß-Reaktionen.

Diese Passivität reicht auch in den sexuellen Bereich hinein. »Diese Frauen gehen nie aktiv mit eigenen Wünschen auf den Mann zu. Sie warten immer, was er tut. Sexualität und Aggressivität werden als abgespaltener Teil der Person erlebt, der nicht zu ihnen gehört. Die Frauen wehren sich nicht, wenn sie geprügelt werden. Sie ziehen keinerlei Konsequenzen aus dem Verhalten ihrer Männer. Ebensowenig werden sie sexuell aktiv. Sex und Wut sind »Sauereien«, für die nach Ansicht der Frauen die Männer zuständig sind. Sie fühlen sich moralisch überlegen, wenn sie beides dulden, und entwerten ihre Männer dadurch.

Leider finden nur wenige Paare den Weg in eine Therapie. In einer Therapie könnte die Paar-Dynamik, deren Hintergrund meist frühkindliche Störungen sind, bearbeitet werden. Das heißt die seelischen Verletzungen zu erkennen, durchzuarbeiten und neue, reifere Formen des Umgangs miteinander zu entwikkeln. Die Abwehr dagegen ist sehr groß, weil die Angst so groß ist, die eigenen Wunden zu spüren und etwas gänzlich Neues zu erleben. Höchstens zehn Prozent der Paare, von denen die Frau bereits ins Frauenhaus geflüchtet ist, sind bereit, ihre gemeinsamen Konflikte zu erkennen, zu diskutieren, um sie eventuell zu klären. Wesentlich stärker ist die Bereitschaft der Frauen, das geht aus den Interviews hervor, nach der Trennung die Ursache für die Gewalt-Beziehung zu ergründen. Die meisten Männer scheuen vor einer solchen Klärung zurück, denn sie sehen in ihren Frauen einen Mutter-Ersatz; und ist die Frau ins Frauenhaus geflüchtet, stehen diese Männer hilflos vor dem Berater und verlangen ihre Frau zurück, weil sie ohne sie nicht leben können. Dem Berater wird die Rolle zuteil, ihnen die Mutter wieder zu beschaffen. Da dies nicht möglich ist, verfallen viele Männer in tiefe Verzweiflung. Wie tief, das belegen die relativ häufigen Selbstmorde gewalttätiger Ehemänner nach der Trennung. Der Nährboden, auf der eine Gewalt-Ehe sich entwickelt, ist immer wieder der gleiche: Jeder Partner sucht beim anderen die Wärme und Geborgenheit, die er als Kind nicht bekam und in der Ehe nun nicht fähig ist, dem Partner zu geben. Beide Partner sind voller unerfüllter Sehnsucht und voneinander enttäuscht und reagieren zwangsläufig – jeder auf seine Weise – aggressiv. Der reale Partner bleibt hinter dem Wunschbild im Dunkeln, er wird, so wie er wirklich ist, kaum wahrgenommen. Ist eher Symbol für Familie und Wärme.

Der Berater erlebt es immer wieder: »Die Männer setzen alles daran, ihre Frauen wiederzubekommen. Frage ich sie aber, was ihnen denn so besonders gut an ihr gefällt, wissen sie auf einmal nichts zu sagen.« Folglich hält er, ähnlich wie die Frauen-Beraterinnen, den Auszug der Frauen ins Frauenhaus letztlich für einen Akt der Befreiung. Ein Zeichen, daß sie trotz allem noch in der Lage sind, ihr Ich zu spüren. Sich nach Jahren der Demütigungen doch noch zu schützen und abzugrenzen.

Aber nicht nur für die Frau, sondern auch für ihren gewalttätigen Mann bedeutet eine Trennung die letzte Chance, endlich aus einer symbiotisch-infantilen Beziehung herauszukommen, um sich weiterzuentwickeln. Wie jeder Reifeprozeß braucht das lange und tut weh. Trillse: »Ich versuche im Gespräch eine Loslösung von der Frau zu ermöglichen. Es dauert oft sehr lange, bis sich gewalttätige Männer auf eine andere Frau einlassen können, weil ihre Abhängigkeit so stark ist.«

Auf welch nachgerade kindliche Weise diese scheinbar so überlegenen Männer auf ihre Frauen angewiesen sind, unterstreicht die Tatsache, daß sehr oft Gewalt aus Eifersucht auf das erste Kind eruptiv hervorbricht. Dann nämlich, wenn die Männer ihre »Mutti« von nun an mit einem echten Baby teilen müssen...

Eine wesentliche Ursache für spätere Gewalt-Beziehungen sieht die Frauenhaus-Leiterin in überkommenen Rollen-Klischees. Für sie liegt die Ursache, weshalb sich Frauen erst nach vielen Jahren des Leidens entschließen, ihren Mann zu verlassen, darin, daß »sie glauben, in einer unerträglichen Ehe ausharren zu müssen, um den Kindern die Familie zu erhalten«. Sie selbst, das wiederholen diese Frauen immer wieder, spielen überhaupt keine Rolle. Warum spüren sie oft erst nach Jahren Wut, Angst und Empörung?

Die Expertin sieht das so: »Die meisten Frauen, nicht nur die, die später geschlagen werden, haben sich vorwiegend als Objekt anderer erlebt; als Objekt der Eltern, der Geschwister. Die Frage, will ich das denn eigentlich selber?, wird zu spät gestellt. Hinzukommt, daß meist die Phase der Selbständigkeit zwischen Herkunftfamilie und Eheschließung fehlt, in der jeder Mensch damit konfrontiert wird, sein Ich zu spüren, für sich selbst Verantwortung zu tragen und lernt, Ängste einfach auszuhalten.«

Als erschütternd erlebt die Leiterin des Frauenhauses immer wieder, wie hartnäckig Frauen an der Vorstellung festhalten, den Partner dadurch zu ändern, daß sie sich seinen Wünschen entsprechend verhalten. Alle Frauen, mit denen ich sprach, hatten sehr früh bemerkt, daß die Beziehung zu ihrem Partner nicht so recht stimmte, daß der Mann jähzornig war, und es Zeiten gab, in denen er ausklinkte. Zu Gewalt-Durchbrüchen kommt es nämlich meistens, wenn die Zweisamkeit von einem dritten Element bedroht wird. Das können eine Schwangerschaft, Freunde, Berufstätigkeit oder Alkohol sein.

Trotz allem halten die mißhandelten Frauen unbeirrt an der Illusion fest, alles noch zum Guten wenden zu können, wenn sie sich nur genügend anpaßten. Ein verhängnisvoller Trugschluß. »Wenn ich mein Verhalten nur ändere, damit sich der andere ändert, dann bewirkt meine Haltung gewiß nicht das, was ich mir wünsche. Der Mann spürt nämlich den Erwartungs-Druck und reagiert erst recht aggressiv. Es entsteht ein gegenseitiges Wechselspiel«, meint die Expertin.

Mit der Zeit unterdrücken die Männer zunehmend jeden kleinsten Ansatz von Selbstvertrauen bei ihren Partnerinnen, die unbewußte Angst vor der Selbständigkeit der Frau muß beschwichtigt werden. Denn eine selbständige, autonome Frau kann gehen, eine hilflose, unselbständige braucht den Mann und ist auf ihn angewiesen. Nach ein paar Jahren können es sich die Frauen gar nicht mehr vorstellen, die unbefriedigende Beziehung zu verlassen, draußen in der Welt allein ihr Glück zu versuchen und für die Kinder Verantwortung zu tragen. Die Expertin: »In diesem Zusammenhang geschehen furchtbare psychische Mißhandlungen. Es wird damit gedroht, die Frau zum Selbstmord zu treiben, in die Nervenklinik zu bringen. Die Frauen fühlen sich, wenn sie Jahre in diesem Klima zugebracht haben, wie der letzte Dreck, und haben keinen Mut mehr, zu gehen.« Dieses destruktive Klima wird denn auch den Kindern zugemutet, also denjenigen, für die die sogenannte Familie erhalten werden soll. Diese Kinder zeigen im Frauenhaus deutliche Verhaltensstörungen. Mitunter sind sie übertrieben kontaktscheu und schüchtern, oder sie kompensieren und zeigen auffallend großen Ehrgeiz in der Schule. Manche Jungen identifizieren sich mit dem gewalttätigen Vater und sind selbst äußerst aggressiv. Mitunter treten auch halbwüchsige Mädchen sehr aggressiv auf und bedrohen ihre Mütter und Schwestern. Für solche Mädchen erscheint die Identifikation mit dem scheinbar so starken Vater attraktiver als die mit der schwachen Mutter.

Es ist glatter Selbstbetrug, der Kinder wegen eine Gewalt-Ehe fortzusetzen. Für Kinder ist es wesentlich besser, in einer entspannten Atmosphäre bei *einem* Elternteil aufzuwachsen, als in der destruktiven Umwelt einer kaputten Ehe.

Eine destruktive Beziehung entsteht nahezu immer auf die gleiche Art und Weise. Bei der Heirat befinden sich die Frauen zunächst in einer abhängigen, den Mann bewundernden Position. Der Mann wiederum kompensiert seine eigene Unsicherheit mit einer unsicheren Frau. Dieses Symbiose-Gleichgewicht gerät durch das erste Kind oft ins Wanken. Der Mann, der die Schwäche seiner Frau benötigt, um sich selbst aufzuwerten, tritt nun zwangsläufig in den Hintergrund. Häufig entsteht daraus, vor allem in den zahlreichen Alkoholiker-Ehen, folgendes Beziehungsmuster: Er beginnt, sich immer schwächer zu fühlen, sie schmeißt den ganzen Laden – Kind, Arbeit, Haushalt – zunehmend allein. Aus dem Gefühl der Entwertung heraus wird der Mann plötzlich brutal. Typisch sind auch die vagen Schuldgefühle der Frau, wie Eva P. andeutet, weil sie halb bewußt, halb unbewußt spürt, wie sehr sie ihn entmachtet. Er rächt sich dafür, daß sie scheinbar alles allein kann. Diese unbewußten Schuldgefühle sind die Ursache für das jahrelange Ausharren und die hartnäckigen Rettungsfantasien der Frauen – vor allem in Alkohol-Beziehungen und für den permanenten Wunsch, ihm doch noch zu helfen. In vielen Beratungen wird immer wieder die Frage gestellt, die wie die eines kleinen Kindes anmutet: Warum ist die Mami/der Mann, nicht so, wie ich sie/ihn haben will?

Während die Frauen sich also mit vermeintlicher Stärke an ihren Männern für erlittene Unbilden rächen und diese immer kleiner und dadurch immer brutaler werden, wird die Lebenssituation schließlich immer unerträglicher. Um überhaupt weiter ausharren zu können und gleichzeitig irgendwie zu funktionieren, machen die Frauen einfach dicht: Sie spüren nichts mehr und es kommt zu dem oft ausgesprochenen Gefühl des Danebenstehens, des inneren Abschaltens. Der Mann spürt diese Entfremdung, denn er ist selbst abhängig von seiner Frau und kann nur noch mit der ohnmächtigen Wut eines kleinen Kindes auf seine Frau einschlagen. »Die Frau hat in seinen Augen den unverzeihlichen Fehler begangen, seine narzißtischen Größen-Fantasien ad absurdum zu führen, indem sie sich letztlich, was die Bewältigung der realen Lebenssituation anbelangt, als die Stärkere und Kompetentere erwiesen hat.« Soweit die Beraterin.

Ein Teil der Frauen verweigert indes jede Aktivität, versinkt in Resignation und stummes Dulden, was bis zur Selbstzerstörung führen kann, wie zum Beispiel bei Mechthild K.

Anmerkung:

Von der rechtlichen Seite aus betrachtet, sieht es mit der Gewalt in der Ehe folgendermaßen aus: Nach Paragraph 223 des Strafgesetzbuches handelt es sich bei Körperverletzung, worauf es bei Prügel-Szenen meist hinausläuft, um ein Antragsdelikt. Das heißt, die verletzte Frau kann einen Strafantrag stellen. Das muß innerhalb von drei Monaten geschehen, da nach dieser Frist das Delikt verjährt. Bemerkenswert ist, was geschieht, wenn eine Frau sich nach einem gestellten Strafantrag eines anderen besinnt: Sie kann dann wegen übler Nachrede belangt werden und dadurch möglicherweise bei einer späteren Scheidung ihren Unterhaltsanspruch einbüßen.

Der Paragraph 233 A bezieht sich auf die gefährliche Körperverletzung: heißt es ausdrücklich, daß das Leben der Frau bedroht sein muß, sei es auch nur verbal. Das Delikt verjährt nicht. Es ist aber ratsam, einen Strafantrag nur dann zu stellen, wenn Zeugen bei der Bedrohung zugegen waren, weil in diesem Fall der spätere Vorwurf übler Nachrede besonders naheliegt. Wichtig: Es muß zu keinerlei Mißhandlung gekommen sein. Es genügt, wenn die Frau mit den Worten: Ich bring dich um, bedroht worden ist.

Die Münchner Anwältin Ursula Schenk, seit Jahren für den »Verband alleinstehender Mütter und Väter« tätig, und Expertin in schwierigen Scheidungs-Sachen, bedauert, wie wenig Frauen von ihren Rechten wissen, geschweige denn davon Gebrauch machen. »Wichtig ist, daß mißhandelte Frauen bei einem Prozeß, der meist der erste Schritt zur Scheidung ist, wissen, daß sie unter gewissen Voraussetzungen außer dem Unterhalt auch Schmerzensgeld oder gar eine Rente beanspruchen können. Wenn Verletzungen, die der Ehemann der Ehefrau beigebracht hat, zur Arbeitsunfähigkeit führen, besteht Rentenanspruch gegenüber dem Mann. Ursula Schenk hat beobachtet, daß immer wieder ein ähnlicher Frauen-Typ Gewalt-Problemen wegen zu ihr in die Beratung kommt. Die Anwältin, die selbst alleinerziehende Mutter einer neunjährigen Tochter ist, berichtet: »Die Frauen erscheinen mir durch die Bank sehr weich, sehr weiblich, aber auch unfrei und schüchtern. Sie wirken alle merkwürdig mütterlich, haben auch fast immer mehrere Kinder. Die Ehemänner sehen regelmäßig die Kinder als Konkurrenz an, wollen selbst Kind dieser Über-Mutter sein. Die Frauen haben wenig Selbstvertrauen, können nicht das tun, was allein die Gewalt-Situation ändern würde: Massiv auftreten gegen den Mann. Ich habe immer die Empfindung, daß sich diese Frauen in erster Linie als Mütter, nicht als Partnerin des Mannes verstehen. Sie haben nur Vertrauen in sich in der Rolle der Familienmutter. Das ist ihre Macht. Es ist deshalb auch kein Wunder, daß es bei der Scheidung meist Probleme mit dem Umgangsrecht für den Vater gibt.«

Auch die Juristin vermutet als Ursache für Gewalt-Beziehungen den beiderseitigen, kindlichen Wunsch nach Symbiose; die Unfähigkeit, die unvermeidliche Distanz, ja die gewisse Einsamkeit des Erwachsenseins zu ertragen.

Die Frauen meinen lange Zeit, auch für den Mann die alles verzeihende Mutter sein zu müssen. »Aber irgendwann haben sie dann doch die Kraft zu gehen«, meint die Anwältin optimistisch, »irgendwann lassen sie sich nicht mehr länger die Menschenwürde aberkennen.« Indes: Ursula Schenk bekommt nur Frauen zu Gesicht, die sich zur Scheidung durchgerungen haben, die vielen, die stumm erdulden und erleiden, die »im Dunkeln« sieht sie nicht...

Ehe-Therapie statt Scheidung?

Was ist zu tun? – Bleibt als Ausweg aus einer Gewalt-Beziehung nur die Scheidung? Oder gibt es Mittel und Wege, solch eine Beziehung doch noch auf eine solide Basis zu stellen? Das heißt natürlich, wenn noch nicht zu viel Seele zerstört worden ist.

Die Berater und Beraterinnen im Frauenhaus deuten es an: Eine intensive Paar-Therapie im Anfangsstadium einer Gewalt-Beziehung kann manchmal die frühkindlichen Störungen, die letztlich zur Gewalt-Beziehung geführt haben, noch bearbeiten und einen normalen, reiferen Umgang der Partner miteinander – zumindest teilweise – ermöglichen.

Gewiß. Viele geschlagene Frauen gehen nicht zum Arzt oder zur Beratung und suchen überhaupt keine Hilfe. Gewiß, finanzielle Sorgen, Arbeitslosigkeit, eine enge Wohnung verstärken die Frustration, die sich in Gewalttaten manifestiert. Gewiß, durch die Vermittlung eines Arbeitsplatzes oder einer vernünftigen Wohnung konnte schon manches Mal eine spannungsgeladene Atmosphäre abgebaut werden. Als ebenso sinnvoll hat es sich erwiesen, junge Eltern aus der Isolation der Kleinfamilie herauszuholen, um sie mit anderen Menschen zusammenzubringen.

Aber die Ursachen für Gewalt-Beziehungen liegen woanders, sind vielschichtiger, als daß es ausreichte, die äußeren Lebensumstände zu verändern, um den Schaden zu beheben. Die Ursachen sind, wie die Interviews ergeben, vor allem im seelischen Bereich zu suchen*. Frauenhäuser, Familien- und Eheberatungsstellen können hier lediglich nur die so dringend benötigte Erste Hilfe leisten.

Um den Problemen aber wirklich auf den Grund zu kommen, bedarf es in den meisten Fällen einer Therapie. Für viele Paar-Beratungsstellen ist es inzwischen nicht mehr erklärtes Ziel, die Ehe um jeden Preis zu kitten, sondern es wird ebenso als

* Das beweist auch die Tatsache, daß in finanziell und sozial »besseren Kreisen« ebensoviel geprügelt wird wie in schwierigen Verhältnissen.

befriedigendes Therapie-Ergebnis akzeptiert, wenn die Partner zu einer fairen Trennung fähig werden. Dies gilt auch für Gewalt-Beziehungen.

In München muß der erst kürzlich eingerichtete »Familien-Notruf« für Paare in Trennungssituationen mit Wartelisten arbeiten, so groß ist bereits der Andrang. Dieselbe Situation besteht bei den Instituten in Gießen, Hamburg oder Heidelberg.

Die meisten Paar-Therapeuten sind zwar Anhänger einer bestimmten *Schulrichtung*, sie versuchen aber, je nach Problemstellung der Ratsuchenden, auch Aspekte anderer Richtungen zu integrieren. In den vergangenen zwanzig Jahren, seit sich die moderne Paar-Therapie entwickelt hat, haben sich drei wesentliche Richtungen herauskristallisiert:

Die analytische Richtung: Sie versucht mit Hilfe des Denkmodelles der klassischen Psychoanalyse die grundlegenden, in der Kindheit der Partner wurzelnden Konflikte zu erkennen und durch gegenseitiges Verständnis aufzuarbeiten, um sie zu entschärfen.

Die systematische Richtung: Die eher pragmatischen Familien-Therapeuten in den USA ersannen diesen Ansatz, der die oft jahrelange Analyse umgeht und das Übel nicht an der Wurzel, sondern in der Auswirkung angeht. Der Therapeut wirkt ganz direkt auf das Paar als Beziehungs-System ein, dessen Verhalten eine eigene Dynamik entwickelt hat. Das Wissen um die Ursachen des Fehlverhaltens ist zunächst nicht gefragt, wichtig ist, daß sich das störende Verhalten ändert.

Die sogenannte Sexual-Therapie: Sie nimmt ein sexuelles Problem des Paares zum Anlaß, grundlegende Konflikte, die zur Störung geführt haben, aufzudecken. Es sei nur der Vollständigkeithalber erwähnt, daß das Gewaltproblem zwar oft mit sexuellen Störungen verbunden, im Prinzip aber anders gelagert ist.

Die Pioniere der analytisch-orientierten Paar-Therapie sehen Partnerwahl und Paarkonflikt in einem engen Zusammenhang. Mit anderen Worten: Der Heiratsgrund wird oft zum Scheidungsgrund. Ein wesentliches Motiv der Partnerwahl liegt nämlich, gerade bei späteren Gewalt-Beziehungen, darin, daß ein Partner sich gerade von den Eigenschaften des anderen unbewußt angezogen fühlt, die er sich selbst nicht zugesteht. In der Ehe werden diese Eigenschaften dann erbittert bekämpft, nur um sie nicht an sich selbst wahrnehmen zu müssen. Dies gilt in hohem Maße für Gewalt-Beziehungen, in denen die Frau ihre Sexualität und Aggressivität an den Mann delegiert und ihn gleichzeitig deshalb ablehnt. Ebenso gilt dies für den Mann, der seine Gefühlsseite, seine Weichheit und Nachgiebigkeit an die Frau »abgibt« und sie gleichzeitig dafür schlägt und mißhandelt.

Ziel der oft sehr langwierigen Therapie ist es, den Partnern zu ermöglichen, ihre eigenen, beim Partner abgelehnten Eigenschaften anzunehmen und damit zu einem reiferen Umgang mit sich selbst und mit dem Partner fähig zu werden.

Besonders intensiv mit den psychosozialen Aspekten der Geschlechterrollen befaßt sich der Psychoanalytiker und Bestsellerautor Horst Eberhard Richter (»Flüchten oder Standhalten«). Er und seine Gruppe an der Universität Gießen zählen zu den wesentlichsten Vertretern der analytischen Paar-Beratung. Richter hat eine neue Variante der Therapie ins Ehe-Spiel gebracht: Im Rahmen einer Art Roßkur, einer sogenannten »Paar-Kurztherapie« von zehn bis zwölf Doppelstunden, die über zwei Wochen verteilt werden, versucht er, ineinander verbissene Paare voneinander zu lösen, um sie für eine Neubegegnung miteinander freizumachen.

Richters Kollege Helm Stierlin von der Universität Heidelberg, ursprünglich Psychoanalytiker, hängt hingegen einer anderen Theorie an: Er verfolgt überwiegend Methoden, die direkt auf das Beziehungssystem und das Verhalten der Partner einwirken. Seine Familien-Therapie, die sich aus der *Systematischen Richtung* entwickelt hat, geht von der Annahme aus, daß Verhaltensstörungen von einem Paar oder einer Familie erlernt worden sind und genauso wieder »verlernt« werden können. Da das Paar oder die Familie als erkranktes »System« angesehen wird, ist es unerläßlich, alle Familienmitglieder, einschließlich der Oma, sofern sie im selben Haushalt lebt, ins Erstinterview mit einzubeziehen.

Einschließlich der Sexual-Therapie sind in der modernen Paar-Therapie die Grenzen fließend. Die Grundvoraussetzung für eine erfolgreiche Therapie ist, daß beide Partner noch genügend Interesse an einer Fortsetztung der Beziehung aufbringen oder eine echte Klärung anstreben. Viele der jahrelang mißhandelten Frauen wollen und können das nicht mehr; in den lang andauernden Gewalt-Beziehungen haben sie zu viel an Gefühls-Substanz verloren. Aber selbst wenn eine Trennung nicht mehr verhindert werden kann, kann eine Therapie das Gefühls-Chaos der Partner klären und entwirren helfen.

Leider kommen die meisten Frauen oft zu spät zu Beratungsgesprächen und die Männer nur sehr vereinzelt. Die Chancen für eine erfolgreiche Therapie sind erheblich größer, wenn durch Gewalt-Szenen nicht schon allzuviel zerstört worden ist.

Ein Großteil der Frauen nehmen in den Frauenhäusern das Beratungs-Angebot durch Sozialpädagogen und Psychologen wahr, um sich über die Ursache ihrer Gewalt-Beziehung klarzuwerden.

Nur ein geringer Teil der Paare versucht dies gemeinsam. Selbst wenn sich nur ein Partner klar wird über die Ursachen für das Scheitern der Beziehung, kann das zu einer menschlicheren und gerechteren Trennung führen; vor allem zum Nutzen für die gemeinsamen Kinder.

Im Frauenhaus

Das Frauenhaus der »Frauenhilfe München«. Ein langgestreckter, kasernenartiger Bau, verglastes Eingangstor im Parterre, Gitter vor den Fenstern, große Spielwiese. Nach einer »Gesichts-Kontrolle« wird die Eingangstür per Knopfdruck von der Pforte aus aufgemacht. Am Pult der Eingangshalle, neben dem Telefon, jedes Mal eine andere Frau, die Dienst hat, Bewohnerinnen des Hauses oder auch freiwillige Helferinnen. Kleine Kinder um sie herum. Neugierige Augen. In der Halle Clubmöbel, Grünpflanzen. Dort sitzen Frauen, plaudern, stricken, warten auf einen Anruf. Hin und wieder sieht eine auf, beobachtet die Kinder beim Spielen, ermahnt, strickt weiter.

Ein »Neuzugang« huscht durch die Halle, hochschwanger, das eine Auge schwarz-blau unterlaufen. Ein Kleinkind auf dem Arm. Keiner guckt, nur ich. Die Atmosphäre ist ruhig, entspannt.

Die Neue strahlt noch Angst aus, scheu schaut sie an uns vorbei. Die Frauen erzählen sich von einer, die neulich kurz da war. Die auch schwanger war. Die ging dann in die Klinik, wurde dort kurz nach der Entbindung von ihrem Mann zusammengeschlagen. Man schickte sie wieder ins Frauenhaus. Gestern sei sie wieder mit dem Kerl...

Viele von den Frauen, die hier sind, hatten Vorurteile, Angst vor dem Frauenhaus. Frauenhaus bedeutet sozialen Abstieg für sie. Wer unten ist, will nicht noch weiter hinunter. Viele wußten nicht mal, daß es überhaupt Frauenhäuser gibt. Einige der vier Millionen mißhandelter Frauen sind jetzt hier, haben Ruhe gefunden und können sich besinnen; sie erhalten Rat und die praktische Überlebenshilfe; finanzielle Verhältnisse werden besprochen, die Frage, was geschieht mit den Kindern, wird zu klären versucht; sie können sich endlich einmal aussprechen. Manche Frauen kommen spontan, manche haben schon jahrelang die Telefonnummer der Frauenhilfe als Rettungsanker in der Handtasche mit sich herumgetragen.

Es ist Mittwoch. Sonia Z. wartet auf mich in der Eingangshalle. Ein ganz gewöhnlicher Tag im Frauenhaus. Sie ist seit ein paar Monaten hier, lebt mit ihrer kleinen Tochter in einem kleinen, aber wohnlichen Ein-Zimmer-Appartement; großes Fenster mit Blick auf die Spielwiese vor dem Haus, schlichte, zweckmäßige Möblierung, Naßzelle. Außergewöhnliches kann die »Frauenhilfe« sich nicht leisten, aber zunächst genügt das den Ansprüchen. Sonia Z. ist 32. Hier im Frauenhaus hat sie endlich Rückhalt und einen ruhenden Pol gefunden. Ganz verändert, jünger, glatter, irgendwie gelöster sieht sie aus, seit ich sie das letzte Mal sah. Ihre kleine Tochter spielt pudelnackt auf der großen Couch, haut bunte Klötzchen aneinander, kaut am Beißring. Sonia Z. hat nur ihre Tochter mitgebracht, und das was sie am Leibe trug.

Bisher hatte sie nicht das Bedürfnis, nach draußen zu gehen, sondern genoß mit ihrem Baby die Ruhe des Raumes – die Gewißheit, in Sicherheit zu sein.

Allmählich atmet sie auf, fängt an, um sich zu blicken, die Spannung fällt langsam von ihr ab, sie nimmt ihre Umwelt wieder wahr und beginnt, an einer neuen Zukunft für sich zu basteln.

Es ist Essenszeit. In der großen Küche kann jede Mutter für sich und ihre Kinder kochen. Mit dem Putzdienst hat niemand so recht was am Hut, und vergißt eine Frau aufzuräumen, gibt es Krach, der sehr heftig werden kann. Die Spannung, unter der diese Frauen jahrelang gestanden haben, entlädt sich. Aber hier muß niemand in ständiger Angst leben, wie draußen, als sie noch zu Hause waren.

Auch Sonia Z. ist einer chaotischen Gewalt-Ehe entflohen. Trotz allem liebt sie ihren Mann noch immer, sagt sie. Sie sieht aber keinen Weg mehr zu ihm zurück, denn es ist zu viel geschehen. Er weiß nicht, wo sie sich aufhält. Zu schlimm waren die Prügel, zu erschreckend die Drohungen. Sie wird zu ihm nie mehr Vertrauen haben können. Zusammen mit ihrem Kind will sie jetzt ganz neu anfangen. Eine Freundin hat ein Haus und kleine Kinder. Vielleicht gibt es eine Möglichkeit, für sie dort unterzukommen nach dem Frauenhaus?

Sonia Z. schmiedet Pläne, denn sie hat wieder Hoffnung.

Sie hat sich davor gescheut, ins Frauenhaus zu kommen, denn das stellte sie sich vor als eine Art Pennerinnen-Wohnheim.

Jetzt ist sie mit dem Wenigen zufrieden, das sie hat. Das Frauenhaus ist gewiß kein Zuhause für sie, aber es bietet Schutz und Sicherheit. Von hier aus, mit Hilfe der Beraterinnen kann sie ihr neues Leben als alleinstehende Mutter planen, sobald sie die Kraft dazu gefunden hat.

Auf den Fluren wird es lebhaft. Die größeren Kinder kommen aus der Schule. Nach dem Essen geht es hinaus vor die Tür oder auf die Wiese vor dem Haus. Die Mütter haben gekocht. Essensdünste ziehen durch die Gänge, der Appetit ist geweckt. Geschäftigkeit.

Sonia Z. wird am Nachmittag mit dem Kind spazierengehen. Weil sie ihren Mann im Ausland weiß, hat sie keine Angst, aus dem Haus zu gehen, – so wie andere. In der Halle begegnen uns andere Frauen, die gemeinsam in die Stadt fahren wollen, um Besorgungen zu machen. Mir fällt der lockere und herzliche Ton auf, der hier unter ihnen herrscht. Freundschaften wurden hier geschlossen, die manchmal sogar die Zeit im Frauenhaus überdauern. Vertrauen ist entstanden, das einmal nicht enttäuscht wurde. Gewiß, Reibereien bleiben nicht aus: – Probleme mit Alkohol und Tabletten, Geldsorgen, Streit ums Sorgerecht für die Kinder, Auseinandersetzungen wegen der Scheidungen, Wohnungssuche, die vergeblich bleibt.

Die Frauen im Frauenhaus sind alle schwer belastet. Und doch: Die Gewalt bleibt draußen vor der Tür. Und die Angst auch.

Nachwort

Dies ist ein Buch über geschlagene Frauen.

Frauen, die sich jahrelang ohne Gegenwehr mißhandeln ließen. Seelisch und körperlich.

Das könnte mir nie passieren? Das sind doch Außenseiter? Kann es vier Millionen Außenseiter geben?

Ein Buch über geschlagene Frauen geht jede Frau an. Auch die, die nicht geschlagen wird. Weil jede Frau auf Grund ihrer Erziehung Tendenzen in sich trägt, die im Extremfall und unter ungünstigen Bedingungen zu einer Gewalt-Beziehung führen können. Und passiert es nicht im Elternhaus, dann spätestens im Kindergarten: Die Umwelt sorgt dafür, daß sich auch heute Mädchen noch für die Unterlegenen halten.

Kürzlich holte ich meine Fünfjährige vom Kindergarten ab. Sei weinte, weil ihr einer der Jungen ihr Spiel-Schweinchen weggenommen hatte. »Er hat gesagt, ich muß machen, was er will. Weil er ein Junge ist und ich nur ein Mädchen. Und Jungen sind stärker«, sagte sie.

Seit sie im Zirkus eine zarte Blondine sah, die mit bloßen Händen Telefonbücher zerriß und Tapeziernägel verbog, ist sie sich nicht mehr so sicher, ob der Knabe recht hat.

Sitzt nicht die vermeintliche Unterlegenheit im Gehirn statt in den Muskeln?

»Think big«, denke groß, rät ein US-Slogan. Recht hat er. Wer klein von sich denkt, ist auch klein.

Lassen wir Frauen uns nicht allzuleicht unsere Selbstachtung und unsere Menschenwürde abkaufen?

Ein gewalttätiger Mann sagte mir, es wäre ihm nie im Traum eingefallen, seinen Chef zu schlagen. Warum wohl nicht? Zeugt nicht körperliche und seelische Gewalt Frauen gegenüber von einem tiefen Mangel an Respekt?

Respektiert wird nur der, der sich selbst respektiert.

Respektieren wir uns so wie wir sind, uns selbst und gegenseitig?

Neulich ging ich mit meiner Tochter zum Kinderarzt. Im Treppenhaus traf ich einige junge, aufgeklärte Mütter, die sich angeregt über Naturkost und homöopathische Behandlungsmethoden unterhielten. Auch sie hatten Töchter, niedlich, aufgeweckt, gepflegt.

In der Tür zur Praxis sagte eine Mutter: »Da kriegt ja der Doktor einen Schreck, wenn so viele Weiber auf einmal hier reinkommen.« Sie lachte dabei.

Weiber?

Schreck?

Wieso eigentlich?

Solange wir uns gegenseitig als Weiber und Männerschreck bezeichnen, und sei es nur im entlarvenden »Witz«, besitzen wir keine Selbst-Achtung.

Und diese Botschaft vermitteln wir unseren Töchtern ...

Ruth Eder

Wohin im Notfall?

Notrufgruppen und Beratung für mißhandelte Frauen

(Siehe auch Frauenhäuser)

5100 Aachen
Frauen helfen Frauen e. V., Harscampstr. 5b, Notruf Tel. (0214) 34411 – Mi 17–22 Uhr, Beratung Tel. (0214) 35917 – Mo 9–12 Uhr, 15–18 Uhr, Di 17–20 Uhr

4422 Ahaus
Initiativkreis Gewalt gegen Frauen e. V., Windmühlentor 6, Beratung: Mi 16–18 Uhr, Kontakt: Thea Schlüter, Schwatten Berg 19a, 4438 Heek, Tel. (02568) 1566

5760 Arnsberg 2
Frauen helfen Frauen e. V., Postfach 5220

8900 Augsburg
Notruftelefon, Tel. (0821) 154648, Mi 20–23 Uhr, Anrufbeantworter

8600 Bamberg
Notruf, Untere Sandstr. 9, Tel. (0951) 55440 – Mi, Fr, So, 19–22 Uhr

1000 Berlin
Notruf, Postfach 110471, Tel. (030) 2512828 – Di, Do 16–20 Uhr, So 12–14 Uhr, sonst Anrufbeantworter

7950 Biberach/Riss
Notruf u. Beratungsstelle – Frauen helfen Frauen e. V., Postfach 1603, Tel. (07351) 8151, Di 20–22 Uhr, Mi 15–17 Uhr, Fr 9–11 Uhr

4800 Bielefeld
Notruf, Bökenkampstr. 9, Tel. (0521) 124248 – Mo, Do 17–22 Uhr

5300 Bonn
Notruf c/o Nora Frauenbuchladen, Wolfstr. 30, Tel. (0228) 635524, Mo 17.30–19.30 Uhr, Mi 17.30–21 Uhr, Fr 12–14 Uhr

3300 Braunschweig
Notruf u. Beratungsstelle, Magnikirchstr. 4, Tel. (0531) 43302 Notruf – Mo, Do 17–20 Uhr, Beratung – Mo–Fr 9–12, 14–17 Uhr

2800 Bremen
Notruf, Im Krummen Arm 1, Tel. (0421) 701717 – Mo–Fr 16–18 Uhr, Di 20–22 Uhr, sonst Anrufbeantworter

2212 Brunsbüttel
Frauen helfen Frauen e. V., c/o Ingrid Pohl, Am Boßelkamp 71

8630 Coburg
Notrufgruppe Coburg, Frauenzentrum, Mohrenstr. 3

6100 Darmstadt
Notruf c/o FZ, Pallaswiesenstr. 57a, Tel. (06151) 293206
Notruf (über Profa), Anrufbeantworter, Tel. (06151) 45511

4930 Detmold
Alraune (Treffpunkt, Beratung für Frauen), Freiligrathstr. 24, Tel. (05231) 20177

2840 Diepholz
Frauen helfen Frauen e. V., c/o Marga Mittendorf, Willenberg 55a, Tel. (05441) 3114

4600 Dortmund
Notruf c/o FAD, Adlerstr. 30, Tel. (0231) 160999 – Mi ab 20 Uhr
Beratungsstelle für Frauen, Schliepstr. 9, Tel. (0231) 521008, Mo–Do 9–12 Uhr, Mi 17–19 Uhr

4100 Duisburg
Notruf, Junternstr. 17, Tel. (0203) 26060

5160 Düren
Beratungsstelle – Frauen helfen Frauen e. V., Joseph-Schregel-Str. 52, Tel. (02421) 42992

4000 Düsseldorf
Treffpunkt Beratung für Frauen in Not e. V., Kölner Str. 214, Tel. (0211) 773269 – Notruf Di 16–19 Uhr, Do 19–22 Uhr, Beratung Mo, Mi, Fr 15–18 Uhr, Do 10–13 Uhr

2970 Emden
Notruf c/o FZ, Auricher Str. 28, Tel. (04921) 44977 – Mo 20–22 Uhr, Mi 10–12 Uhr

8520 Erlangen
Notruf c/o FZ, Nürnberger Str. 74, Tel. (09131) 35270 – Mo 18–22 Uhr, Do ab 20 Uhr

4300 Essen
Notruf, Walthausenerstr. 13, Tel. (0201) 235469, Mo 19–21 Uhr, Mi und Fr 18–20 Uhr

7300 Esslingen (Stuttgart)
Notruf – Frauen helfen Frauen e. V., Urbanstr. 19a, Tel. (0711) 357212, Mo–Fr 9–12 Uhr

6000 Frankfurt
Notruf, Hamburger Allee 45, Tel. (069) 709494

7800 Freiburg
Notruf und Beratung für vergewaltigte Frauen und Mädchen, c/o Frauenzentrum, Schwarzwaldstr. 107, Tel. (0761) 33339

7990 Friedrichshafen
Notruf und Beratungsstelle – Frauen helfen Frauen e. V., Postfach 1472, Tel. (07544) 5644, Mi 16–19 Uhr

6400 Fulda
Notruf für vergewaltigte Frauen und Mädchen, Postfach 1362, Tel. (0661) 22121, Mo 9–11 Uhr, Do 20–22 Uhr

6300 Gießen
Notruf und Beratungsstelle, Reichenbergerstr. 7a, Tel. (0641) 31438, Notruf Mo 18–20 Uhr

2208 Glückstadt
Frauen helfen Frauen e. V., c/o Monika Jorr, Am Fleth 61

7320 Göppingen
Frauen helfen Frauen Göppingen e. V., Lange Str. 8, Tel. (07161) 76969

6080 Groß-Gerau
Frauen helfen Frauen e. V., Postfach 1248, Tel. (06152) 39977

2000 Hamburg
Notruf c/o Frauenbuchladen, Bismarckstr. 98, 2 HH 80, Tel. (040) 435082 Mo–Do 19–22 Uhr, sonst Anrufbeantworter
Frauenberatungsstelle Hamburg, Oberaltenallee 8, 2 HH 76, Tel. (040) 2202848

3250 Hameln
Notruf, Bürenstr. 9, Tel. (05151) 25577 (od. 14856 in dringenden Fällen), Anrufbeantworter

4700 Hamm
Verein zur Förderung des Schutzes mißhandelter Frauen, c/o FZ, Grünstr. 40, Tel. (02381) 26556
Frauenberatung Hamm e. V., Ostenwall 11, Tel. (02381) 13104, Di 17–19 Uhr, Mi u. Fr 10–12 Uhr

3000 Hannover
Notruf c/o FZ, Nieschlagstr. 28, Tel. (0511) 452252, Mo ab 18 Uhr

2240 Heide
Notruf – Frauen helfen Frauen, c/o FZ, Bahnhofstr. 29, Tel. (0481) 88612

6900 Heidelberg
Notruf c/o FZ, Friedrich-Ebert-Anlage 9, Tel. (06221) 13643 – Mo, Mi 20–22 Uhr, Mo–Fr 16–18 Uhr

7920 Heidenheim
Notrufgruppe Beratung nach Vergewaltigung, Tel. (07321) 22252, Mo–Fr 9–11 Uhr

7100 Heilbronn
Frauen helfen Frauen, Postfach 1701, Tel. (07131) 84028, Notruf Tel. (07131) 571535 oder 76551

4900 Herford
Notruf für vergewaltigte Frauen u. Mädchen, Tel. (05221) 4777, Fr 17–22 Uhr, sonst Anrufbeantworter

4690 Herne 2
Notruf Tel. (02325) 49875 – Mi–Sa durchgängig

3200 Hildesheim
Beratungsstelle für Frauen, Kaiserstr. 9, Tel. (05121) 515546, Mo–Fr 9–12 Uhr, Mi 9–18 Uhr

8070 Ingolstadt
Notruf c/o Frauen helfen Frauen e. V., Postfach 2263, Tel. (0841) 33377 – Mi 19–22 Uhr, Sa 10–1 Uhr

2210 Itzehoe
Notruf c/o Frauen in Not, Postfach 1354, Tel. (04821) 61712, Mo – Fr 9–17 Uhr

7500 Karlsruhe
Treffpunkt u. Beratungsstelle, Körnerstr. 10, Tel. (0721) 25446
Notruf für vergewaltigte und mißhandelte Frauen, Tel. (0721) 25446

3500 Kassel
Notruf, Postfach 102762 od. FZ, Goethestr. 44, Tel. (0561) 772244 – Mo u. Mi 19–22 Uhr, sonst Anrufbeantworter

2300 Kiel
Notruf c/o FZ, Gneisenaustr. 18, Tel. (0431) 802361, jeden Tag 19–22 Uhr, Anrufbeantworter

2411 Klinkrade
Hilfe für Frauen in Not e. V., Kreis Herzogtum Lauenberg, c/o Kristine Köpke, Am Schäferkaten 2

5000 Köln
Notruf, Glasstr. 74, Tel. (0221) 562035, Mo, Mi, Fr 16–20 Uhr, Anrufbeantworter

8300 Landshut
Notruf c/o FZ, Orbanquai 4, Tel. (0871) 24879

2058 Kreis Herzogtum Lauenburg
Hilfe für Frauen in Not, Tel. (04151) 81306, Mo 9.30–11.30 Uhr, Do 20–22 Uhr

4780 Lippstadt
Frauen helfen Frauen e. V., Postfach 1526, Tel. (02941) 57530

7850 Lörrach
Notruf u. Beratungsstelle – Frauen helfen Frauen e. V., Röntgenstr. 3, Tel. (07621) 87105, Di 9–12 Uhr, Fr 17–21 Uhr

7140 Ludwigsburg
Frauen helfen Frauen e. V., Postfach 372, Tel. (07141) 901170

2120 Lüneburg
Treffpunkt u. Beratung – Frauen helfen Frauen e. V., Reitende Diener-Str. 3, Tel. (04131) 31810, Mo, Di, Mi, Fr 9–13 Uhr, Di 15–18 Uhr, Do 16–20 Uhr

6500 Mainz
Notruf c/o FZ, Goethestr. 38, Tel. (06131) 63676, Mo – Fr 16–20 Uhr, Di 10–12 Uhr

6800 Mannheim
Notruf für vergewaltigte und sexuell belästigte Frauen e. V., c/o Frauencafé, T 3, 1. Tel. (0621) 105590, Mi u. Fr 18–20 Uhr

3550 Marburg
Notruf c/o FZ, Renthof 18, Tel. (06421) 63570, Mo 17–20 Uhr

5750 Menden
Frauen helfen Frauen e. V., Wasserstr. 12, Tel. (02373) 18141, Mo–Sa 16–18 Uhr

4950 Minden
Frauen helfen Frauen e. V., Umradstr. 21, Tel. (0571) 20702 Frauencafé o. 28911 Beratungsstelle

4130 Moers
Notruf u. Beratungsstelle – Frauen helfen Frauen e. V., Uerdingerstr. 23, Tel. (02841) 28600, Notruf Di 20–22 Uhr, Beratung Di, Mi 9–12 Uhr, Do 16–19 Uhr

7130 Mühlacker
Notruf, Klotzbergstr. 76, Tel. (07041) 5827 – 24 Stunden

8000 München
Notruf c/o Frauenzentrum, Güllstr. 3, Tel. (089) 763737, Mo–Fr 10–18 Uhr

4400 Münster
Notruf, Dortmunder Str. 11 HH, Tel. (0251) 665777, Mo u. Fr 18–20 Uhr, Mi 15–17 Uhr

4040 Neuss
Frauen helfen Frauen e. V., Breite Str. 115, Tel. (02101) 271378, Mo 20–22 Uhr, Fr 10–12 Uhr, sonst Tel. (02101) 37612

3070 Nienburg
Notruf c/o FZ, Grefengrund, Tel. (05021) 61163, Mo 19–21 Uhr

8500 Nürnberg
Notruf u. Beratung f. vergewaltigte Frauen u. Mädchen, Tel. (0911) 284400, Mo 10–14 Uhr, Mi, Fr 16–19 Uhr

6370 Oberursel
Notruf u. Beratungsstelle – Frauen helfen Frauen e. V., Dornbachstr. 33, Tel. (06272) 25331, Mo 10–12 Uhr, Di 19–21 Uhr

6050 Offenbach
Notruf c/o FZ, Feldstr. 71, Tel. (0611) 871633 Notruf bei Pro Familia, Bismarckstr. 100, Tel. (069) 8001313, Mo–Do 10–12 Uhr, Di und Mi 16–18 Uhr

2900 Oldenburg
Notrufinitiative c/o FZ, Ziegelhofstr. 16, Tel. (0441) 882837

4500 Osnabrück
Notruf c/o FZ, Kommenderiestr. 41, Tel. (0541) 65400 Mo 18–20 Uhr, Beratungsstelle Mo, Fr 9–16 Uhr, Mi 9–13 Uhr, 16–19 Uhr

7890 Ravensburg
Notruf u. Beratungsstelle – Frauen helfen Frauen e. V., Möttelinstr. 35, Tel. (0751) 23323, Anrufbeantworter mit Dienstzeiten

4350 Recklinghausen
Frauen helfen Frauen e. V., c/o Marlies Hinsebrock, Abdinghof 2

8400 Regensburg
Notrufgruppe, Engelburgergasse 12, Tel. (0941) 57404, Do 18–20 Uhr

5630 Remscheid-Lennep
Notruf u. Beratungsstelle – Frauen helfen Frauen e. V., Neugasse 2, Tel. (02191) 662466

6600 Saarbrücken
Notruf u. Beratungsstelle – Frauenladen, Cecilienstr. 29, Tel. (0681) 390593, Mo 10–12 Uhr, Mi 20–22 Uhr, Do 17–19 Uhr, Fr 14–16 Uhr
Notrufgruppe, in der Alten Feuerwache, Landwehrplatz, Tel. (0681) 398593, Mo 10–12 Uhr, Mi 20–22 Uhr, Do 17–19 Uhr, Fr 14–16 Uhr

2380 Schleswig
Notruf c/o FZ, Schleswig e. V., Lange Str. 36, Tel. (04621) 25544

7170 Schwäbisch Hall
Notruf bei Pro Familia, Tel. (0791) 7384, Anrufbeantworter mit Dienstzeiten

5900 Siegen
Beratungsstelle im Frauencafé, Porschestr. 23, Tel. (0271) 46176, Mo 8–23 Uhr

6920 Sinsheim
»Frauen helfen Frauen« e. V., Postfach 345, Tel. (07261) 61415, Di und Do 20–22 Uhr, Fr 10–12 Uhr

7000 Stuttgart
Notruf c/o FZ, Kernerstr. 31, Tel. (0711) 296432, Di 20–22 Uhr

5500 Trier
Notruf, Eberhardstr. 26, Tel. (0651) 76168, Mo 9–11 Uhr, Mi 18–20 Uhr, Fr 15–18 Uhr

5210 Troisdorf
Notruf u. Beratung im FZ, Kölner Str. 115, Tel. (02241) 401242

7400 Tübingen
Notruf und Beratung c/o FZ, Haaggasse 34, Tel. (07071) 5777, Mo 20–22 Uhr

7900 Ulm
Notruf, Küfergasse 1, Tel. (0731) 67775, Mo 18–22 Uhr, Di 19–22 Uhr, Mi 9–11 Uhr
Beratungsstelle – Frauen helfen Frauen e. V., Singlerstr. 1, Tel. (0731) 619906

7730 Villingen/Schwarzwald
Notruftelefon, Frauen helfen Frauen e. V., Brigadestr. 15, Tel. (07721) 4476, Mo 10–12 Uhr, Do 20–22 Uhr

4410 Warendorf
Beratungsstelle im FZ, Milterstr. 23, Tel. (02581) 60975

6518 Weiden
Frauen helfen Frauen e. V., Kreis Birkenfeld, c/o Ina Neubert, Am Dreschplatz 2, Tel. (06785) 440

6940 Weinheim
Frauen helfen Frauen, Tel. (06201) 13760

6330 Wetzlar
Notruf, Tel. (06441) 45107, Di u. Do 19–22 Uhr

2940 Wilhelmshaven
Notrufinitiative c/o FZ, Börsenstr. 122

5600 Wuppertal
Notruf c/o Frauenberatung u. Selbsthilfe e. V., Kieselstr. 45, Tel. (0202) 423946

8700 Würzburg
Notruf Frauen helfen Frauen e. V., im Frauenzentrum, Petrinistr. 15 HH

Österreich

8020 Graz
Beratung und Notruf, Tel. (0316) 912592, Mo–Fr 17–20 Uhr

6020 Innsbruck
Notruf für vergewaltigte Frauen, c/o AEP, Leopoldstr. 31 a, Tel. (05222) 216395
c/o Frauenhaus Innsbruck, Tel. (0995) 42112

Linz
c/o Frauenhaus Linz, Tel. (0732) 44100

Steyr
Frau Kopp, Tel. (07252) 22331

Vorarlberg
Notruf, Tel. (05574) 23061

1040 Wien
Notruf, Rienößlgasse 17, Tel. (0222) 567213

Schweiz

4005 Basel
Nottelefon, Postfach 506, Tel. (061) 268822, Do 19–22 Uhr

3001 Bern
Nottelefon, Postfach 4007, Tel. (031) 424220, Mo u. Fr 19–22 Uhr

Luzern
Nottelefon, Tel. (041) 227070, Di 18–20 Uhr

8031 Zürich
Verein »Nottelefon für vergewaltigte Frauen«, Postfach 3344, Tel. (01) 424646, Mo u. Do 18–20 Uhr

Häuser für geschlagene Frauen

5760 Arnsberg
Frauen helfen Frauen e. V., Beratungsstelle und Frauenhausinitiative, Tel. (02931) 2038 (Mo 9–11 Uhr, Mi 15–17 Uhr, Fr 20–23 Uhr)

6430 Bad Hersfeld
Frauenhaus e. V., Tel. (06621) 65333

7460 Balingen/Engstlatt
Frauenhaus, Zollernalbkreis e. V., Postfach 3032, Tel. (07433) 8406

8600 Bamberg
Frauentreffpunkt Bamberg e. V., Untere Sandstr. 9, Tel. (0951) 55440

8580 Bayreuth
Frauenhausinitiative, c/o Ingrid Hopp, Tulpenweg 9

5275 Bergneustadt
Frauen helfen Frauen e. V., Postfach 1519, Tel. (02261) 48648

1000 Berlin
Frauenhaus Berlin, Postfach 330634, 1 Berlin 33, Tel. (030) 8263018
2. Berliner Frauenhaus, Frauen gegen Gewalt gegen Frauen e. V., Postfach 200757, 1 Berlin 20, Tel. (030) 3733008
Frauenhausladen, Alt-Moabit 55, 1 Berlin 21, Tel. (030) 3914947, Do 10–14 Uhr, Mo – Fr 16–19 Uhr

4800 Bielefeld
Frauen helfen Frauen e. V., Postfach 3105, Tel. (0521) 177376 oder 170187, 391902 oder 392276
Arbeitsgemeinschaft der autonomen Frauenhäuser in NRW, c/o Cornelia Schumann, Brönninghäuserstr. 38b, 48 Bielefeld 16, Tel. (0521) 391382, Mi 10–12 Uhr
Frauenhausläden »Blaustrumpf«, August-Bebel-Str. 173, Tel. (0521) 66861; Buddestr. 15, Tel. (0521) 178847

8589 Bindlach
Frauen helfen Frauen e. V., Postfach 1603

5300 Bonn
Frauen helfen Frauen e. V., Postfach 170267, Tel. (0228) 635369
Hilfe für Frauen in Not e. V., Tel. (0228) 232434
Frauen helfen Frauen e. V., Tel. (0228) 635524

3300 Braunschweig
Frauenhaus e. V., Postfach 1603, Tel. (0531) 343474 und 43302

2800 Bremen
Frauenhaus Bremen, Postfach 106751, Tel. (0421) 349573

2850 Bremerhaven
Bremerhavener Haus für Frauen und Kinder e. V., Postfach 100246, Tel. (0471) 24094

3100 Celle
Frauenhaus, Postfach 25, Tel. (05141) 25788

2870 Delmenhorst
Frauentreff, Luisenstr. 8

4220 Dinslaken
Frauen helfen Frauen e. V., Postfach 100626, Tel. (02134) 13646

4270 Dorsten
Frauen helfen Frauen, Frauenhaus Dorsten, Postfach 234, Notruf (02369) 41055

4600 Dortmund
Frauen helfen Frauen e. V., Postfach 150167, Tel. (0231) 800081, Beratungsstelle 521008

4000 Düsseldorf
Frauen helfen Frauen e. V., Postfach 180138, Tel. (0211) 7103488, Beratungsstelle für Frauen in Not, Tel. (0211) 334895

4100 Duisburg
Frauen helfen Frauen e. V., Postfach 100702, Tel. (0203) 62213

2970 Emden
Frauen helfen Frauen e. V., Auricher Str. 28, Tel. (04921) 44977

8520 Erlangen
Frauenhaus e. V., Nürnberger Str. 74, Tel. (09131) 25872

4300 Essen
Arbeitsgemeinschaft der autonomen Frauenhäuser in NRW, c/o Dagmar Hämisch, Möserstr. 4, Tel. (0201) 732886
Frauen helfen Frauen e. V., Postfach 250131, Tel. (0201) 668686 oder 663520

7300 Esslingen
Frauen helfen Frauen e. V., Postfach 233, Tel. (0711) 357212 oder 315800

2390 Flensburg
Frauenhaus, Apenrader Str. 31, Tel. (0461) 46363

8710 Frankenthal
Frauenhaus, Postfach 1220, Tel. (06233) 9695

6000 Frankfurt
Frauen helfen Frauen e. V., Postfach 600268, Tel. (069) 439541 oder 490054

7800 Freiburg
Frauen- und Kinderschutzhaus, Geschäftsstelle, Tel. (0761) 82414, Postfach 5672

7290 Freudenstadt
Frauen helfen Frauen e. V., Postfach 323, Tel. (07441) 2479

7990 Friedrichshafen
Frauen helfen Frauen e. V., Postfach 1472, Tel. (07544) 5644

6400 Fulda
Frauenhausinitiative c/o Gaby Karden, Leipziger Str. 68, Tel. (0661) 75695

4650 Gelsenkirchen
Frauenhaus, Postfach 100808, Tel. (0209) 201100

6300 Gießen
Frauen helfen Frauen e. V., Reichenbergerstr. 7a, Tel. (0641) 31438 (Büro), 83193 (Whg.)

2208 Glückstadt
Frauen helfen Frauen e. V., c/o Monika Jorr, am Fleth 61

7320 Göppingen
Frauen helfen Frauen, Lange Str. 8, Tel. (07162) 41848

3400 Göttingen
Frauenhaus, Postfach 1837, Tel. (0551) 48320

6080 Groß-Gerau
Frauen helfen Frauen e. V., Postfach 1248, Tel. (06152) 39977

4830 Gütersloh
Frauenhaus Gütersloh e. V., Postfach 163, Tel. (05241) 15858

5800 Hagen
Frauen helfen Frauen e. V., Postfach 5210, Tel. (02334) 4845

2000 Hamburg
1. Haus: Frauen helfen Frauen e. V., Postfach 201701, 2 HH 20, Tel. (040) 5603015
2. Haus: Frauenhaus, Postfach 730432, 2 HH 73, Tel. (040) 6772833
3. Haus: Frauenhaus, Postfach 920507, 2 HH 92, Tel. (040) 7967326
4. Die Arche e. V., Postfach 251, 2 HH 6, Tel. (040) 4399446

3250 Hameln 1
Frauenhaus Hameln e. V., Frauenforum, Bürenstr. 9, Tel. (05151) 25577

4700 Hamm 1
Gemeinnütziger Verein zur Förderung des Schutzes mißhandelter Frauen, c/o Frauenzentrum, Grünstr. 40, Tel. (02381) 26556

6450 Hanau
Frauen helfen Frauen e. V., Postfach 1420, Tel. (06181) 26867

3000 Hannover
Frauenhaus Hannover, Postfach 2005, Tel. (0511) 664477

2240 Heide
Frauenhausgruppe (Dithmarschen), Bahnhofstr. 29, Tel. (0481) 88612

6900 Heidelberg
Frauenhaus Heidelberg e. V., Postfach 102343, Tel. (06221) 833088 und 81282

7920 Heidenheim
Frauen- und Kinderschutzhaus, Postfach 1332, Tel. (07321) 24099

7100 Heilbronn
Frauen helfen Frauen e. V., Postfach 1701, Tel. (07131) 84028

4900 Herford
Frauenhaus Herford e. V., Postfach 1606, Tel. (05221) 23883

4690 Herne
Frauenhaus Herne, Postfach 200528, Tel. (02325) 49875

3200 Hildesheim
Frauenhaus Hildesheim, Postfach 1181, Tel. (05121) 515546

6370 Oberursel/Hochtaunuskreis
Frauen helfen Frauen e. V., Postfach 1667, Tel. (06171) 51600

2210 Itzehoe
Frauenhaus Itzehoe »Frauen in Not«, Postfach 1354, Tel. (04821) 61712

7500 Karlsruhe
Haus zum Schutz mißhandelter Frauen und Kinder e. V., Postfach 6572, Tel. (0721) 5925624

3500 Kassel
Frauenhaus Kassel e. V., Postfach 101103, Tel. (0561) 898889

8960 Kempten
Frauen helfen Frauen e. V., Postfach 1570, Tel. (0831) 79179

2300 Kiel
Frauenhaus Kiel, Rendsburger Landstr. 127, Tel. (0431) 681825, Frauenberatungsstelle, Holtenauer Str. 223, Tel. 336921

4190 Kleve
Frauenhaus Kleve, Postfach 1330, Tel. (02821) 3593

5400 Koblenz
Frauenhaus e. V., Postfach 2462, Tel. (0261) 406070

5000 Köln
Frauen helfen Frauen e. V., Postfach 620346, Tel. (0221) 746710, Büro und Beratungsstelle, Herwarthstr. 22, Tel. 526464

7760 Radolfzell/Landkreis Konstanz
Frauen helfen Frauen, Frauenhaus im Landkr. Konstanz, Postfach 1644, Tel. (07732) 55560

4150 Krefeld
Frauenhaus Krefeld, Postfach 941, Tel. (02151) 800572

8300 Landshut
Frauenhausinitiative, Am Oberquai 4, Tel. (0871) 24879

2950 Leer
Frauenhausgruppe Leer, Bremer Str. 64 a (Initiative)

5090 Leverkusen
Frauen helfen Frauen e. V., Postfach 100433, Tel. (0214) 49408

4780 Lippstadt
Frauen helfen Frauen e. V., Postfach 1526, Tel. (02941) 57530

6700 Ludwigshafen
Frauenhaus Ludwigshafen e. V., Postfach 250122, Tel. (0621) 521969

2400 Lübeck 1
Frauen helfen Frauen e. V., Hundestr. 88, Tel. (0451) 73100

5800 Lüdenscheid
Frauen helfen Frauen e. V., Postfach 1584, Tel. (02351) 860043

7140 Ludwigsburg
Frauen helfen Frauen e. V., Postfach 372, Tel. (07141) 901170

2120 Lüneburg
Frauen helfen Frauen e. V., Reitende Diener Str. 3, Tel. (04131) 31810

6500 Mainz
Frauen helfen Frauen e. V., Postfach 4043, Tel. (06131) 221010

6800 Mannheim
Frauenhaus, Postfach 310325, Tel. (0621) 744242

3550 Marburg
Frauen helfen Frauen e. V., Postfach 1433, Tel. (06421) 14830

4370 Marl
Frauen helfen Frauen e. V., Postfach 1407, Tel. (02365) 67744

4950 Minden
Frauen helfen Frauen e. V., Postfach 2408

4050 Mönchengladbach
Frauenhaus e. V., Postfach 350125, Tel. (02166) 16041

7130 Mühlacker
Initiative Frauenhaus e. V., Klotzbergstr. 76, Tel. (07041) 5827

8000 München
Frauen helfen Frauen e. V., Tel. (089) 645169

4404 Telgte/Münster
Frauenhaus Münster, Postfach 133, Tel. (02504) 5155

2350 Neumünster
Frauenhaus Neumünster, Postfach 1552, Tel. (04321) 46733 (Sitz der Landesarbeitsgemeinschaft autonomer Frauenhäuser in Schleswig-Holstein)

4040 Neuss
Frauen helfen Frauen e. V., Postfach 922, Tel. (02101) 271378 (Mo 20–22, Fr 10–12 Uhr), Kontakttelefon 37612

2000 Norderstedt 3
Frauenhaus Norderstedt, Postfach 3204, Tel. (040) 5278877

8500 Nürnberg 91
Verein Hilfe für Frauen in Not e. V., Frauenhaus, Postfach 910208, Tel. (0911) 333915

4200 Oberhausen
Frauenhaus Oberhausen, Postfach 100441, Tel. (0208) 804512

7600 Offenburg
Frauenhaus Offenburg, Postfach 1433, Tel. (0781) 77610

2900 Oldenburg
Autonomes Frauenhaus e. V., Postfach 1825, Tel. (0441) 24139

4500 Osnabrück
Frauenhaus c/o Frauenzentrum, Kommenderiestr. 41, Tel. (0541) 65400

2822 Schwanewede 1/Landkreis Osterholz
Frauen helfen Frauen im Landkreis Osterholz, Postfach 1119, Tel. (04209) 1275

4790 Paderborn
Frauenhaus Paderborn e. V., Postfach 1505, Tel. (05251) 21967

3150 Peine
Frauenhaus Peine e. V., Postfach 1371, Tel. (05171) 55557

7537 Remichingen/Pforzheim-Enzkreis
Frauenhaus, Postfach 54, Tel. (07231) 21818

2380 Preetz
Initiativgruppe Frauen in Not Kreis Plön e. V., Postfach 339, Tel. (04342) 82616

7760 Radolfzell
Koordinationsstelle der autonomen Frauenhäuser Ba.-Wü., c/o Frauen helfen Frauen e. V., Postfach 1644

6096 Raunheim
Frauen- und Kinderschutzhaus e. V., Mainzer Str. 36, Tel. (06142) 46389 oder 41224

4350 Recklinghausen
Verein Frauen helfen Frauen, c/o Marlies Hinsebrock, Abdinghof 2

8400 Regensburg
Frauen helfen Frauen e. V., Postfach 110204, Tel. (0941) 792879

2370 Rendsburg
Frauenhaus Rendsburg e. V., Postfach 535, Tel. (04331) 22726

7410 Reutlingen
Frauenhaus Reutlingen e. V., Postfach 242, Tel. (07121) 300778

6600 Saarbrücken
Frauenhaus (der Arbeiterwohlfahrt), Tel. (0681) 71702 oder 71086 oder 71087 rund um die Uhr geöffnet

3320 Salzgitter
Frauen in Not e. V., Sankt-Andreas-Weg 5, Tel. (05341) 13033, Postfach 100267

5900 Siegen 21
Frauen helfen Frauen e. V., Postfach 223231, Tel. (0271) 20463, Beratung 84040

7032 Sindelfingen
Frauen helfen Frauen e. V., Postfach 111, Tel. (07031) 804199

5650 Solingen
Frauen helfen Frauen e. V., Postfach 100960, Tel. (02122) 54500

7060 Schorndorf
Frauenhaus Rems-Murr e. V., Postfach 1553, Tel. (07181) 61614

7170 Schwäbisch Hall
Frauen helfen Frauen c/o Frauenzentrum, Obere Herrengasse 15 (Initiative)

8720 Schweinfurt
Frauenhaus e. V., Postfach 1162, Tel. (09721) 16598

2160 Stade
Frauen helfen Frauen e. V., Postfach 1332

2805 Stuhr 2
Frauenhausinitiative c/o Edith Spiller, Sierkerstr. 119, Tel. (0421) 890847

7000 Stuttgart
Frauen helfen Frauen e. V., Postfach 500325, Tel. (0711) 542021

5500 Trier
Frauenhausinitiative Trier e. V., Eberhardstr. 26, Tel. (0651) 76168 (Mo 9–11, Mi 18–20, Fr 15–18 Uhr)

7400 Tübingen
Frauen helfen Frauen e. V., Postfach 1528, Tel. (07071) 66604

3110 Uelzen 1
Frauen- und Kinderschutzhaus e. V., Postfach 534, Tel. (0581) 77999

7900 Ulm
Frauen helfen Frauen e. V., Postfach 1768, Tel. (0731) 619906

4410 Warendorf
Frauen helfen Frauen e. V., Postfach 251, Tel. (02581) 6750

6330 Wetzlar
Frauenhaus Wetzlar e. V., Borngasse 4, Tel. (06441) 46364

6200 Wiesbaden
Verein zum Schutz mißhandelter Frauen e. V., Postfach 5772, Tel. (06121) 51212, Mo 10–13 Uhr Beratungsstelle

3180 Wolfsburg
Wolfsburger Frauenhaus e. V., Postfach 100353, Tel. (05361) 23860

6520 Worms
Frauen helfen Frauen e. V., Ulrike Schäfer, Sievogtstr. 16, Tel. (06421) 52695 und 26591

5600 Wuppertal
Frauen helfen Frauen e. V., Postfach 130421, Tel. (0202) 711426

8700 Würzburg 11
Verein Hilfe für mißhandelte Frauen und Kinder e. V., Postfach 101

Österreich

Graz
Frauenhaus, Tel. (0316) 912592

Innsbruck
Frauenhaus, Tel. (05222) 42112

Klagenfurt
Frauenhaus Klagenfurt, Tel. (04222) 44966

Linz
Frauenhaus, Tel. (0732) 44100

Mödling
Neudorfer Str. 4, 2340 Mödling, Tel. (02236) 86549

Salzburg
Frauenhaus, Tel. (06222) 46832

Wien
Frauenhaus, Tel. (0222) 315656 oder 483880
Frauenhaus 18, Staudgasse 35, Tel. (0222) 432618

Schweiz

4005 Basel
Frauenhaus, Postfach 111, Tel. (061) 541880

3000 Bern
Frauenhaus, Postfach 3069, Tel. (031) 425533 und (031) 424220

5200 Brugg
Frauenhaus, Postfach 202

1700 Fribourg
Frauenhausinitiative c/o Michaela Litzenburger, rue Luise-Chollet 10, Tel. 37/221650

1201 Genf/Geneve
Frauenhaus, Postfach 87, Tel. (022) 971010

1022 Lausanne
Frauenhaus, Tel. (021) 254576

6000 Luzern 5
Verein zum Schutz mißhandelter Frauen, Postfach 151, Tel. (041) 227070

4600 Olten
Frauenhaus, Tel. (062) 323359

9001 St. Gallen
Frauenhaus, Postfach 167, Tel. (071) 231356

5200 Windisch
Verein zum Schutz mißhandelter Frauen, Postfach 38

8401 Winterthur
Frauenhaus, Postfach 1045, Tel. (052) 230878

8042 Zürich
Frauenhaus, Postfach 365, Tel. (01) 3632267 und (01) 424646

Notrufgruppen und Beratung für gewalttätige Männer

»Männer gegen Männergewalt«

Hamburg: Tel.: 040 – 5249338

München: c/o Waldemar Kiessling Brunecker Str. 2
8 München 70, Tel.: 089 – 7601011

Literaturverzeichnis

Allen, C. M. & Straus, M. A.: 1980. Resources, Power and Husband-Wife Violence. In: Straus, M. A. & Hotaling, G. T. (Ed.). The Social Causes of Husband-Wife Violence. Minneapolis: University of Minnesota Press, 188–210. (Im folgenden Kurzform: The Social Causes.)

Anderiesz, G. J.: 1978. Violation. A New Dimension in Bizarre Eroticism. Satellite Books London.

Bach, G. R.: 1980. Spouse Killing: The Final Abuse. J. of Contemp. Psychotherapy 11:2, 91–103.

Bard, M.: 1977. Family Crisis Intervention: From Concept to Implementation. In: Roy, M. (Ed.). Battered Women. A Psychological Study of Domestic Violence. New York: Litton Ed. Publ. Inc., 172–192. (Im folgenden Kurzform: Battered Women.)

Bass, D. & Rice, J.: 1979. Agency Responses to the Abused Wife. Social Casework: The J. of Contemp. Social Work 60:6, 338–342.

Bilden, H.: 1980. Geschlechtsspezifische Sozialisation. Handapparat Bibliothek Psych. Inst. München.

Brown, B. W.: 1980. Wife-Employment, Marital Equality, and Husband-Wife Violence. In: The Social Causes, 176–187.

Coleman, K. H.: 1980. Conjugal Violence: What 33 men report. J. of Marital and Family Therapy, 207–213.

Davidson, T.: 1977. Wifebeating: A Recurring Phenomenon Throughout History. In: Battered Women, 2–23.

Dobash, R. P. & Dobash, R. E.: 1981. Community Response to Violence against Wives: Charivari, Abstract Justice and Patriarchy. Social Problems Scotland 28:5, 563–581.

Donnerstein, E.: 1980. Aggressive Erotica and Violence Against Women. J. of Personality and Soc. Psych. 39:2, 269–277.

Elliott, F. A.: 1977. The Neurology of Explosive Rage: The Dyscontrol-Syndrome. In: Battered Women, 98–109.

Farlane, K. Mac: 1978. Sexual Abuse of Children. In: Chapman,

J. R. & Gates, M. (Ed.). The Victimization of Women. Beverly Hills/London: Sage Publications, 81–109.
Farrington, K. M.: 1980. Stress and Family Violence. In: The Social Causes, 94–114.
Faulk, M.: 1977. Men who assault their wives. In: Battered Women, 119–126.
Fischer, E., Lehmann, B. & Stoffl, K.: 1976. Gewalt gegen Frauen. Köln: Kiepenheuer und Witsch.
Foss, J. E.: 1980. The Paradoxical Nature of Family Relationships and Family Conflict. In: The Social Causes, 115–135.
Freud, S.: 1932. Neue Folge der Vorlesungen zur Einführung in die Psychoanalyse. Frankfurt a. M. Fischer TB 6390.
Gelles, R. J.: 1974. No Place to go: the Social Dynamics of Marital Violence. Sage Publications, The Violent Home, 46–62.
Gelles, R. J.: 1975. Violence and Pregnancy: A Note on the Extent of the Problem and Needed Services. The Family Coordinator, 81–86.
Gelles, R. J.: 1977. Power, Sex, and Violence: The Case of Marital Rape. The Family Coordinator, 339–347.
Gelles, R. J.: 1978. The Truth about Battered Husbands. MS Magazine, 1–11.
Gillman, I. S.: 1980. An Abject-Relations Approach to the Phenomenon and Treatment of Battered Women. Psychiatry USA 43, 346–358.
Goodman, E. J.: 1977. Legal Solutions: Equal Protection under the Law. In: Battered Women, 139–164.
Goodstein, R. K. & Page, A. W.: 1981. Battered Wife Syndrome: Overview of Dynamics and Treatment. Am. J. of Psychiatry 138 : 8, 1036–1044.
Günther, F. K.: 1940 und 1951. Gattenwahl zu ehelichem Glück und erblicher Ertüchtigung. München: J. F. Lehmanns Verlag.
Habermehl, W.: Gewalt in der Familie, Gesellschaft für Erfahrungswissenschaftliche Sozialforschung, Hamburg 1986.
Hagemann-White, C., Kootz, J. et al.: 1979. Das Modellprojekt »Frauenhaus Berlin« – Zwischenbericht. Dokumentation des

Bundesministeriums für Jugend, Familie und Gesundheit, Bonn.
Hagemann-White, C., Kavemann, B. et al.: 1981. Das Modellprojekt »Frauenhaus Berlin«. In: Politik und Zeitgeschichte B 45/81.
Heiler, F.: 1976. Die Frau in den Religionen der Menschheit. Berlin/New York: Walter de Gruyter, Theologische Bibliothek Töpelmann.
Helmken, D.: 1979. Vergewaltigung in der Ehe. Heidelberg: Kriminalistik Verlag.
Hischer, E.: 1970. Kriminalpsychologische Fallstudien zum Problem der Notzucht. Neuburgweier/Karlsruhe: G. Schindele Verlag.
Honig, Michael-Sebastian: Verhäuslichte Gewalt, Sozialer Konflikt, wissenschaftliche Konstrukte, Alltagswissen, Handlungssituationen. Eine Explorativstudie über Gewalthandeln von Familien. Frankfurt am Main, Suhrkamp 1986.
Hotaling, G. T.: 1980. Attribution Processes in Husband-Wife Violence. In: The Social Causes, 136–156.
Hotaling, G. T. & Straus, M. A.: 1980. Culture, Social Organization and Irony in the Study of Family Violence. In: The Social Causes, 3–22.
Jansen, M. A. & Meyers-Abell, J.: 1981. Assertive Training for Battered Women: A Pilot Program. Social Work USA 26:2, 164–165.
Klein, D.: 1981. Violence against Women: Some Considerations Regarding its Causes and its Elimination. Social Research Group, University of California. Berkeley.
Koran, Der: Übersetzung Max Henning. Stuttgart 1960: Reclam Jun.
Koren, P.: Carlton, K. & Shaw, D.: 1980. Marital Conflict: Relations Among Behaviors, Outcomes, and Distress. J. of Consulting and Clinical Psych. 48:4, 460–468
Kutun, B.: 1977 Legislative Needs and Solutions. In: Battered Women, 277–287.

Lesse, S.: 1979. The Status of Violence against Women: Past, Present and Future Factors. Am. J. of Psy. therapy 33:2, 190–200.

Lion, J. R.: 1977. Clinical Aspects of Wifebattering. In: Battered Women, 126–136.

O'Brien, J.: 1971. Violence in Divorce Prone Families. J. of Marriage and the Family, 692–698.

Perrez, M.: 1972. Ist die Psychoanalyse eine Wissenschaft? Bern: Huber.

Pfouts, J. H.: 1978. Violent Families: Coping Responses of Abused Wives. Child Welfare LVII:2, 101–111.

Pletscher, M.: 1977. Weggehen ist nicht so einfach. Zürich: Limmat Verlag.

Prescott, S. & Letko, C.: 1977. Battered Women: A Social Psychological Perspective. In: Battered Women, 72–96.

Resick, P. A., Barr, P. K. et al.: 1981. Perceived and Actual Discriminators of Conflict from Accord in Marital Communication. Am. J. of Family Therapy 9:1, 58–68.

Rosenbaum, A. & O'Leary, K. D.: 1981. Marital Violence: Characteristics of Abusive Couples. J. of Consult. and Clinic. Psych. 49:1, 63–71.

Rossa La, R.: 1980. »And we haven't had any problems since.« In: The Social Causes, 157–175.

Rounsaville, B. J.: 1978. Battered Wives: Barriers to Identification and Treatment. Am. J. Orthopsychiat. 48:3, 487–494.

Roy, M.: 1977. Battered Women. A Psychological Study of Domestic Violence. New York: Litton Ed. Publ. Inc.

Roy, M.: 1977. A Current Survey of 150 Cases. In: Battered Women, 25–44.

Roy, M.: 1977. A Model for Services. In: Battered Women, 287–309.

Shainess, N.: 1977. Psychological Aspects of Wife-battering. In: Battered Women, 111–119.

Shainess, N.: 1979. Vulnerability to Violence: Masochism as Process. Am. J. of Ps. Th. 33:2, 174–189.

Steinmetz, S. K.: 1977. Wifebeating, Husbandbeating – A Comparison of the Use of Physical Violence between Spouses to Resolve Marital Fights. In: Battered Women, 63–72.

Steinmetz, S. K.: 1980. Women and Violence: Victims and Perpetrators. Am. J. of Ps. Th. 34:3, 334–350.

Straus, M. A.: 1980a. Wife-Beating: How common and Why? In: The Social Causes, 23–38.

Straus, M. A.: 1980b. The Marriage License as a Hitting License: Evidence from Popular Culture, Law and Social Science. In: The Social Causes, 39–50.

Straus, M. A.: 1980c. Sexual Inequality and Wife Beating. In: The Social Causes, 86–93.

Straus, M. A.: 1980d. Revised Version of A Sociological Perspective on the Prevention and Treatment on Wifebeating. In: The Social Causes, 194–239.

Symonds, A.: 1979. Violence against Women – The Myth of Masochism. Am. J. of Psy. Ther. 33:2, 161–173.

Symonds, M.: 1978. The Psychodynamics of Violence-Prone Marriages. Am J. of Psychoanalysis 38, 213–222

Vincent, J. P. & Weiss, R L.: 1975. A Behavioral Analysis of Problem Solving in Distressed and Nondistressed Married and Stranger Dyads. Behavior Therapy USA, 475–487.

Walker, L. E.: 1978. Treatment Alternatives for Battered Women. In: Chapman, J. R. & Gates, M. (Ed.). The Victimization of Women. 143–174. Beverly Hills/London: Sage Publications.

Walker, L. E.: 1981. Battered Women: Sex Roles and Clinical Issues. Professional Psychology 12:1, 81–91.

Yllo, K. & Straus, M. A.: 1981. Interpersonal Violence Among Married and Cohabiting Couples. Family Relations USA, 339–347.

Berichte und Dokumentationen:

Bericht Frauenhaus Kassel 1980 und 1981. Tel. 86868.

Dokumentation des Bundesministeriums für Jugend, Familie und Gesundheit. Bericht über die Tätigkeit von Juli 1979 bis März 1981. Arbeitsstab Frauenpolitik.

Erfahrungsbericht über das Förderprogramm für Frauenhäuser, März 1981. Nordrhein-Westfalen, Minister für Arbeit, Gesundheit und Soziales.

Hessischer Landtag 1980. Antwort der Landesregierung, Drucksache 9/2671.

SEXUALITÄT UND PARTNERSCHAFT

10742

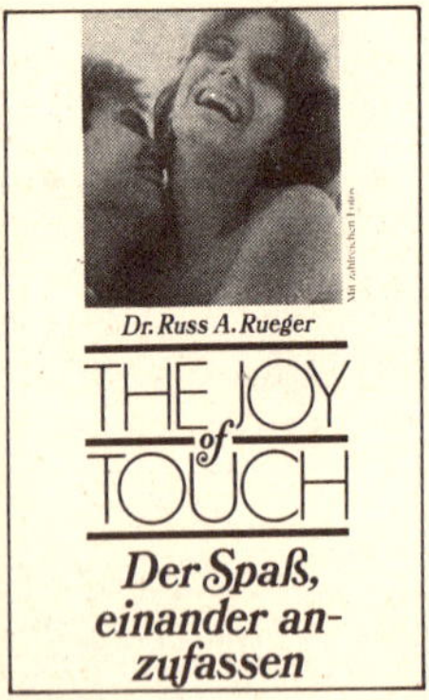

10916

2 Bände: 11376-11377

11356

11393

Kamala Devi
Tantra-Sex
10743

Shere Hite
Hite Report
11252
Weibliche Sexualität
Das sexuelle Erlebnis der Frau
11195

Alexander Lowen
Lust
11367

GOLDMANN